DÉVELOPPEMENS

DES PRINCIPES

DE

LA LANGUE ARABE MODERNE.

DÉVELOPPEMENS

DES PRINCIPES

DE

LA LANGUE ARABE MODERNE,

SUIVIS

D'un Recueil de phrases, de Traductions interlinéaires, de Proverbes arabes, et d'un Essai de Calligraphie orientale,

AVEC ONZE PLANCHES,

Par Auguste F. J. HERBIN.

. . . . *Ergo fungar vice cotis ; acutum*
Reddere quæ ferrum valet, ...

(HORAT. *de Arte poeticá.*)

PARIS.

BAUDOUIN, Imprimeur de L'INSTITUT NATIONAL.

FLORÉAL an XI. (Mai 1803).

COURS

D'ARABE MODERNE.

Nota. Ce cours sera composé de trois volumes, dont le premier sera divisé en deux livraisons : la seconde livraison paraîtra incessamment.

Le second volume, maintenant sous presse, contiendra un ample *Dictionnaire arabe-français*.

Le troisième, un *Dictionnaire français-arabe*.

On pourra acquérir chaque volume séparément, et l'isoler de la collection en supprimant ce feuillet.

مقدّمة ،

PRÉFACE.

CHAQUE jour nos relations avec le Levant s'accroissent, et prennent une nouvelle consistance, et cependant chaque jour les Drogmans (1) deviennent plus rares. La difficulté de se procurer les ouvrages élémentaires est la première raison qui arrête la plupart de ceux qui voudraient se livrer à l'étude intéressante des langues orientales. Une autre difficulté se présente bientôt : les grammaires et les dictionnaires sont composés en latin, et malheureusement depuis plusieurs années l'étude de cette langue si utile, a été extraordinairement négligée. Un savant connu par ses talens, et recommandable par son extrême modestie (M. *Sylvestre de Sacy*), est le premier qui ait composé, en français, une grammaire d'arabe ancien; mais cet inestimable ouvrage n'est point encore livré à l'impression, et il est à craindre que nous n'en soyons encore privés pendant long-temps.

Jusqu'à ce jour, les grammaires et les dictionnaires connus ne peuvent faciliter que l'étude de l'arabe ancien, et n'offrent aucun secours pour la connaissance de l'arabe moderne, qui diffère beaucoup de l'ancien. C'est donc pour obvier à cet inconvénient que j'ai entrepris de publier ce cours d'arabe moderne. Je me suis livré de bonne heure à l'étude des langues orientales, sous MM. *Langlès* (2), *Sylvestre de Sacy* et *Venture*, au savoir et à l'extrême complaisance desquels je suis redevable des progrès que j'ai pu faire dans ces

---

(1) *Drogman* ou *Dragoman*. Ce mot dérive de l'arabe ترجمان *Tèrjmân* ou *torjmân*, que les Italiens ont rendu par *Dragomano*, dont nous avons fait *Dragoman*, puis ensuite *Drogman*. On retrouve encore ce mot dans celui de *Trucheman* (le *ch* ici rend le *jym* arabe).

(2) M. Langlès, que plusieurs savans ouvrages ont rendu célèbre, a bien voulu diriger mes premiers pas dans la carrière des langues orientales ; je saisis avec empressement cette occasion pour lui témoigner ma vive reconnaissance.

a

langues ; et j'ai fait tous mes efforts pour apprendre à les parler ; c'est en ayant de
fréquentes conversations avec des naturels, et principalement avec des Égiptiens,
des Barbaresques, des Éthiopiens, etc., que je suis parvenu à saisir la différence
qui existe entre l'arabe ancien et l'arabe moderne, et les variations qu'éprouve
cette dernière selon les divers pays où elle est en usage. Je crois nécessaire
de placer ici quelques observations sur les idiômes arabes.

En *Yèmén* l'arabe que l'on parle maintenant est peu différent de celui qu'on
y parlait il y a plusieurs siècles, et est presque semblable à celui dans lequel
est écrit le *Qorân*. La prononciation est absolument la même que celle que
j'indique dans l'alphabet et dans le reste de ma grammaire, et généralement
adoptée parmi nous pour transcrire l'arabe en caratère européen.

Les Yèménois emploient généralement les mots :

Mâ ما au lieu de *Éych* ايش, interrogatif des Egiptiens ; *Râs* رأس, tête, au lieu de *Wâhèd*
واحد, un ; *Haqq* حقّ au lieu de *B'tâä* بتاع pour marque du génitif,

exemple :

	EN YÈMÉN.		EN EGIPTE.	
Mâ qâl.	ماقال	Qu'a-t-il dit ?	*Éych gâl*	ايش قال
Râs baqer	رأس بقر	Un bœuf.	*Bagar Wâhèd.*	بقر واحد
És-sèdjadah haqq-ho السجدة حقّه		Son tapis.	*És-sègadah b'tâä-ho.*	السجدة بتاعه

Beaucoup de mots diffèrent entièrement, comme par exemple :

	EN YÈMÉN.		EN EGIPTE.	
Yèzawèdj	يزوج	Il s'est marié.	*Yègawiz.*	يجوز
Bur	بر	Du froment.	*Qamh*	قمح
Râqéd.	راقد	Il dort.	*Nâym.*	نايم
Éstèkin	استكن	Arrête-toi, attends.	*Ósbor.*	اصبر

EN YÉMÉN.		EN EGIPTE.	
Feqq êl-bâb	فقّ الباب	Ouvre la porte. *Éftah 'l-bâb*	افتح الباب
Zâyd	زايد	Plus. *Aktar*	اكثر
Mâ tèchtèhy	ما تشتهى	Que veux-tu? *Éych bidd-ak*	ايش بدّك

En Syrie, au lieu de préfixer un *Álif* ١ à la première personne singulière du futur, on préfixe un *Bé* ب, exemple :

B'hafèz hadâ احفظ هذا, je conserve cela, au lieu de *Áhfèz hadâ* احفظ هذا

En Barbarie, on emploie le mot *Habb* حبّ, aimer, au lieu de *Árâd* اراد, desirer, que l'on emploie en Egipte, exemple :

Ahobb ââmèl hadâ احبّ اعمل هذا, je desire faire cela, au lieu de *Éryd ââmèl hadâ*

اريد اعمل هذا

En Barbarie l'on dit :

Mâ nèhobb chy ما نحبّ شى, je ne veux rien,

tandis qu'en Egipte l'on dit :

Mâ nèryd hâg ما نريد حاج.

En Syrie on préfixe souvent aux verbes un *Mym* م à la première personne du pluriel, exemple :

M'nèroùh, منروح, nous irons.

On préfixe aussi quelquefois aux autres personnes un *Bé* ب, exemples :

Dèh's-soùrah b'tèchâbèh-k ذه السورة بتتشاجهك, ce portrait vous ressemble ; *mâ b'yèkrèdj*

mèn êl-bayt ما بيخرج من البيت, il ne sort point de la maison.

Je terminerai ici ces observations. On verra divers exemples de ces différences d'idiômes, page 135 et suiv., et dans les dialogues qui terminent la *seconde livraison* de ce premier volume. Je vais maintenant donner un exemple des différentes prononciations.

اسود فى يوم نزع ثيأبه و اقبل ياخذ النيل و يعرك به جسمه فقيل له ماذا تعرك جسمك

بالنيل فقال لعلّى ابيص فات رجل حكيم قال له يا هذا لا تتعب نفسك فقد يمكن ان

جسمك يسّود النيل وهو لا يرتنذ السّواد،

P R O N O N C I A T I O N.

LITTÉRAIRE.	**BARBARESQUE.**	**EGIPTIENNE.**

Açoùado fy yaùmin nazăa iyăba-ho wa ăqbala yăkodo 't-alja wa yăroko bi-hi jisma-ho fa-qyla la-ho măăă tăroko jisma-ka bi-'ăalji fa-qăla laăllä ôbyăăo fa ătä rajolon ħakymon qăla la-ho yă haăă lă toteb nafsa-ka fa-qad yomkino ăn jésmo-ka yoçawwida 't-ăalja wa hoùa lă yartaddo s'-sawăda.

Açoùèd fy yaùm nèză sçydăbho w'ăqbal yăkodz êsç-sçèldj wè yărek b'ho djèsm-ho fè qyl l'ho măăă tărek djèsm-èk b'êsç - sçèldj fè qăl laăllï ôbyăăl f'ătä radjel ħakym qăl l'ho yă hadză lă teteb nafs-ak fè qad yomkèn ăn djèsm-ak yeçawwèd êsç-sçèldj wè hoùè lă yartèdd ês-sa-wăd.

Açoùèd fy yaùm nèză tyăbhou w'ăgbal yăkoud êt-tèlg wè yărek b'hou guèsm-hou fè guyl lé-hou măăă tărek guèsm-ak bé 't-tèlg fè găl laăllä ôbyăă fè ătä răguèl ħakym găllé-ho yă hèdê lă teteb nèfs-ak fè gad yomkèn ên guèsm-ak yeçawéd êt-tèlg wè hoùè lă yertèdd ês-sawăd.

J'ai tâché, autant qu'il m'a été possible, d'exposer brièvement et avec clarté les règles de la langue arabe moderne, qui dérivent de l'arabe ancien, afin que le lecteur puisse s'en rendre compte et remonter à leur source, et je crois avoir réussi dans ce mélange nécessaire d'arabe ancien et d'arabe vulgaire, mélange qui ne laissait pas de présenter quelques difficultés.

On remarquera dans le cours de cet ouvrage plusieurs mots français qui ne sont point en usage, mais qu'il était nécessaire de créer pour rendre toute l'énergie de l'arabe, et souvent pour apporter plus de clarté.

Dans le premier volume, je développe les principes de la langue arabe, après avoir fixé ses diverses prononciations selon les contrées où l'on parle cette langue. Chaque

mot arabe est suivi de sa transcription en caractère européen, afin que le lecteur,
peu avancé, puisse y avoir recours. Je ne m'étendrai point sur la manière dont
j'ai rendu les lettres arabes qui n'avoient pas d'équivalent en français; l'usage
démontrera la commodité de cette orthographe. J'offre une nouvelle méthode
pour apprendre à lire, en séparant, comme cela se pratique parmi nous, les
mots par syllabes. J'ai simplifié, dans des tableaux peu compliqués, la conjugaison
des verbes arabes, de sorte que ces tableaux peuvent, en quelque façon,
remplacer le long chapitre qui traite des verbes. Quant à la syntaxe, il est
presque impossible d'en composer une de la langue arabe moderne; aussi me
suis-je contenté, après avoir donné quelques règles générales, d'offrir au lecteur
un recueil des manières de parler les plus difficiles à exprimer.

Après avoir ainsi décomposé la langue arabe moderne, je la montre en son ensemble dans un recueil de fables et dans quelques fragmens de la description géogra-
phique de l'Egipte, par *Aboù 'l-Fèdà* أبو الفدا; et, pour en faciliter la traduction,
j'y joins une version interlinéaire et des notes grammaticales. Lorsque le lecteur
les aura étudiées avec attention, il pourra les traduire de nouveau sans avoir
recours à la traduction interlinéaire que j'ai mise exprès en regard, afin qu'on
la puisse cacher à volonté. On sent que lorsqu'il aura mûrement étudié ce qui
lui est présenté jusqu'ici, il commencera à traduire avec une certaine facilité;
il pourra alors essayer ses forces sur le recueil de proverbes arabes français qui
suit les traductions interlinéaires.

Jusqu'ici le lecteur ne s'est occupé que de la langue arabe; nous pouvons,
maintenant qu'il a acquis les connaissances principales, lui faire connaître en
même-temps le mécanisme des caractères de cette langue, et lui offrir la décomposition
de son écriture, comme nous venons de lui présenter celle de la langue : j'ai
fait tout mes efforts, dans un essai de calligraphie orientale, pour lui développer
les principes généraux de toutes les espèces d'écritures en usage parmi les orientaux.
Cette connaissance ne peut lui être que fort utile, puisqu'elle lui facilitera la
lecture des manuscrits qui diffèrent beaucoup du caractère imprimé, et dont
quelques-uns sont fort difficiles à lire (1). Les planches qui suivent cet essai

---

(1) Le manuscrit des *Mille et une nuits* qui existe à la bibliothèque est fort mal écrit et difficile à déchiffrer.

lui offriront des modèles dont plusieurs sont gravés d'après les meilleurs maîtres.

Afin d'offrir plus de facilité, j'ai fait un choix de contes dont quelques-uns sont extraits des *Mille et une nuits*, et je les ai joints à ma grammaire. Le lecteur pourra, après les avoir traduits, être suffisamment au fait de la tournure et du style arabe, et sera en état de traduire des auteurs beaucoup plus difficiles.

A ce recueil j'ai joint un *Traité de prosodie* qui contient quelques morceaux en vers, accompagnés d'une traduction française, et un mémoire sur la poésie arabe. On trouvera ensuite vingt dialogues arabe-français, qui pourront être d'un grand secours pour ceux qui voyagent. Enfin j'ai terminé ce premier volume par un vocabulaire des mots employés dans le recueil de contes : ce vocabulaire est assez considérable pour donner le temps d'attendre le second volume.

On voit, par cet énoncé, que mon intention n'a pas été de faire connaître seulement la langue des Arabes, mais que j'ai aussi voulu parler succinctement du pays et des mœurs de ses habitans. J'ai choisi, dans *Aboù 'l-Fèdâ*, la description des villes et des monumens les plus remarquables, et les contes que j'ai adoptés suffisent, avec les notes que j'y ai jointes, pour donner une idée des mœurs et des coutumes des Orientaux.

Golius (1) m'ayant paru le meilleur modèle que je puisse choisir, j'en ai fait la traduction en français, et j'ai pris dans *Castel* (2) et dans d'autres dictionnaires les mots qui ne se trouvoient point dans *Golius*, et je les y ai ajoutés, ainsi qu'une foule d'expressions vulgaires que l'on ne trouve dans aucun autre lexique. J'ai voulu que ce dictionnaire put également être utile et pour l'arabe ancien et pour le moderne (3).

Cet ouvrage est le meilleur que l'on puisse choisir pour se mettre au fait de la syntaxe arabe moderne ; il est pour cette langue ce qu'est le *Qorân* pour l'arabe ancien. J'en ai choisi divers morceaux, afin que le lecteur les ayant étudiés, déchiffre plus facilement le manuscrit.

(1) *Jacobi Golii lexicon arabico-latinum.* Cet ouvrage excellent est la traduction d'un dictionnaire composé en arabe, sous le titre de *Qâmoûs* قاموس, c'est-à-dire *Océan*. Voyez *le second volume de ce cours*.

(2) *Lexicon heptaglotton, hebraicum, chaldaicum, syriacum, samaritanum, œthiopicum, arabicum et persicum, authore Edmundo Castello.*

(3) C'est dans la même vue que j'ai placé au commencement de ce second volume un abrégé de la Grammaire arabe d'Erpénius, à l'usage de ceux qui désirent prendre une légère connaissance de l'arabe ancien.

Cet ouvrage forme le second volume de mon *Cours d'arabe moderne.*

Le troisième volume contient un *Dictionnaire français-arabe*, je l'ai modelé sur le *Dictionnaire français-anglais* de *Boyer* (1), et il renferme une grande quantité de phrases dont plusieurs sont tirées des *Mille et une nuits* et autres ouvrages de littérature arabe.

On concevra parfaitement combien ce travail m'a demandé de temps et de peines, sur-tout quand on saura que, jusqu'à ce jour, il n'existait point en France d'autre imprimerie arabe que celle de la République. Le citoyen *Baudoüin*, dans cette occasion, a fait connaître son zèle pour les sciences; il est impossible d'apporter plus de soins et de complaisance qu'il ne l'a fait en cette circonstance.

Je me suis vu forcé, pour la confection de cet ouvrage, de former des compositeurs, de donner les dessins et diriger la gravure d'un nouveau caractère arabe (2).

Si par hazard quelques fautes m'étaient échappées, j'espère que le lecteur daignera les passer à ma jeunesse.

---

(1) *The royal Dictionary abridged; containing the french before the english. By M. A. Boyer.*

(2) C'est avec ce caractère que l'on imprime le second volume de cet ouvrage. Le caractère que l'on a employé dans ce premier, vient de Bâle : il a fallu, pour s'en servir, faire graver plusieurs grouppes qui y manquaient.

مَدْخَلٌ مُخْتَصَرٌ

لِنَحْوِ ٱللُّغَـــةِ ٱلْعَرَبِيَّـــةِ ٭

INTRODUCTION.

LA Grammaire est le développement des principes d'après lesquels on peut parvenir à parler et écrire avec exactitude une langue : elle se divise en trois parties qui sont, l'Orthographe, l'Élocution et la Syntaxe.

L'Orthographe comprend les lettres, l'Élocution traite des mots, et la Syntaxe guide le discours. Les lettres sont les caractères qui servent à peindre nos idées sur le papier, et par lesquels, sans le secours de la voix, nous faisons part aux autres de nos pensées. On en forme les syllabes et les mots. On les divise en voyelles, diphthongues et consonnes.

Outre ces caractères, les Arabes ont encore certaines marques qui servent à régler la prononciation, et des points *diacritiques* (1) qui, placés dessus ou dessous une même lettre, et en plus grand ou en plus petit nombre, en changent totalement la valeur. Par exemple, ce signe ب, avec un point souscrit, est un *B*, avec deux ى, c'est un *Y*; si vous le surmontez d'un point ن, vous en faites une *N*, de deux ت, un *T*, et de trois ث, un *T*, etc.

On appelle consonne une lettre qui ne se peut prononcer sans le secours d'une voyelle majeure ou cardinale, ou d'un *point-voyelle*; exemple : ب *B*, ne peut se prononcer; mais par l'aide d'une voyelle بَ et بَا, on le prononce *Ba* et *Bâ*.

On nomme voyelle une lettre qui forme un son, elle seule : les Arabes ont des *voyelles cardinales*, c'est-à-dire, qui s'écrivent sur la même ligne que les consonnes; et des *points-voyelles*, qui sont des espèces d'accens qui forment une ligne au-dessus et au-dessous.

Les diphthongues sont l'union de deux voyelles cardinales أو *âù*, ou d'un point voyelle et d'une voyelle cardinale; mais jamais de deux *points-voyelles* seulement.

La combinaison d'une ou plusieurs consonnes avec une *voyelle* est nommée syllabe. On distingue ensuite ces syllabes en syllabes *pures* et en *myxtes*. Nous en parlerons plus bas.

Le mot est la combinaison de plusieurs syllabes, exemple : رَجُلٌ *Rajeul*, un homme, formé des deux syllabes *ra* et *jeul*, quelquefois d'une seule, comme فِي *Fy*, dans.

---

(1) Mot tiré du grec Διακριτικὰ, qui veut dire *distinctif*.

La phrase est formée de plusieurs mots qui présentent un sens, comme لَا يَعْرِفُ بِٱللِّسَانِ ٱلْعَرَبِي *Lâ ydref b'élléçân êl draby*, il ne sait point l'arabe. L'assemblage de plusieurs phrases se nomme discours.

Le discours se divise en huit parties qui sont, l'Article, le Nom, le Pronom, le Verbe, l'Adverbe, la Préposition, la Conjonction et l'Interjection.

L'Article est un mot que l'on met devant le nom, pour en faire connoître le genre, le nombre et le cas; mais on ne peut, en arabe, le considérer sous ce point de vue.

Le Nom est un mot dont on se sert pour exprimer toutes les choses animées et inanimées, comme كُرْسِي *Korsy*, une chaise; عَصَا *Âsd*, un bâton; كَلْب *Kelb*, un chien; بَرْغُوث *Barghoùi*, une puce.

Il y a deux sortes de Noms, le Substantif et l'Adjectif. Le Substantif est celui que l'on emploie pour désigner une substance quelconque, soit qu'on la considère en particulier, soit qu'on la prenne dans l'espèce générale : il se divise en Nom propre et en Nom appellatif.

Le Nom propre ne convient qu'à une seule chose, et est celui qui appartient aux choses qui n'ont pas d'espèces; il s'applique aux individus, aux villes, aux places, etc. etc. exemple :

إِسْتَانْبُول *Éstânboùl*, Constantinople; يَحْيَى *Yahyä*, Jean; مَكّة *Mekkah*, la Mekke.

Le nom appellatif convient à plusieurs, comme رَجُل *Rajeul*, un homme; مَرَأة *Marâh*, une femme; دَجَاجَة *Dèjâjah*, une poule.

L'Adjectif convient à plusieurs sortes de choses, et indique les différentes qualités du substantif, qu'on ne peut connoître lorsqu'il est isolé; exemple : مَرَأة حَمِيلَة *Marâh jèmylah*, une *jolie* femme; رَجُل كَبِير *Rajeul kébyr*, un homme *grand*.

Des noms adjectifs, on forme les comparatifs et les superlatifs.

Les comparatifs servent à faire la comparaison d'une chose à une autre, et à indiquer la différence qui existe entre elles; exemple : أَكْبَر مِنَ ٱلشَّمْس *Âkbar men âch-chams*, *plus* grand que le soleil.

Le superlatif augmente au plus haut, ou abaisse au plus bas degré la signification du *positif* ou adjectif simple, exemple : ٱلله أَعْلَم *Âllah ââlem*, Dieu est *très*-savant; ٱلْفَار أَصْغَر *Élfâr âsghar*, La souris est très-petite.

Le Nom est, ou du genre masculin, ou du genre féminin.

Le masculin comprend tout ce qui a rapport au mâle; le féminin, tout ce qui appartient à la femelle, exemple : رَجُل *Rajeul*, un homme; نِسَاء *Neçd*, une femme.

Le nom a trois nombres, le singulier, le duel et le pluriel. Le singulier ne comprend qu'une seule chose, comme شَيْخ *Chayk*, un vieillard; سُلْطَان *Solïân*, un roi. Le duel en renferme deux, comme مَدِينَتَان *Médynatân*, *deux* villes; رِجْلَان *Rejlân*, *deux* pieds; et le pluriel, plusieurs, sans en déterminer la quantité, exemple : فَطَائِس *F'iâyr*, des petits pâtés; سَكَقَاتْ *Séjqât*, des saucisses.

Les noms ont certains changemens appelés déclinaisons : en arabe, nous en comptons deux, l'une réelle, et l'autre sensible, seulement à cause de la prononciation.

Dans ces déclinaisons, on remarque des variations appelées cas ; elles sont au nombre de six.

Le Pronom est un mot qui tient lieu du nom : on en compte de quatre espèces, le Personnel, le Démonstratif, le Relatif et le Possessif.

Le pronom personnel indique les trois personnes. La première personne est celle qui parle, comme اَنَا *And*, je *ou* moi. La seconde est celle à qui l'on parle, comme اَنْتَ *Ent*, tu *ou* toi. La troisième, celle de qui l'on parle, comme هُوَ *Hoù* ou *Hoùé*, lui.

Le pronom démonstratif sert à désigner la chose dont on parle, exemple : ذَاالرَّجُلْ *D'âr-rajeul*, cet homme ; ذِى المَرْأَة *Dy' lmarâh*, cette femme.

Le pronom relatif se rapporte ou est relatif à une chose passée et dont on a déja parlé, exemple : الرَّجُلْ الَّذِى أَكَلْ *Er-rajeul élledy âkal*, l'homme qui a mangé ; المَرْأَة الَّتِى رَأَيْتُهَا *Élmarâh éllety rayt-hâ*, la femme que j'ai vue.

Le pronom possessif désigne la personne à qui appartient une chose, comme كِتَابِي *Ketâby*, *mon* livre ; قَلْبَكْ *Qalbak*, ton cœur ; قَلَمُهْ *Qalam-ho*, sa plume.

Le Verbe est un mot qui signifie l'affirmation, la négation ou le jugement que nous faisons des choses. On le divise en substantif et en adjectif.

Le verbe substantif désigne seulement l'affirmation de l'être ; comme يَكُونْ *Yékoùn*, il est. On l'appelle aussi verbe *auxiliaire*, parce qu'il sert à conjuguer plusieurs temps des autres verbes.

Le verbe adjectif ajoute la signification qui lui est propre, à l'affirmation simple commune à tous les verbes. Il se divise en plusieurs classes ; telles que actif, passif, transitif, etc. Voyez la Grammaire.

Il y a dans chaque verbe une variation de temps à laquelle on a donné le nom de conjugaison. La conjugaison des verbes est composée de quatre parties, les mœufs ou modes, les temps, les personnes et les nombres.

Le mœuf ou mode indique la manière dont on peut faire l'action : il y a cinq modes, l'indicatif, l'impératif, le subjonctif, l'optatif et l'infinitif.

L'indicatif marque que l'action a lieu, dans un temps présent, passé ou futur, exemple : أَعْمَلْ *Aämel*, je fais ; عَمَلْتُ *Amélto*, j'ai fait ; سَاعْمَلْ *S'âmel*, je ferai.

L'impératif exprime l'action du verbe, en commandant ou en défendant, exemple : لِيَعْمَلْ *L'yämel*, qu'il fasse ; لاَيَعْمَلْ *Lâ-yämel*, qu'il ne fasse point.

Le subjonctif exprime l'action du verbe par souhait ou par desir, exemple : لَيْتَنِى عَامِلْ *Léyt'ny âmel*, que je fasse ; plaise à Dieu que je fasse !

4

L'Optatif désigne une action conditionnelle, exemple : اِنْ أَعْمَلْ *Én ǎmel*, si je fais.

L'infinitif représente l'action du verbe, sans marquer ni le temps, ni le nombre, ni la personne, ni même la manière dont l'action doit être faite ; exemple : عَمَلْ *Ǎmal*, faire.

Les verbes ont trois temps, le présent, qui marque que la chose ou l'action dont on parle est ou se fait actuellement, exemple : أَشْغَلْ *Achghal*, je travaille, je suis dans l'action de travailler. Le passé marque l'action ou la chose qui est achevée ; exemple : حَمَلْتُ *Hamalto*, j'ai porté. Le futur indique que l'action ou la chose se fera, comme سَأَعْلَمْ *S'ǎlem*, je saurai, ou j'apprendrai. Le passé se divise en trois temps différens, Imparfait, Parfait et Plusque-parfait.

L'imparfait désigne les actions que l'on regarde comme passées, mais sans indiquer le temps juste, comme كُنْت أَعْمَلْ *Kont ǎmel*, je faisois.

Le parfait et le passé ne font qu'un. *Voyez plus haut.*

On emploie le plusque-parfait, pour désigner une action faite immédiatement avant qu'on en commence une autre, exemple : قَبْل مَا تَجِي أَنَا كُنْت عَمَلْتُ هَذَا *Qabl mǎ téjy ǎnǎ kont ǎmelto hadǎ*, j'avois fait cela avant que vous vinssiez.

Les verbes, en arabe, ont trois nombres, le singulier, le duel et le pluriel. Les temps des verbes sont composés de trois personnes.

L'Adverbe est un mot indéclinable qui exprime la manière dont la chose se fait, et modifie, plus ou moins, la signification du verbe auquel il est joint, exemple : يَتَكَلَّمْ كَثِيرْ *Yetkellem keiyr*, il parle *beaucoup*.

Les Prépositions n'ont, comme les adverbes, ni genre, ni nombres, ni cas ; elles sont toujours placées devant les autres parties du discours, exemple : فِى بَارِيسْ *Fy Bârys*, à Paris.

Les Conjonctions servent à lier le discours et les phrases. En arabe elles servent aussi de points et de virgules ; exemple : فَقَالْ لَهْ الْعَرَبِيّ قُمْ وَاِمْشِى وَأُدْخُلْ وَقُلْ لِلْمَرَاَةْ *Féqâl l'ho él ǎraby qoum où émchy où ôdkol où qol l'él marâh*, l'Arabe lui dit : lève-toi, va, entre, et parle à ta femme.

Les Interjections sont encore des mots invariables, qui expriment les divers mouvemens et sensations de l'ame.

Lettres solaires et lunaires.	Ordre.	FIGURES. A LA FIN. Liées à la précédente.	FIGURES. A LA FIN. Après les lettres qui ne se lient pas.	Au milieu des mots.	Au commencement des mots.	NOMS. Français.	NOMS. Arabe.	VALEUR. Française.	VALEUR. Hébraïque.	Valeur Numériq.
☾	1	ا	ا	ا	ا	Alif.	الف	A, E, O, U	א	
☾	2	ب	ب	ب	ب	Bé.	بآء	B	ב	2
☉	3	ت	ت	ت	ت	Té.	تآء	T	ת	400
☉	4	ث	ث	ث	ث	Té.	ثآء	T	ת	500
☾	5	ج	ج	ج	ج	Jym.	جيم	J	ג	3
☾	6	ح	ح	ح	ح	Hé.	حآء	H	ח	8
☾	7	خ	خ	خ	خ	Ké.	خآء	K	ח	600
☉	8	د	د	د	د	Dél.	دال	D	ד	4
☉	9	ذ	ذ	ذ	ذ	Dél.	ذال	D	ד	700
☉	10	ر	ر	ر	ر	Ré.	رآء	R	ר	200
☉	11	ز	ز	ز	ز	Zé.	زآء	Z	ז	7
☉	12	س	س	س	س	Syn.	سين	S, Ç	ס	60
☉	13	ش	ش	ش	ش	Chyn.	شين	CH	ש	300
☉	14	ص	ص	ص	ص	Sâd.	صاد	S	צ	90
☉	15	ض	ض	ض	ض	Dâd.	ضاد	D	צ	800
☉	16	ط	ط	ط	ط	Tâ.	طآء	T	ט	9
☉	17	ظ	ظ	ظ	ظ	Za.	ظآء	Z	ט	900
☾	18	ع	ع	ع	ع	Ayn.	عين	A, E, O	ע	70
☾	19	غ	غ	غ	غ	Ghayn.	غين	GH	ע	1000
☾	20	ف	ف	ف	ف	Fé.	فآء	F	פ	80
☾	21	ق	ق	ق	ق	Qâf.	قاف	Q	ק	100
☾	22	ك	ك	ك	ك	Kéf.	كاف	K	כ	20
☉	23	ل	ل	ل	ل	Lâm.	لام	L	ל	30
☉	24	م	م	م	م	Mym.	ميم	M	מ	40
☉	25	ن	ن	ن	ن	Noùn.	نون	N	נ	50
☉	26	و	و	و	و	Wdoù.	واو	W, où, ò	ו	6
☾	27	ه	ة	ه	ه	Hé.	هآء	H	ה	5
☾	28	ي	ي	ي	ي	Yâ.	يآء	Y	י	10

(1) Lorsque ce Hé est ponctué à la fin des mots, il se prononce comme un Té ت, lorsque le mot suivant commence par une voyelle. Quand le Hé ة est précédé d'un Ré ر ou d'un Dâl د, on les groupe ainsi ‍ et ‍.

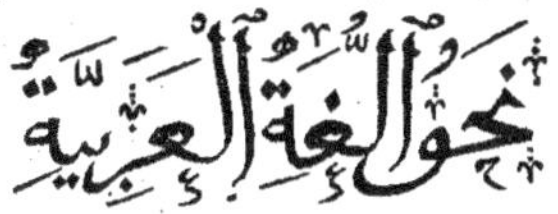

DÉVELOPPEMENS

DES PRINCIPES

DE LA LANGUE ARABE MODERNE.

PREMIÈRE PARTIE.

املا،

DE L'ORTHOGRAPHE.

CHAPITRE PREMIER.

حروف الهجا،

DES LETTRES.

La langue arabe a vingt-huit lettres, parmi lesquelles on compte vingt-quatre consonnes ; ب ت ث ج ح خ د ذ ر ز س ش ص ض ط ظ غ ف ق ك ل م ن ه ، et quatre *voyelles cardi-nales*, ا و ع ، ى (1). Chacune de ces lettres a une figure un peu différente, selon qu'elle est placée seule, au commencement, au milieu ou à la fin des mots ; car elles se lient toutes-ensemble. Le tableau alphabétique ci-joint, indique ces variations, ainsi que le nom et la valeur de chaque lettre.

Les Arabes écrivent de droite à gauche, et commencent leurs livres à la dernière page des nôtres.

---

(1) Le ع et ا pourroient plutôt être regardés comme des espèces d'accens. Nous remarquerons ici que lorsque dans les règles suivantes, nous parlerons des *voyelles Cardinales*, nous n'entendrons par-là que l'*Alif*, le *Wâou*, et le *Yâ* ; le *Ayn* ne participe point à ces règles.

CHAPITRE II.

اللَّفْظ

DE LA PRONONCIATION.

Les lettres qui, dans le tableau alphabétique, sont rendues par nos caractères français simples, n'ont pas besoin de remarques ; elles doivent se prononcer comme en français : nous nous contenterons donc de faire quelques observations sur celles dont la valeur diffère.

Âlif ا, quoique mis au rang des *voyelles cardinales*, n'est, à proprement parler, que notre accent circonflêxe (^), ou l'esprit doux des Grecs ('); il allonge le *point-voyelle* qu'on lui adapte ; ainsi il se prononce tour à tour اَ *â*, اِ *é*, اُ *ô*. Il y a certains cas où il ne se prononce point du tout, et alors il ne sert que pour l'orthographe ; cela a lieu (1) à la troisième personne du pluriel du parfait des verbes, exemple : قَالُوا *Qâloùâ*, prononcez *Qâloù*, ils ont dit. Cet *Âlif* s'appelle *muet* ou *quiescent*.

Si un *Âlif* ا surmonté du point-voyelle-*fatḥah* ◌َ (*a* bref) est suivi d'un *Wâoù* و surmonté d'un *Jezm* (◌ْ), ces deux lettres forment une diphthongue, exemple : اَوْ *Aoù*, prononcez *Aù*, ou.

(En Egipte, on prononce l'*Âlif* ا indifféremment *â* ou *é*, lorsqu'il est surmonté d'un *fatḥah* (◌َ) : à *Ḥaleb*, (Alep) et dans presque toute la Syrie *é*, et dans le canton de *Sïdnaya*, on lui donne la valeur d'*ô*.)

ث *Tê*. Cette lettre répond au *Th* anglais dans le mot *With* (avec), ou au θ *thétâ* des Grecs ; on pourroit en français la rendre par *s* ou *sç*, mais elle n'a point de prononciation fixe ; tantôt elle se prononce comme nous venons de dire, tantôt comme un simple ت *Tê*. Dans la *Barbarie*, en *Yémen* et à *Baghdâd*, le son qu'on lui donne est absolument semblable à notre *s*, tandis qu'en Egipte et en Syrie, on la confond, le plus souvent, avec le ت *Tê*. Au reste, sa prononciation varie selon les mots : par exemple ثَلَاث *Telât*, trois, prononçez *Telât* ; au contraire ثَعْلَب *Tâleb*, renard, prononcez *Sçâleb*. A *Fez*, cette lettre remplace le ت *Tê*, et même quelquefois le ط *Tâ* ; ainsi l'on écrit كَيْف أَنْتَ *Kayf êntê*, comment te portes-tu ? et l'on prononce كَيْف أَنْتَ *Kayf ênsçé*. Le *T* ponctué par lequel nous la rendons, laissera libre de la prononcer *s* ou *t*, selon l'Arabe avec lequel on parléra.

ج *Jym* est le *G* italien devant les voyelles *e*, *i*, comme *Giorno* (jour) prononcez *Djiorno* ; Nous l'avons rendu par notre *J*, afin d'éviter, autant qu'il nous sera possible, les doubles lettres, et parce qu'ensuite, il a souvent cette prononciation, comme dans le mot جَدِي *Jédy*, un

---

(1) De même que *nt* en français, à la même personne du présent ; exemple : ils aime*nt*, prononcez il*s aime*.

chevreau, et non pas *Djédy*. En Egipte et dans le désert, on le prononce comme notre *G* dans le mot *Gourmand*, et l'on dit جَبَل *Guébel*, une montagne, au lieu de *Djébel*.

ح *Há*. Cette lettre se prononce comme une double *hh* avec une forte aspiration, mais qui se perd insensiblement. On la prononce avec exactitude lorsque l'on imite celui qui souffle sur ses mains pour les échauffer.

خ Le *Ká* est précisément le *Jota* espagnol, le *Ch* des Allemands, ou le χ des Grecs; c'est un raclement de gosier qu'il est assez difficile d'imiter. J'ai vu plusieurs personnes faire d'horribles contorsions pour en venir à bout, mais c'est le plus sûr moyen de n'y point réussir. Lorsqu'on est parvenu à bien saisir sa prononciation, elle devient aussi facile que celle des autres lettres; à *Malthe*, et même souvent en Barbarie, on la confond avec le ح *Há*.

ذ Le *Dál* est le *Z* italien, ou notre *Dz*. En Egipte et en Syrie, on le prononce comme le *Dál* د.

ش Chyn est notre *CH* dans les mots *Cheval*, *bêche*; c'est le *Sc* des Italiens, et le *Sch* des Allemands.

ص *Sád* est un *S* dur et guttural.

ض *Dád*, n'est autre chose que le *Dál* د, prononcé d'une manière gutturale.

ط *Tá* est un *T* dur.

ظ *Zá* est tantôt un *Z* dur, tantôt un *D* guttural.

ع *Ayn*. Cette lettre n'est, à proprement parler, qu'un accent qui fait prononcer le *point-voyelle* dont il est surmonté, d'une manière gutturale : en l'entendant prononcer une fois, on apprendra mieux sa vraie prononciation, que nous ne le pourrions faire par écrit.

غ *Ghayn* est l'*R* grasseyée des Parisiens ou des Provençaux. C'est aussi le γ (gamma) grec.

ك *Kéf* est notre *K*; chez les *Bedoùyns* on le prononce *Tch*, ou comme le *C* italien devant l'*e* et l'*i*. كلب *Kelb*, un chien, prononcez *Tchélb*.

ق *Qáf* est un *Q* guttural. Les habitans de la Haute-Egipte et les Arabes *Bédoùyns* le prononcent comme notre *G* dans *Gouffre*. Au Caire, on le confond presque avec le *Ayn* ع, exemple : مَقْبُول *Maqboùl*, *magboùl* et *maăboul*, un homme dont la tête est égarée.

ي *Yá* est notre *Y*. Quand il est privé de *point-voyelle* et de *Jezm* (°), et que la lettre précédente est surmontée d'un *fathah* (´), il se prononce *a*. Nous rendons cet *Yá* ي par un *ä*, exemple : رَمَى *Ramä*, il a jeté.

Remarques.

Toutes les lettres arabes se lient ensemble; excepté les six suivantes : أ د ذ ر ز و qui ne peuvent être liées qu'aux lettres précédentes, exemple : الوصل, الرجل, صدرالدّين.

Lorsque l'*Alif* ا doit être joint à un *Lám* ل qui le précède, on le peint ainsi لا, لا et لا quand on veut les lier à d'autres lettres. Ce groupe est nommé *Lám-alif* لام ألف.

Quand un mot est trop long pour finir avec la ligne, les Arabes n'en rapportent jamais la moitié à l'autre ligne, comme nous le faisons, au moyen d'un trait d'union : ils écrivent cette partie du mot sur la marge, ou au-dessus de la même ligne où elle ne peut entrer; supposé, toutefois, que cette *partie* se trouve après une des lettres qui ne se lient point à gauche; car on ne sauroit séparer ainsi le mot كلمه, qui ne forme qu'un seul groupe كلمه, mais on divise facilement في خا, خاى qui est composé de deux. Cependant, pour éviter cela on ajoute au mot précédent un *tiret* — aussi-long qu'il le faut pour remplir la fin de la ligne, en observant de ne le mettre qu'à la fin du mot, et avant la dernière lettre, exemple :

اذا نسيم الصبــاء يدب فى الشجــم

الم يــب نشــق المشموم و الثمــر

سيول زرق من الريضان قد دعبــت

فاحت لها نفحته الريحان والزهــر

فيــا غــز الى اذا ننــول لى القدح

يا شاب ريكك شــب نشوة السكرى

« Lorsque le zéphir du printemps folâtre parmi les rameaux déliés des arbres qui ornent ce verger, n'exhale-t-il pas ensuite l'odeur délicieuse des pommes de senteur et des fleurs les plus suaves? Ces ruisseaux azurés qui serpentent dans ce bosquet, sur un lit de verdure formé d'herbes aromatiques, n'entraînent-ils pas dans leurs ondes l'odeur du basilic?..... C'est ainsi, jeune fille, dont la taille svelte ressemble à celle de la timide gazelle, c'est ainsi, dis-je, que lorsque tu me présentes une coupe remplie d'une liqueur précieuse, elle acquiert un nouveau parfum, par le souffle de ton haleine embaumée ».

En Barbarie, le *Qâf* ق ne s'écrit qu'avec un point comme le *Fê* ف, et cette dernière lettre, au lieu d'avoir son point au-dessus, l'a au-dessous de cette manière ڢ.

Les Arabes n'ont pas de points, de virgules, etc. pour distinguer les divers membres de leurs phrases; mais ils n'en sont pas pour cela plus diffus : car, la répétition fréquente de la conjonction *Wê* و et ف *fê*, tient lieu, comme nous l'avons déja dit, de ces signes; néanmoins, ils employent ceux qui suivent, ٭ ؏ ؏؏ ٿ : :: ه ں, etc. mais très-rarement.

~~~~~~

C H A P I T R E   I I I.

<div dir="rtl">قسمة الحروف</div>

DIVISION DES LETTRES.

Les lettres arabes se divisent en plusieurs classes, selon leur prononciation, leur force, leur emploi et leur compatibilité ensemble.
~~~~~~

1º. Par rapport à leur prononciation, elles se divisent en gutturales, c'est-à-dire, en lettres qui se prononcent par le seul ministère du gosier; ce sont les suivantes : ا ح خ ع غ ه.

En Labiales, c'est-à-dire, se prononçant par le seul mouvement des lèvres, telles sont, ب و م ف.

En Palatales, celles qui se prononcent en approchant du palais le milieu de la langue, ce sont ج ك ق ى.

En Dentales, celles qui se prononcent par l'application de la langue sur les dents, ou supérieures, comme, ث ذ ظ, ou inférieures, comme ت ط د ل ن.

Enfin en Linguales, c'est-à-dire, qui se prononcent par les seuls mouvemens de la langue; telles sont ز ر س ش ص ض.

2º. Par rapport à leur force, on les divise en *débiles*, c'est-à-dire dont la prononciation varie, et qui peuvent se placer les unes pour les autres, comme ا و ى. On appelle le reste des lettres, *Lettres fortes*, c'est-à-dire qu'elles ne sont point sujettes à ces métamorphoses.

3º. Par rapport à leur emploi, elles sont, *Radicales*, c'est-à-dire, servant à la composition des mots-radicaux; et telles sont ت ج ح خ د ذ ر ز ش ص ض ط ظ ع غ ق, ou *serviles*, c'est-à-dire qu'elles servent à composer les dérivés; et telles sont toutes les autres.

4º. Par rapport à leur compatibilité, on les divise en *compatibles* et *incompatibles*. Les compatibles sont celles qui peuvent concourir ensemble à la composition d'un même mot; les incompatibles, celles qui ne le peuvent point. Ces dernières sont

Les gutturales ح خ ع غ, puis

ب et م ف	ذ et ض ص	ض et ط ظ
ت et ث	ر et ل	ط et ك ظ
ث et ط ض ص س	ز et ظ ض ص	ظ et ق غ
ج et ك ق غ	س et ض ص	غ et ك ق
خ et ك ق ظ	ش et ض	ق et ك
د et ذ	ص et ظ ط ض	ل et ن

Exceptions. عَلَن *Ălan*, il a manifesté لَن *Lan*, nullement.
Toutes les autres sont compatibles.

Remarques.

Plusieurs de ces lettres étant employées comme *serviles*, ne sont plus incompatibles, exemple : بِفَضّة *B'fadilah*, avec l'argent; تَثَبّت *Totabbet*, tu seras confirmé; لِرَبّ *Lérabb*, Au maître.

Il est rare de trouver dans le milieu d'un mot, après un *Noûn* ن destitué de point-voyelle, les lettres ر ى م و ل. La connoissance des lettres compatibles et incompatibles est

3

d'un grand secours, pour déchiffrer les mots où les points diacritiques manquent ; ce qui arrive fort souvent, par la négligence des copistes.

Les Arabes divisent encore leurs lettres en *Solaires* et en *Lunaires*. Nous en parlerons dans la seconde partie.

CHAPITRE IV.

حركات

DES POINTS-VOYELLES.

Les Arabes ont trois *Points-Voyelles* qu'ils mettent au-dessus et au-dessous des consonnes, afin de les faire prononcer ; ils se placent, à peu près, de la même façon que nos accens. En voici le tableau :

NOMS.	FORMES.	VALEURS.	PLACE.
Fatĥah. قَتْحَة	´	Se prononce comme notre *a* bref, et comme *é* ou *è*, ou enfin comme le *η* grec.	Au-dessus de la lettre.
Dammah. ضَمَّة	٩	Se prononce comme *o*, *ou*, *eu*, enfin *u*.	Au-dessus.
Kesrah. كَسْرَة	‿	Se prononce comme *i*, mais plus souvent comme *é*.	Au-dessous.

Remarques.

Ces *Points-Voyelles* doublés se nomment *Ténoùyn* تنوين, c'est-à-dire, *Nunnations*, et se prononcent *" An ʃ on " in* ; mais le *Fatĥah* seul est employé dans l'arabe moderne. Il ne se trouve jamais que sur l'*Alif* ل final, *án*, ainsi qu'on le verra au chapitre des *Adverbes* (1).

Ces trois voyelles ´, ‿, ٩, comme nous l'avons déja remarqué, placées sur l'*Alif* ا, de brèves qu'elles étoient, deviennent longues, exemple : آ *á* long, آ *ó* long, ا *é* long. Nous

---

(1) Dans le littéral c'est la marque de l'accusatif, et il est quelquefois employé comme tel dans l'arabe moderne ; cela est pourtant assez rare.

avons aussi observé que lorsqu'on les met sur le *Ăyn* ع, elles acquièrent une prononciation gutturale, exemple : عَ *ă*, عُ *ŏ*, عِ *ĕ*, prononcés du gosier.

Voici une phrase où la plupart de ces règles se trouvent comprises : خَلَقَ ٱللّٰهُ ٱلْعَالَمَ وَكُلَّمَا فِيهِ وَهُوَلَا خُلِقَ مِنْ أَحَدٍ *Kalaq Ăllah ĕl ăălem wè koùllèmă fyh, wè houĕ lă keuliq men ăhed* ; c'est-à-dire, Dieu a créé le monde et tout ce qu'il renferme, mais lui-même n'a été créé par rien.

CHAPITRE V.

DES AUTRES SIGNES ORTHOGRAPHIQUES.

§. I. *Des Syllabes et du* Jezm.

On distingue les syllabes en *syllabes pures* et en *syllabes mixtes*.

La syllabe pure, est celle qui est composée d'une seule-consonne et d'un *point-voyelle*, ou d'une *Voyelle cardinale*, comme بَ *Ba*, بِ *Bé*, بُ *Bo*, نَصَرَ *Na-sa-ra*, et بَا *Bă*, بِى *By*, بو *Boù*, نَاصِرِينَ *Nă-si-ry-né*.

La syllabe mixte, est celle qui est formée de deux consonnes et d'une seule *voyelle*, comme بَلْ *Bal*, بُلْ *Bol*, بِلْ *Bél*. Le signe que l'on vient de voir sur le *Lâm* ل est nommé par les Arabes, *Jezm* جَزْم, c'est-à-dire retranchement ; il indique que la lettre sur laquelle il est placé, ne doit pas avoir de *point - voyelle*, qu'elle fait partie d'une syllabe mixte, et que par conséquent elle doit se prononcer avec la lettre précédente, exemple : رَجُلْ *Rajeul*, mot qui est formé, comme on le voit, d'une syllabe pure, رَ *Ră*, et d'une mixte *jeul* جُلْ ; لَمْ يَمْدُدْ *Lam yem-doud*.

§. II. *Du Techdyd.*

Le *Techdyd* تَشْدِيد signifie *Duplication*, aussi sert-il à doubler la lettre sur laquelle il est placé ; il se forme ainsi ّ, ou ّ. Chez les Arabes occidentaux, on le peint de cette manière ˆ, ˇ, exemple : نَزَّلْ, نَزَّلْ ou نَزَّلْ au lieu de نَزْزَلْ *Nazzal*. Il a le même emploi que le ˜ que nous mettons sur les *m*, *n*, etc., exemple : *Comunément* au lieu de *communément* (1).

On divise le *Techdyd* en *Nécessaire* et en *Euphonique*.

____

(1) Il n'y a que sur l'*Alif* qu'il ne se place point.

Le *Techdyd* nécessaire est celui qui se place sur une lettre précédée d'une autre lettre, sur laquelle il y a un *point-voyelle* ; comme dans les exemples cités.

Le *Techdyd* euphonique est celui qui ne sert que pour rendre la prononciation plus agréable. Voyez ci-après, aux *Articles*.

§. I I I. *Du Hamzah.*

Le signe nommé *Hamzah* همزة, c'est-à-dire *point*, parce que les Maures ont coutume de le peindre par un gros-point, jaune-ou-verd, et qui, chez les Arabes, a la forme d'un petit *Ăyn* ع initial, ؛, ou d'un 2 retourné, sert à distinguer l'*Álif* ا mobile. Lorsqu'il est sur le *Waoù* و, ou sur le *Yá* ى, il indique que ces deux lettres tiennent la place d'un *Álif* radical (par les règles de *Permutation*, qui font changer ces trois lettres, les unes pour les autres). Au reste, le *Hamzah* ne sert à rien dans la prononciation.

§. I V. *Du Weslah.*

Ce signe ~, appelé par les Arabes, *Weslah* وَصْلَة, c'est-à-dire *Jonction*, est notre trait d'union ; on ne le trouve jamais que sur l'*Álif* ا, et alors il indique que cet *Álif* ا doit prendre pour *point-voyelle* celui qui termine le mot précédent : mais il est plus en usage dans l'arabe *littéraire* que dans le vulgaire, où tous les *points-voyelles* affectés aux lettres finales, sont supprimés. Exemple du *Weslah*.

قَلْب ٱلْمَلِك *Qalb-ólmaliki*, le cœur du roi.

Mais dans le vulgaire, on écrit et l'on prononce :

قَلْب ٱلْمَلِك *Qalb-élmélek*

§. V. *Du Maddah.*

Ce signe ~, nommé *Maddah* مَدّ, c'est-à-dire *Extension*, se place sur l'*Álif* ا, et le rend doublement long. C'est avec raison qu'on peut le nommer le *Thechdyd* de l'*Álif* ا, exemple :

ٱلسَّمَاء *És-semáá*, le Ciel.

EXERCICE DE LECTURE (1).

سُورَةُ ٱلصَّفِّ أَرْبَعَ عَشْرَةَ أَيَةٍ ،

Soû-rat és-saff ér-bă ăch-rah á-yat.

بِسْمِ ٱللَّهِ ٱلرَّحْمَٰنِ ٱلرَّحِيمِ ﴿

Bésm Él-lah ér-rah-man ér-ra-hym.

١. سَبَّحَ لِلَّهِ مَا فِي ٱلسَّمَٰوَٰتِ وَمَا فِي ٱلْأَرْضِ ، وَ هُوَ ٱلْعَزِيزُ ٱلْحَكِيمُ ،

1. *Sèb-bah L'El-lah má fy's-sè-ma-wât wè-mă fy'l-árd wè hoù él-à-zyz él-ha-kym.*

٢. يَا أَيُّهَا ٱلَّذِين أَمَنُوا لِمَ تَقُولُونَ مَا لَا تَفْعَلُونَ ،

2. *Yá-a-yo-há 'l-lè-dyn á-ma-nòú lém tè-qoù-loùn má lă tèf-ă-loùn.*

٣. كَبُرَ مَقْتًا عِنْدَ ٱللَّهِ أَنْ تَقُولُوا مَا لَا تَفْعَلُونَ ،

3. *Kè-bour maq-tăn èn-d Él-lah ún tè-qoù-lòú má lă tèf-ă-loùn.*

٤. إِنَّ ٱللَّهَ يُحِبُّ ٱلَّذِينَ يُقَٰتِلُونَ فِي سَبِيلِهِ صَفًّا كَأَنَّهُم بُنْيَان مَرْصُوصٌ ،

4. *Énn Al-lah yo-hébb él-lè-ă-yn yo-qá-tè-loùn fy sè-by-li-hi saq-qăn ka-án-nè-hom bon-yăn mar-soùs.*

٥. وَ إِذْ قَالَ مُوسَى لِقَوْمِهِ يَا قَوْمِ لِمَ تُؤْذُونَنِي وَ قَد تَعْلَمُونَ أَنِّي رَسُولُ ٱللَّهِ إِلَيْكُمْ فَلَمَّا زَاغُوا أَزَاغَ ٱللَّهُ قُلُوبَهُمْ وَ ٱللَّهُ لَا يَهْدِي ٱلْقَوْمَ ٱلْفَاسِقِينَ ،

5. *Wè éd qál Moù-çă lé-qaù-mi-hi yá qaùm lém toù-doù-nè-ny wè qad tă-lè-moùn èn-ny rè-çoùl Al-lah é-lay-kom fè-lam-mă ză-ghòú á-zágh Al-lah qo-loùb-hom w' Al-lah lă yah-dy 'l-qaùm él-fá-çi-qyn.*

---

(1) Pour la facilité des commençans, nous avons eu soin de séparer les syllabes : cette méthode peut leur rendre la lecture de l'arabe familière en moins de quinze jours. Nous avons ensuite retranché les blancs qui séparoient les syllabes, et à la fin nous avons même supprimé les *points-voyelles*; la plupart des manuscrits en sont privés, et il est essentiel de s'habituer à s'en passer; l'usage fait beaucoup, l'on y parvient à la longue. Pour commencer, il ne sera pas inutile d'essayer de les ajouter aux dernières lignes de ce chapitre du *Qorán*, à l'aide de la prononciation qui l'accompagne.

٦. وَإِذْ قَالَ عِيسَى ٱبْنُ مَرْيَمَ يَا بَنِي إِسْرَائِيلَ إِنِّي رَسُولُ ٱللَّهِ إِلَيْكُم مُّصَدِّقًا لِّمَا بَيْنَ يَدَيَّ مِنَ ٱلتَّوْرَاةِ وَمُبَشِّرًا بِرَسُولٍ يَأْتِي مِن بَعْدِي ٱسْمُهُ أَحْمَدُ فَلَمَّا جَاءَهُم بِٱلْبَيِّنَاتِ قَالُوا هَٰذَا سِحْرٌ مُّبِينٌ ،

6. Ouè éd qâl Ëysä ébn Maryam yä bèny Ésrâyl énny rèçoûl Allah élay-kom mosaddiqän lémâ bayn yèdayé mèn ét-tawrâh wè mobachchérän bé-rèçoûl yâty mén bâdy ésm-ho Âhmèd fè-lammâ jâa-hom b'él-bèïynât qâloû hadd séhr meubiyn.

٧. وَمَنْ أَظْلَمُ مِمَّنِ ٱفْتَرَى عَلَى ٱللَّهِ ٱلْكَذِبَ وَهُوَ يُدْعَى إِلَى ٱلْإِسْلَامِ وَٱللَّهُ لَا يَهْدِي ٱلْقَوْمَ ٱلظَّالِمِينَ ،

7. Wè man âzlam mémman âftarä älä Allah 'l-kadéb ouè houè yoddä élä 'l-éslâm w' Allah lâ yahdy 'l-qaùm éz-zâlémyn.

٨. يُرِيدُونَ لِيُطْفِئُوا نُورَ ٱللَّهِ بِأَفْوَاهِهِمْ وَٱللَّهُ مُتِمٌّ نُورَهُ وَلَوْ كَرِهَ ٱلْكَافِرُونَ ،

8 Yorydoùn l'yoïfôû noùr Allah b'éfoûdh-him w'Allah motémm noùr-ho wè lèoù kèréh él-kâféroùn.

٩. هُوَ ٱلَّذِي أَرْسَلَ رَسُولَهُ بِٱلْهُدَى وَدِينِ ٱلْحَقِّ لِيُظْهِرَهُ عَلَى ٱلدِّينِ كُلِّهِ وَلَوْ كَرِهَ ٱلْمُشْرِكُونَ ،

9. Hoù éllèdy ârsal rèçoùl-ho b'él-hodä wè dyn élhaqq l'yozhér-ho älä 'd-dyn kolli-hi wè lèoù kèré-h 'l-mochrékoùn.

١٠. يَا أَيُّهَا ٱلَّذِينَ آمَنُوا هَلْ أَدُلُّكُمْ عَلَى تِجَارَةٍ تُنْجِيكُم مِّنْ عَذَابٍ أَلِيمٍ ،

10. Yâayohâ 'l-lèdyn âmanôû hal âdoll-kom älä téjârah tonjy-kom mén âdâb âlym.

١١. تُؤْمِنُونَ بِٱللَّهِ وَرَسُولِهِ وَتُجَاهِدُونَ فِي سَبِيلِ ٱللَّهِ بِأَمْوَالِكُمْ وَأَنْفُسِكُمْ ذَٰلِكُمْ خَيْرٌ لَّكُمْ إِن كُنْتُمْ تَعْلَمُونَ ،

11. Towménoùn b'Éllah wè rèçoùl-ho wè tojâhédoùn fy sèbyl Allah b'âmoù-âl-kom wè ânfos-kom dal-kom kayr lèkom én kontom tâlèmoùn.

١٢. يَغْفِرْ لَكُمْ ذُنُوبَكُمْ وَيُدْخِلْكُمْ جَنَّاتٍ تَجْرِي مِن تَحْتِهَا ٱلْأَنْهَارُ وَمَسَاكِنَ طَيِّبَةً فِي جَنَّاتِ عَدْنٍ ذَٰلِكَ ٱلْفَوْزُ ٱلْعَظِيمُ ،

12. Yaghfér lèkom donoùbe-kom wè yeudkel-kom jènnât tèjry mén tahite-hâ 'l-ânhâr wè mèçâkén ïaïybah fy jènnât âdn dalék âl-faùz él-äzym.

CHAPITRE VI.

RÈGLES DE PERMUTATION DES LETTRES *ÂLIF* ا, *WÂOU* و ET *YÂ* ى (1).

Règles générales.

1.

Les voyelles cardinales *Âlif* ا, *Wâoù* و et *Yâ* ى se changent souvent entre elles; mais cela n'arrive jamais lorsqu'elles sont placées au commencement, au milieu ou à la fin d'un mot, après un *Jèzm* (ْ).

2.

Les lettres *Âlif* ا *Wâoù* و et *Yâ* ى, privées de *points-voyelles*, et étant précédées de *points-voyelles* hétérogènes, leur deviennent homogènes, exemple :

Noüy	نُوْى	pour	نَأْى	Un fossé.
Byr	بِيْر	pour	بِأْر	Un puits.
Nâr	نَارْ	pour	نَوْرْ	Du feu.
Dâr	دَارْ	pour	دَيْرْ	Une maison.

Exceptions. Souvent le *Wâoù* و et le *Yâ* ى après un *Fatĥah* (َ) ne changent point, et prenant un *Jèzm* (ْ), forment une diphthongue avec le *point-voyelle* qui précède,

(1) Ces règles, usitées pour l'arabe littéral, deviennent aussi utiles dans le vulgaire, qui en dérive. Nous observerons que dans le littéral, la dernière lettre du mot est toujours affectée d'un *point-voyelle* (excepté à l'impératif, où elle doit l'être d'un *Jèzm* (ْ), et dans un petit nombre d'autres cas). Dans le vulgaire ce *point-voyelle* devient inutile, et ne se prononce presque jamais. Nous avons donc surmonté d'un *Jèzm* (ْ) la dernière lettre de chaque mot, pour nous rapprocher de la prononciation vulgaire; ce *Jèzm* (ْ), en conséquence, doit être regardé comme euphonique, et ne doit point être considéré comme nécessaire. Cette remarque éclaircira plusieurs des règles suivantes qui auroient pu paroître obscures.

ou deviennent quiescens comme l'*Âlif* ا, et alors ils ne prennent point de *Jèzm* (°), exemple :

Yaùm يَوْم Jour.   *Ramä-ho* رَمَيهُ Il l'a jetté.

Layl لَيْل Nuit.   *Ghazàh* غَزوَةٌ Combats.

3.

On supprime les lettres *Âlif* ا, *Wdoù* و et *Yâ* ی, quand elles sont quiescentes devant un *Jèzm* (°), exemple :

Yèkaf يَخَف   }   { *Yèkâf* يَخَاف Qu'il craigne.

Yèqom يَقُم   } pour { *Yèqoùm* يَقُوم Qu'il se lève.

Yèçér يَسِر   }   { *Yèçyr* يَسِير Qu'il marche.

*Règles particulières à l'*Âlif ا.

1.

Lorsqu'au milieu d'un mot l'*Âlif* ا est affecté d'un *Dammah* (٩), il se change en *Wdoù* و, s'il l'est d'un *Kèsrah* (´), il se change en *Yâ* ی, exemple ;

Aoùbb أَوُبٌّ   } pour { أَأُبٌّ Paturage.

Soyl سُيْل   }   { سُأِل Il a été interrogé.

La même règle a lieu après un *Âlif* ا quiescent, exemple :

Qâyl قَائِل   } pour { قَاأِل Disant.

Mâw-ho مَاوُهٌ   }   { مَاأُهٌ Son eau.

2.

L'*Âlif* ا au milieu d'un mot, surmonté d'un *Fathah* (´) après un *Dammah* (٩), se change en *Wdoù* و; après un *Kèsrah* (ــ) il se change en *Yâ* ی, exemple :

Dowab دُؤَب   } pour { دُأَب Habitudes.

Fyah فِئَةٌ   }   { فِأَةٌ Troupe d'hommes.

3.

On change l'*Âlif* ا en *Wâoù* و et en *Yâ* ى, selon qu'il est à la fin d'un mot après un *Dammah* (ُ) ou après un *Kesrah* (ِ), exemple :

Danow	دَنُوٌّ	} pour {	دَنَأٌ	Il a été méprisable.
Kâïy	خَاطِئٍ		خَاطَأٌ	Pêchant.

4.

L'*Âlif* ا à la fin d'un mot, surmonté d'un *Dammah* (ُ) ou d'un *Kesrah* (ِ), et précédé d'un *Fathah* (َ), se change en *Wâoù* و ou en *Yâ* ى, exemple :

Teftaw	نَفْتَوٌ	} pour {	نَفْتَأٌ	Tu fixes.
Sanay	سَنَيٍ		سَنَاءٌ	Des feuilles de séné (1).

5.

L'*Âlif* quiescent ا après un autre *Âlif* ا surmonté d'un *Fathah* (َ), disparoît ; on le remplace par un *Maddah* (~) ou par un *Fathah* (ا) perpendiculaire, exemple :

Aman	آمَنْ et آمَنْ	pour	أَأْمَنْ	Il a cru.

6.

L'*Âlif* ا quiescent, suivi d'un autre *Âlif* ا quiescent, se change en un *Wâoù* و, que l'on surmonte d'un *Fathah* (َ), exemple :

Nawâser	نَوَاصِرْ	pour	نَاأصِرْ	Aidant.

Remarques.

Quand l'*Âlif* ا est précédé d'une des particules inséparables *Wé* و et, *Lé* لِ à, کَ comme,

---

(1) Cette règle est plus en usage dans l'arabe littéral que dans le vulgaire.

Fé ف et, *Bé* ب avec, *A* ا est-ce que ? il n'est point censé être au milieu d'un mot, et l'on dit :

L'âb لِأَبْ, au père ; *K'ômm* كَأُمّ, comme une mère, etc.

Règles particulières au Wâoù و.

1.

Le *Wâoù* و se trouvant au milieu d'un mot, affecté d'un *Fathah* (´) après un *Kesrah* (‿) se change en *Yâ* ى, exemple :

Tyâb ثِيَاب   pour   ثِوَاب   Habits.

2.

Le *Wâoù* و placé au milieu d'un mot, devant un autre *Wâoù* و quiescent, le fait souvent disparoître, exemple :

Tâws طَاوُس   }   pour   {   طَاوُوس   Paon.
Rooùs رُوُس   }   {   رُووُس   Têtes.

3.

Le *Wâoù* و final, après un *Fathah* (´) se change en *Âlif* ا quiescent, s'il est la troisième lettre du mot, ou en *Yâ* ى s'il est la quatrième ou plus, exemple,

Ghazâ غَزَا   }   غَزَو   Il a attaqué.
Âsâ عَصَا   }   pour   عَصَو   Verge, bâton.
Yoghzä يُغْزَى   }   يُغْزَو   Il a été attaqué.
Möïä مُعْطَى   }   مُعْطَو   Donné.

4.

Le *Wâoù* و final, précédé d'un *Dammah* (´), devient quiescent, exemple :

Radoù رَكُو   pour   رَكُوْ et رَكُوِ   Périssant.

5.

Le *Wâoù* و final après un *Kesrah* (‿), se change en *Yâ* ى, exemple :

Rady رَضِي   pour   رَضِو   Il a eu pour agréable.

6.

Le *Wdoù* ‌و servile, à la fin d'un mot, prend après lui un *Alif* ‍ا muet, exemple :

Nasaroù نَصَرُوْا	pour نَصَرُوْ	Ils ont aidé.
Ramaù رَمَوْا	رَمَوْ	Ils ont jetté.

Règles particulières au Yâ ‍ي.

1.

Le *Yâ* ‍ي étant au milieu d'un mot, surmonté d'un *Fathah* (´), après un *Dammah* (٩), se change souvent en *Wdoù* ‍و, exemple :

Ramoùân رَمُوَانْ   pour   رَمِيَانْ   Projection , jet.

2.

Le *Yâ* ‍ي, au milieu d'un mot, suivi d'un autre *Yâ* ‍ي quiescent, le fait quelquefois disparoître, exemple :

Rays رَيْسْ   pour   رَيِيسْ   Chef, patron.

3.

Le *Yâ* ‍ي final, après un *Fathah* (´), devient *quiescent* comme l'*Alif* ‍ا (1) exemple :

Oùlä أُوْلَى   Première.

S'il est précédé d'un autre *Yâ* ‍ي, il le change en *Alif* ‍ا, exemple :

Hadâyâ هَدَايَا   pour   هَدَايَى   Offrandes.

Exceptions. *Yahyä* يَحْيَى Jean , et *Rayä* رَيَّى, *noms propres d'hommes.*

4.

Le *Yâ* ‍ي final, précédé d'un *Dammah* (٩), le change en *Kesrah* (‍ِ), exemple :

Tamanny تَمَنِّي   pour   تَمَنُّى   Desir.

---

(1) C'est ce *Yâ* que nous rendons par notre *ä* surmonté de deux points.

Si, à la place du *Dammah* (⁹), il se trouve un *Wâoù* و, il devient *Yâ* ى, exemple :

Marmïy   مَرْمِيّ   pour   Marmoùy مَرْموُىّ   Jetté.

Règles communes au Wâoù و *et au* Yâ ى.

1.

Le *Wâoù* و et le *Yâ* ى étant *mobiles* (1), avant un *Wâoù* و ou un *Yâ* ى quiescens, disparoissent en laissant à leur place leur *point-voyelle* (2) si c'est un *Fathah* (´) qui précède ; ou le rejettant à la place du *point-voyelle* précédent, si c'est un *Dammah* (⁹) ou un *Kesrah* (‿), exemple :

Ramàü	رَمَوْا	}	{	رَمَيوُا	Ils ont jetté.
Ôghzy	اَغْزِى	} pour	{	اَغْزُوِى	Attaque *à l'impératif.*
Ghâzoùn	غَازِوْن	}	{	غَازِوُوْن	Attaquans.

2.

Le *Wâoù* و et le *Yâ* ى mobiles, se trouvant placés devant une autre lettre *mobile*, après un *Fathah* (´), se changent en *Âlif* ا quiescent, exemple :

Qâm	قَامْ	}	{	Qawam	قَوَمْ	Il s'est levé.
Sâr	سَارْ	} pour	{	Sayar	سَيَرْ	Il a marché.

3.

Lorsque le *Wâoù* و et le *Yâ* ى se trouvent dans un même mot, placés de telle manière que le premier soit affecté d'un *Jezm* (°), on change le *Wâoù* و en *Yâ* ى (3) exemple :

Ayâm   اَيَّامْ   pour   اَيْوَامْ   Jours.

Le *Wâoù* و et le *Yâ* ى finaux, précédés d'un *Âlif* ا servile, se changent en *Hamzah* (ع), exemple :

Samââ	سَمَآء	}	{	سَمَاو	Le Ciel.
Rédââ	رِدَآء	} pour	{	رِدَاى	Un manteau.

---

(1) On entend par *mobile*, une lettre affectée d'un *point-voyelle* ; c'est l'opposé de *quiescent*.

(2) Alors le *point-voyelle* forme, avec la lettre *quiescente* qui suit, une diphthongue.

(3) On confond ce *Yâ* avec le suivant, en le surmontant d'un *Techdyd*.

SECONDE PARTIE.

DE L'ÉLOCUTION.

<hr>

CHAPITRE PREMIER.

الالف و اللام

DE L'ARTICLE.

Les Arabes n'ont qu'un seul article, qui est l'article défini *le, la, les* : ils le rendent par le mot ‏أَل‎ qui se prononce tour à tour *Âl* ou *Él*, ainsi l'on dit indistinctement *âl* ou *él-Qorân* ‏ٱلْقُرَان‎, le Coran. Il reste toujours le même au singulier, au duel et au pluriel, au masculin et au féminin. Nous allons le décliner devant un nom, pour montrer de quelle manière on l'emploie.

Singulier masculin.

Nominatif.	*Âl* ou *él Ăraby.*	‏ٱلْعَرَبِيّ‎	L'Arabe.
Génitif.	*B'tă âl Ăraby.*	‏بِتَاعٱلْعَرَبِيّ‎	De l'Arabe.
Datif.	*L'el Ăraby.*	‏لِلْعَرَبِيّ‎	A l'Arabe.
Accusatif.	*Âl* ou *él Ăraby.*	‏ٱلْعَرَبِيّ‎	L'Arabe.
Vocatif.	*Yâ Ăraby.*	‏يَاعَرَبِيّ‎	Ô Arabe.
Ablatif.	*Mèn él Ăraby.*	‏مِنٱلْعَرَبِيّ‎	De ou par l'Arabe.

Pluriel.

Nominatif.	*Al ou êl Aărâb.*	ٱلْأَغْرَاب	Les Arabes.
Génitif.	*B'tă âl Aărâb.*	بِنَاعِ ٱلْأَغْرَاب	Des Arabes.
Datif.	*L'el Aărâb.*	لِلْأَغْرَاب	Aux Arabes.
Accusatif.	*Al ou êl Aărâb.*	ٱلْأَغْرَاب	Les Arabes.
Vocatif.	*Yâ Aărab.*	يَا أَغْرَاب	O Arabes.
Ablatif.	*Mèn êl Aărâb.*	مِنَ ٱلْأَغْرَاب	De *ou* par les Arabes.

Remarques.

On voit qu'au datif l'article *Al* ٱلْ perd son *Âlif* ا, et qu'il est remplacé par le *Kesrah* (ِ); au vocatif il disparoît totalement.

Les Arabes, comme nous l'avons déja dit, divisent leurs lettres en *lettres solaires* et en *lettres lunaires* : les *solaires*, ainsi nommées, parce que c'est par une d'elles que commence le mot *Chams* شَمْس, soleil, sont au nombre de quatorze, qui sont, ت ث د ذ ر ز س ش ص ض ط ظ ل ن. Les quatorze autres sont appelées *lunaires*, parce qu'une d'elles commence le mot *Qamr* قَمْر lune.

Lorsque l'article *Al* ٱلْ se trouve devant un mot commençant par une des quatorze *lettres solaires*, il perd son *Lâm* ل dans la prononciation, comme *Al* ou *Él-rajeul* ٱلرَّجُلْ, l'homme, prononcez *ér-rajeul*, en doublant la lettre solaire. Si c'est dans un ouvrage écrit avec un peu de soin, cette *lettre solaire* est surmontée d'un *Techdyd* (1), et le *Lâm* est absolument destitué de signe orthographique. Voyez ci-après aux déclinaisons.

____

(1) Le *Techdyd* se nomme alors *euphonique*, c'est-à-dire, n'étant là que pour rendre plus agréable la prononciation.

CHAPITRE II.

الاسماء و الضمر و المبهم و الـموصـولات،

DES NOMS ET DES PRONOMS.

ARTICLE PREMIER.

Du Genre, du Nombre et du Cas des noms.

الجنس،

DU GENRE.

Les Arabes , comme les Français , ont deux genres , qui sont le masculin et le féminin.

Les noms qui sont féminins par leur signification sont :

1°. Les noms de femmes et de tout ce qui a rapport à leur sexe, exemple : *Hend* هند , Hinda ; *Maryam* مَرْيَم , Marie ; *Hannah* حَنّة , Anne ; *Omm* أُمّ , mère ; *Aroùb* عَرُوب , une femme qui aime beaucoup son mari , et autres semblables.

2°. Les noms de pays et de villes, comme *Masr* (1) مِصْر , l'Egipte ; *Qobros* قُبْرُس , l'île de Chypre ; *Mekkah* مَكّة , La Mekke ; *Aden* عَدَن , Aden ; *Moká* مُكّا , Moca ; *Rachyd* رَشِيد , Rosette ; *Akkah* عَكّة , Saint-Jean-d'Acre , etc.

3°. Les noms de membres doubles, comme *Yèd* يَد , la main ; *Ketf* كَتْف , l'épaule ; *Ayn* عَيْن , l'œil ; *Réjl* رِجْل , le pied , etc.

Ceux qui le sont par leur terminaison , sont :

1°. Tous les noms terminés en *Hé* ة *ponctué* , comme *Sérmáyah* سَرْمَايَة , une pantoufle ; *Kelálah* خَلَالَة , amitié ; *Jannat* جَنّة , jardin ; *Zolmah* ظُلْمة , les ténèbres ; *Soghayrah* صُغَيْرَة , petite (petiote) ; *Taybah* طَيّبة , bonne, etc.

---

(1) On prononce *Masr*, quoique l'on écrive *Mesr*.

Exceptions. Kalyfah خَلِيفَة, un Calif. — *Ălâmah* عَلَامَة, un homme très-instruit.

2°. Ceux terminés en *Álif* ا servile, comme *Machyoûkä* مَشْيُوخَآءَ, une assemblée de vieillards ; *Kebryä* كِبْرِيَآءَ, hauteur, dédain ; *Hamrä* حَمْرَآءَ, rouge.

3°. Ceux terminés en *Yâ* ى quiescent, c'est-à-dire, se prononçant comme un *Álif* ا, exemple : *Dékrä* ذِكْرَى, mémoire, souvenir ; *Oûlä* أُوَّلَى, première ; *Toûlä* طُوَلَى très-longue, etc.

Ajoutez à cela quelques mots, comme *Ard* أَرْض, la terre ; *Kamr* خَمْر, du vin ; *Byr* بِيْر, un puits ; *Nâr* نَار, du feu ; *Ryeh* رِيح, le vent ; *Nafs* نَفْس, âme ; *Chams* شَمْس, le soleil ; et quelques autres que l'usage apprendra.

Tous les autres noms sont masculins, comme *Mohammed* مُحَمَّد, Mahomet ; *Rajeul* رَجُل, un homme ; *Aboû* أَبُو, père ; *Bayt* بَيْت, une maison ; *Nahr* نَهْر, un fleuve ; *Soghayr* صَغَيْر, petit ; *Tayb* طَيْب, bon, bien.

Nota. Les lettres de l'alphabet n'ont point de genre déterminé ; leurs noms sont tantôt masculins, tantôt féminins.

المفرد والجمع ،

DU NOMBRE.

Il y a trois nombres, le singulier, comme *Sâriq* سَارِق, voleur ; *Rajeul* رَجُل, homme ; le duel, comme *Sâriqân* سَارِقَان, *deux* voleurs ; *Rajeulân* رَجُلَان, *deux* hommes ; et le pluriel, comme *Sâriqùoun* سَارِقُون, voleurs ; *Réjâl* رِجَال, hommes. Les singulier est nommé par les Arabes, *Mofred* مُفْرَد ; le duel *Motannä* مُثَنَّى ; et le pluriel *Jemä* جَمْع.

Le duel n'est rigoureusement usité que dans l'arabe littéral, mais il est cependant utile de le connoître, car lorsqu'on se pique de parler un peu élégamment, on l'emploie ; j'en ai la preuve dans une histoire que j'ai écrite sous la dictée d'un pélerin de La Mekke (1) ; voici le passage : ، صَارَتِ ٱلْمَرَأَةُ غَضْبَانَهُ وَ ٱلْرَّجُلُ غَضْبَان فَنَامُوا ٱثْنَيْنِ غَضْبَانَيْنِ *Sâret el-marâh ghaïbânah w' èr-rajeul ghaïbân fénâmoû èinèyn ghaïbânèyn.* Mot à mot : « La femme fut fâchée, et l'homme fut fâché, et ils se couchèrent *tous deux* fâchés. »

Le duel se forme du singulier, par l'addition de *Án* أَن, exemple : *Rajeul* رَجُل,

---

homme ; *Rajeulân* رَجُلَانْ , deux hommes.. Il est également usité pour les noms comme pour les verbes.

Remarques sur la formation du Duel.

Si le mot finit par un *Hê* ة *ponctué*, comme *Médynah* مَدِينَة , une ville, ce *Hê* ة se change en *Té* ت , exemple : *Médynatân* : مَدِينَتَانْ , *deux* villes ; *Kébyrah* كَبِيرَة , grande ; *Kébyratân* كَبِيرَتَانْ , deux grandes ; *Marrah* مَرَّة , une fois ; *Marratân* مَرَّتَانْ , *deux* fois.

Le *Wâoù* و et le *Yâ* ى finaux , *quiescens* , après un *Fat'hah* ´ , deviennent *mobiles* (1) ; comme , *Fatä* فَتَى , un jeune enfant ; *Fatayân* فَتَيَانْ , *deux* jeunes enfans ; *Dékrä* ذِكْرَى , commémoration ; *Dékrayân* ذِكْرَيَانْ , *deux* commémorations ; *Âsâ* عَصَا , verge ; *Âsawân* عَصَوَانْ , deux verges.

Si le mot se termine en *Âlif* ا servile , cet *Âlif* se change en *Wâoù* و ; comme , *Safrâ* صَفْرَاء , jaune ; *Safrâwân* صَفْرَاوَانْ , jaunes (au duel). Il y auroit encore quelques remarques à faire ; mais comme le duel n'est pas d'un usage général , nous ne nous y arrêterons point.

Nous renvoyons à l'article des déclinaisons, pour voir ses diverses variations, selon leurs différens cas.

Le pluriel se forme du singulier de deux manières : régulièrement et irrégulièrement. Le pluriel régulier se forme par l'addition de *oùn* وُنْ au singulier pour le masculin, comme *Mohammed* مُحَمَّد , Mahomet; *Mohammédoùn* مُحَمَّدُونْ , Mahométans ; *Nâser* نَاصِر , aidant ; *Nâséroùn* نَاصِرُونْ , aidans ; *Farèh* فَرِح , gai , joyeux ; *Farèhioùn* فَرِحُونْ , gais, joyeux ; *Naby* نَبِى , prophète ; *Nabyoùn* نَبِيُونْ , prophètes ; et de *ât* اتْ pour le féminin, exemple : *Maryam* مَرْيَم , Marie ; *Maryamât* مَرْيَمَاتْ , Marie (au pluriel).

Remarques.

Lorsque le mot féminin se termine par un *Hê* ة *ponctué*, ce *Hê* disparoît , et est remplacé par *ât* اتْ , exemple *Nâsérah* نَاصِرَة , femme qui aide ; *Nâsérât* نَاصِرَاتْ , femmes qui aident ; *Farèhah* فَرِحَة , joyeuse ; *Farèhât* فَرِحَاتْ , joyeuses ; *Nabiyah* نَبِيَّة , prophêtesse ; *Nabiyât* نَبِيَّاتْ , prophêtesses.

---

(1) C'est-à-dire , que prenant un *Fat'hah* , ils acquièrent une prononciation ; au-lieu de se prononcer *ä*, ils deviennent donc *ya* et *wa*.

Les noms masculins terminés, au singulier, en *Yâ* ى quiescent après un *Kesrah* ¯ (1),

perdent ce *Yâ* au pluriel, exemple : *Al-qâily* اَلْقَاضِي, le Cadi ; *Al-qâïloùn* اَلْقَاضُونَ, les

Cadis ; et non *Al-qâilyoùn* اَلْقَاضِيُونَ. Si le mot est terminé en *Yâ* ى quiescent (2)

après un *Fathah* (¯), au pluriel, ce *Yâ* disparoît, et sa voyelle seule reste, et forme une

diphthongue avec le *Wâoù* و de oùn ونَ caractéristique, exemple : *Moùçä* مُوسَى, Moïse ;

pluriel *Moùçaùn* مُوسَونَ, et non *Moùçayoùn* مُوسَيُونَ ; *Mousïafä* مُصْطَفَى, Mustapha ;

pluriel *Mousïafaùn* مُصْطَفَونَ, et non *Mousïafayoùn* مُصْطَفَيُونَ. Voyez dans les

déclinaisons, les divers changemens qu'éprouve le pluriel aux différens cas.

Le noms féminins réguliers (c'est-à-dire ne dérivant point de verbes irréguliers) et simples,

tels que *Jomr* جُمْر, *nom propre de femme*, ou ceux formés par la seule affixation d'un

Hé ة *ponctué*, dont la seconde lettre radicale est affectée d'un *Jezm* (°), se forment

au pluriel suivant la règle ordinaire ; mais cette radicale prend, aulieu du *Jezm*, un *point-*

voyelle semblable à celui qui se trouve placé sur la première radicale, exemple : *Daåd* دَعْد,

nom de femme ; pluriel *Daådât* دَعَدَات ; *Jomr* جُمْر, pluriel *Jomorât* جُمَرَات ; *Sedrah*

سِدْرَة, l'arbre du lotus ; pluriel, *Sédérât* سِدَرَات. Ceux néanmoins dont la première radicale

porte un *Dammah* (°) ou un *Kesrah* (ِ) peuvent garder le *Jezm* (°) ou le changer en

Fathah, exemple :

Jomr.	جُمَر	جُمَرَات	{	جُمْرَات	{	جُمْرَآت
Hend.	هِنَد	هِنَدَات	ou {	هِنْدَات	ou {	هِنْدَات
Jolbah.	جُلَبَة	جُلَبَات	{	جُلْبَات	{	جُلْبَات

Le pluriel irrégulier est celui qui s'écarte des règles que nous venons d'exposer ; il y en

a une trop grande quantité pour les rassembler tous sous les yeux du lecteur ; nous nous

contenterons de lui en présenter quelques-uns, pour le mettre à même de juger de leur

diversité.

SINGULIER.			PLURIEL.	
Qaryah.	قَرْيَة	Un hameau.	Qorä.	قُرَى
Léhyah.	لِحْيَة	La barbe.	Lohä.	لُحَى

---

(1) Voyez ci-devant, règle première particulière au *Wâoù* et au *Yâ*.

(2) D'après la même règle de permutation.

SINGULIER			PLURIEL	
Jédâr.	جِدَاز	Muraille.	Jodôur.	جُدْرُ
Saryr.	سَرِيْن	Litière.	Sorour.	سُرْرُ
Ahmar.	أَحْمَنُ	Rouge.	Homr.	حُمْس
Héjjah.	حُمَّـة	Armée.	Héjaj.	حِجَجْ
Sekkah.	سِكَّة	Type.	Sékak.	سِكَاكْ
Rajeul.	رَجُلْ	Homme.	Réjâl.	رِجَالْ
Romah.	رُمْحْ	Lance.	Rémâh.	رِمَاحْ
Saûb.	سَعْب	Difficile.	Sĕâb.	صِعَابْ
Taûb.	ثَوْب	Habit.	Tyâb.	ثِيَابْ
Jébel.	جَبَلْ	Montagne.	Jébâl.	جِبَالْ
Raqabah.	رَقَبَـة	Le cou.	Réqâb.	رِقَابْ
Chéryf.	شَرِيْف	Noble.	Chérâf ou Achrâf.	شِرَاف ou أَشْرَاف
Nadmân.	نَدْمَانْ	Pénitent.	Nédâm.	نِدَامْ
Komsân.	خُمْصَانْ	Affamé.	Kémâs.	خِمَاصْ
Jond.	جُنْد	Armée.	Jonoùd.	جُنُوْد
Açâd.	أَسَدْ	Un lion.	Ôçoùd.	أُسُوْد
Dâréb.	ضَارِبْ	Frappant.	Dorrab.	ضُرَّبْ
Wâret.	وَارِثْ	Héritier.	Waratah.	وَرَثَـة
Bârr.	بَارْ	Juste.	Bararah.	بَرَرَة
Râm.	رَامْ	Jettant.	Româh.	رُمَاة

SINGULIER.			PLURIEL.	
Zaùj.	زَوْج	Époux.	Zéoùajah.	زوجَــة
Qerd.	قِــرْد	Singe.	Qéradah.	قِرَدَة
Åkou.	أَخْ	Frère.	Ékwah.	إِخوَة
Ghosn.	غُصْن	Rameau.	Ghesnah.	غِضنَــة
Gholâm.	غُلَام	Esclave.	Ghelmah.	غِلمَــة ou غِلْمَان
Wajh	وَجْة	Visage.	Aoùjah.	أوْجَة
Tady.	نَدْى	La gorge d'une femme.	Åid.	أَنْد
Yéd.	يَدْ	La main.	Åyd.	أَيْد
Dérâă.	ذِرَاع	Le bras.	Ådră.	أَذْرَع
Maïar.	مَطَرْ	Pluie.	Amiăr.	أَمْطَار
Ketf.	كَتْف	Épaule.	Aktâf.	أَكْتَاف
Yaùm.	يَوْم	Jour.	Åiyâm.	أَيَّام
Ésm.	إِسْم	Nom.	Ésmâ.	إِسْمَآء
Åmoùd.	عَمُود	Colonne.	Aămedah.	أَعْمَة
Raghyf.	رَغِيف	Pain.	Arghéfah.	أَرغفــة رُغْفَان ou رَغَاغِيف
Qabâ.	قَبَاء	Tunique.	Åqbyah.	أَقبِيَــة
Săyd.	سَعِيد	Heureux.	Săăyd.	سَعَادِد
Ajoùz.	عَجُوز	Vielle.	Åjâyz.	عَجَابِز
Hoùt.	حُوت	Poisson.	Hytân.	حِيتَان
Tâj.	تَاج	Couronne.	Tyjân.	تِيجَان

<table>
<tr><td colspan="3" align="center">SINGULIER.</td><td colspan="2" align="center">PLURIEL.</td></tr>
<tr><td>سَقْف</td><td>*Saqf.*</td><td>Toit, voûte.</td><td>سُقْفَان</td><td>*Soqfân.*</td></tr>
<tr><td>بَلَد</td><td>*Bèlèd.*</td><td>Pays.</td><td>بُلْدَان</td><td>*Boldân.*</td></tr>
<tr><td>كَرِم</td><td>*Kèrym.*</td><td>Honorable.</td><td>كُرَبَاء</td><td>*Keuramâ.*</td></tr>
<tr><td>بَخِيل</td><td>*Bakyl.*</td><td>Avare.</td><td>بُخَلَاء</td><td>*Beukalâ.*</td></tr>
<tr><td>غَنِى</td><td>*Ghany.*</td><td>Riche.</td><td>أَغْنِبَاء</td><td>*Âghnyâ.*</td></tr>
<tr><td>صَدِيق</td><td>*Sadyq.*</td><td>Sincère.</td><td>أَصْدِقَاء</td><td>*Âsdéqâ.*</td></tr>
<tr><td>جَرِيح</td><td>*Jaryh.*</td><td>Blessé.</td><td>جَرْحَى</td><td>*Jarhä.*</td></tr>
<tr><td>صَحْرَاء</td><td>*Sahrâ.*</td><td>Désert.</td><td>صَحَارِى</td><td>*Sahâry.*</td></tr>
<tr><td>نَفْس</td><td>*Nafs.*</td><td>Ame.</td><td>أَنْفُس ou نُفُوس</td><td>*Ânfous* ou *Nofoùs.*</td></tr>
<tr><td>عَيْن</td><td>*Äyn.*</td><td>OEil.</td><td>أَعْيَان ou عُيُون</td><td>*Âäyân* ou *Öyoùn.*</td></tr>
<tr><td>سُور</td><td>*Soùr.*</td><td>Muraille.</td><td>أَسْوَار ou سِيرَان</td><td>*Açoùâr* ou *Syrân.*</td></tr>
<tr><td>سُلْطَان</td><td>*Solïân.*</td><td>Prince.</td><td>سَلَاطِين</td><td>*Salâïyn.*</td></tr>
</table>

Il y en a encore d'une autre espèce, qui perdent tout-à-fait leur dernière radicale, exemple :

Ânkèboùt عَنْكَبُوت, araignée ; pluriel *Ânâkéb* عَنَاكِب.

D'autres qui n'ont aucune analogie avec leur singulier, exemple :

Marâh مَرْأَة, femme ; *Néçoùân* نِسْوَان, femmes.

Au reste, avec un peu d'habitude, on parvient facilement à deviner le pluriel de tous ces mots.

الاعراب

DES CAS.

Les Arabes ont six cas, mais qui se forment, comme en français, par le secours de l'article et des particules. Dans le littéral, de même que dans le latin, ils sont tous bien distincts

8

les uns des autres (1) par leur terminaison; mais ils ne sont point usités dans le vulgaire.

Voici les noms que donnent les Arabes à leurs cas :

1.	*Âl-mobtèdâ.*	المبتداء	Nominatif.
2.	*Âl-êdâfèt.*	الاضافة	Génitif.
3.	*Âl-mèfôùl l'âjl-ho.*	المفعول لاجله	Datif.
4.	*Âl-mèfôùl b'hi.*	المفعول به	Accusatif.
5.	*Âl-mèndy.*	المندى	Vocatif.
6.	*Âl-mèfôùl mă-ho.*	المفعول معـه	Ablatif.

A R T I C L E   I I.

اعراب الاسماء

De la déclinaison des Noms.

Les Arabes ont deux déclinaisons, mais encore plus simples que les nôtres.

La première déclinaison comprend tous les noms commençant par une lettre lunaire ; la seconde, tous ceux dont la première radicale est une des lettres solaires.

PREMIÈRE DÉCLINAISON.

Singulier.

Nominatif.	*Âl-ghadyrah.*	ٱلْغَدِيَرْ	L'étang.
Génitif.	*Âl-ghadyrah.*	ٱلْغَدِيَرْ	De l'étang.
Datif.	*L'él-ghadyrah.*	لِلْغَدِيَرْ	A l'étang.
Accusatif.	*Âl-ghadyrah.*	ٱلْغَدِيَرْ	L'étang.
Vocatif.	*Yâ ghadyrah.*	يَا غَدِيَرْ	O étang.
Ablatif.	*Mén âl-ghadyrah.*	مِنَ ٱلْغَدِيَرْ	De ou par l'étang.

---

(1) Le nominatif est terminé en o (٩),   L'accusatif en *a* (´),

Le génitif en *i* (ِ),   Le vocatif en *a* (´),

Le datif en *i* (ِ),   Et l'ablatif en *i* (ِ),

Duel.

Nominatif.	*Al-ghadyratân.*	اَلْغَدِيرَتَانْ	Les *deux* étangs.
Génitif.	*Al-ghadyratayn.*	اَلْغَدِيرَتَيْن	Des *deux* étangs.
Datif.	*L'él-ghadyratayn.*	لِلْغَدِيرَتَيْن	Aux *deux* étangs.
Accusatif.	*Al-ghadyratayn.*	اَلْغَدِيرَتَيْن	Les *deux* étangs.
Vocatif.	*Yâ ghadyratân.*	يَاغَدِيرَتَانْ	O *deux* étangs.
Ablatif.	*Mén âl-ghadyratayn.*	مِنَ ٱلْغَدِيرَتَيْن	Des ou par les *deux* étangs.

Pluriel.

Nominatif.	*Al-ghadyrât.*	اَلْغَدِيرَاتْ	Les étangs.
Génitif.	*Al-ghadyrât.*	اَلْغَدِيرَاتْ	Des étangs.
Datif.	*L'él-ghadyrât.*	لِلْغَدِيرَاتْ	Aux étangs.
Accusatif.	*Al-ghadyrât.*	اَلْغَدِيرَاتْ	Les étangs.
Vocatif.	*Yâ ghadyrat.*	يَاغَدِيرَاتْ	O étangs.
Ablatif.	*Mén âl-ghadyrât.*	مِنْ ٱلْغَدِيرَاتْ	Des ou par les étangs.

SECONDE DÉCLINAISON.

Singulier.

Nominatif.	*És-sâriq.*	اَلسَّارِقْ	Le voleur.
Génitif.	*És-sâriq.*	اَلسَّارِقْ	Du voleur.
Datif.	*L'és-sâriq.*	لِلسَّارِقْ	Au voleur.
Accusatif.	*És-sâriq.*	اَلسَّارِقْ	Le voleur.

Vocatif.	*Yâ sâriq.*	يَا سَارِق	O Voleur.
Ablatif.	*Mén ês-sâriq.*	مِنَ ٱلسَّارِقِ	De ou par le voleur.

Duel.

Nominatif.	*És-sâriqân.*	أَلسَّارِقَانِ	Les *deux* voleurs.
Génitif.	*És-sâriqayn.*	أَلسَّارِقَيْنِ	Des *deux* voleurs.
Datif.	*L'és-sâriqayn.*	لِلسَّارِقَيْنِ	Aux *deux* voleurs.
Accusatif.	*És-sâriqayn.*	أَلسَّارِقَيْنِ	Les *deux* voleurs.
Vocatif.	*Yâ sâriqân.*	يَا سَارِقَانِ	O *deux* voleurs.
Ablatif.	*Mén ês-sâriqayn.*	مِنَ ٱلسَّارِقَيْنِ	Des ou par les *deux* voleurs.

Pluriel.

Nominatif.	*És-sâriqoùn.*	أَلسَّارِقُونْ	Les voleurs.
Génitif.	*És-sâriqyn.*	أَلسَّارِقِينْ	Des voleurs.
Datif.	*L'és-sâriqyn.*	لِلسَّارِقِينْ	Aux voleurs.
Accusatif.	*És-sâriqyn.*	أَلسَّارِقِينْ	Les voleurs.
Vocatif.	*Yâ sâriqoùn.*	يَا سَارِقُونْ	O voleurs.
Ablatif.	*Men ês-sâriqyn.*	مِنَ ٱلسَّارِقِينْ	Des ou par les voleurs.

Remarques.

Le génitif est semblable au nominatif; mais quand il désigne l'appartenance, on le rend par la particule *B'tââ* بَتَاعْ, qui est une corruption de *m'tââ* مِتَاعْ, appartenant à, exemple : *Kétâb ês-sâriq* كِتَابْ ٱلسَّارِقْ, le livre du voleur; ou bien, *Kétâb b'tââ es-sâriq* كِتَابْ بَتَاعْ ٱلسَّارِقْ. Quand cette particule n'est pas employée pour caractéristique du génitif, voici une règle générale : toutes les fois que deux noms se suivent, si le premier n'a pas l'article *Ål* ال , il régit le second au génitif , exemple : *Bayt êl-ăâlém* بَيْتُ ٱلْعَالِمْ la maison du savant; *Bayt Ållahm* بَيْتُ ٱللَّحْمْ , la maison de la viande (Bethléem). Mais si le second est un nom propre, il perd lui-même l'article; ainsi on dit : *Bayt Moḣammèd* بَيْتُ مُحَمَّدْ , la maison de Mahomet; *Kétâb Moùçà* كِتَابُ مُوسَى , le livre de Moïse.

Au duel sa terminaison est différente , ainsi qu'au pluriel, où elle ne diffère de celle du duel que par les *points-voyelles* , exemple : *ayn* يْنِ au duel , et *yn* يْنَ au pluriel.

Le datif n'est autre chose que le génitif, auquel on préfixe la particule *Lé* ل , à, exemple : *Qolto l'és-sâriq* قُلْتُ لِلسَّارِقْ , j'ai dit au voleur. Remarquez qu'alors l'*Ålif* ا de l'article *Ål* ٱلْ disparoît.

L'accusatif est semblable au génitif, ainsi l'on dit : *Darabt ês-sâriq* ضَرَبْتُ ٱلسَّارِقْ , j'ai frappé le voleur; *Darabt ês-sâriqayn* ضَرَبْتُ ٱلسَّارِقَيْن , j'ai frappé les *deux* voleurs; et *Darabt ês-sâriqyn* ضَرَبْتُ ٱلسَّارِقِين , j'ai frappé les voleurs.

Le vocatif se forme du nominatif en lui préfixant la particule *Yâ* يَا , ô, et en retranchant l'article *Ål* ٱلْ , exemple : *Yâ sâriq* يَا سَارِقْ , ô voleur; *Yâ Moḣammèd* يَا مُحَمَّدْ , ô Mahomet; ou plus élégamment, en plaçant *Yâåyohâ* يَا أَيُّهَا devant l'article, exemple : *Yâåyohâ ên-nâs* يَا أَيُّهَا ٱلنَّاس , ô hommes. Quand on emploie le vocatif pour appeler quelqu'un, on peut se servir des particules *Yâ* يَا et *Lé* ل placées l'une devant l'autre, exemple : *Yâ lé Zayd* يَا لِزَيْد , ô Zéïd; *Yâ lé Moḣammèd tââlà henâ* يَا لِمُحَمَّدْ تَعَالَى هُنَا , ô Mahomet , viens ici.

L'ablatif se forme du génitif, en lui préfixant les prépositions *Mén* مِن et *Ăn* عَن , de *ou* par; ainsi l'on dit *Mén ês-sâriq* مِنَ ٱلسَّارِقْ (1) ou *Ăn ês-sâriq* عَنْ ٱلسَّارِقْ , de ou par le voleur.

DÉCLINAISON D'UN NOM PROPRE.

Les noms propres pourroient former une troisième déclinaison ; ils ne prennent point

______

(1) Quand le mot suivant commence par un *Ålif* ا , on lui suscrit un *Weslah* ٥ , et le *Noàn* ن est surmonté d'un *Fathah* (´).

l'article, parce qu'ils ne tiennent à aucune espèce, et qu'ainsi ils n'ont pas de sens généraux ou particuliers auxquels on se puisse méprendre ; ils n'ont que le singulier (1), et se déclinent comme il suit :

Nominatif.	*Mousïafä.*	مُصْطَفَى	Mustapha.
Génitif.	*Mousïafä.*	مُصْطَفَى	De Mustapha.
	B'tââ Mousïafä.	بِتَاعْ مُصْطَفَى	
Datif.	*Lé-Mousïafä.*	لِمُصْطَفَى	A Mustapha.
Accusatif.	*Mousïafä.*	مُصْطَفَى	Mustapha.
Vocatif.	*Yâ Mousïafä.*	يَا مُصْطَفَى	O Mustapha.
Ablatif.	*Mén Mousïafä.*	مِن مُصْطَفَى	De ou par Mustapha.
	Än Mousïafä.	عَن مُصْطَفَى	

ARTICLE III.

اسم التفضيل

Des degrés de comparaison.

Le comparatif se forme du positif, en lui préfixant un *Alif* أ hamzah, et en suscrivant la première radicale d'un *Jèzm* (ْ) et celle du milieu d'un *Fathah* (َ), comme :

Positif.				*Comparatif.*		
Haçan.	حَسَن	Bon.		*Ahsan.*	أَحْسَن	Meilleur.
Saghyr.	صَغِير	Petit.		*Âsghar.*	أَصْغَر	Plus petit.
Kèbyr.	كَبِير	Grand.		*Akbar.*	أَكْبَر	Plus grand.
Habyb.	حَبِيب	Cher, aimé.		*Ahabb* (2).	أَحَبّ	Plus cher.

---

(1) Néanmoins on dit *Mohammèdoùn* مُحَمَّدُون au pluriel ; mais alors le mot change de signification, car il ne signifie point les Mahomet, mais les Mahométans, les sectateurs de Mahomet.

(2) Au lieu de *Ahbab* أَحَبِب.

Le *que* qui suit se rend par *Mén* مِنْ, exemple :

Áḋzam mén êl-malék أَعْظَمُ مِنَ ٱلْمَلِكُ, plus grand que le roi.

Ákram mén és-soltán أَكْرَمُ مِنَ ٱلسُّلْطَانْ, plus généreux que le sultan.

Ákaff mén êt-tèbn. أَخَفُّ مِنَ ٱلتِّبَنْ, plus léger que la paille.

Lorsqu'il se trouve isolé ou en régime, il devient superlatif, exemple :

Állah ấălèm ٱللَّهُ أَعْلَمُ, Dieu est le plus savant.

Moḣammèd Ákbar مُحَمَّدُ أَكْبَرُ, Mahomet est le plus grand.

Áḣsan mén ên-nás أَحْسَنُ مِنَ ٱلنَّاسْ, le meilleur des hommes.

Ákbar mén êl-óçoùd أَكْبَرُ مِنَ ٱلْأُسُودْ, le plus grand des lions.

ARTICLE IV.

جامد و مشتق ،

Des différentes espèces de Noms.

Il y a deux espèces de noms, le *primitif* et le *dérivatif* : le primitif est celui qui ne dérive de rien, comme *Laḣm* لَحْمُ, de la viande ; *Rás* رَأْسُ, la tête ; *Állah* ٱللَّهُ, Dieu. Les Arabes le nomment *Jáméd* جَامِد.

Le dérivatif, nommé par les mêmes Arabes *Mochtaq* مشتق, est celui qui dérive d'un autre nom.

On le divise en verbal et en nominal.

1°. Le dérivatif verbal est celui qui dérive des verbes. Ils sont presque tous adjectifs, comme :

Áżym.	عَظِيمْ	Grand.	عَظُمَ	Il a été grand.
Saghyr.	صَغِيرْ	Petit.	صَغَرَ	Il a été petit.
Ásfar.	أَصْفَرْ	Jaune.	صَفَرَ	Il a été jaune.
Ṫayb.	طَيِّبْ	Bon.	طَابَ	Il a été bon.
Náṡér.	نَاصِرْ	Aidant.	نَصَرَ	Il a aidé.
Áălém.	عَالِمْ	Savant.	عَلِمَ	Il a su.

Et tous les autres participes ayant une signification adjective.
Du nom dérivatif verbal dérivent ceux qui suivent:

§. Ier.

اسم فاعل

Le Nom d'agent.

Le nom d'agent n'est autre chose que le participe actif pris dans une acception substantive, comme :

Nâsér نَاصِرْ, aidant, aide ; *Mâlék* مَالِكْ, régnant, roi.

§. I I.

اسم الزمان والمكان

Le nom de temps et de lieu.

Le nom de temps et de lieu se rend par un même mot; exemple : *Maktab* مَكْتَبْ, *Locus et tempus scriptionis*, le lieu et le temps propres pour écrire ; *Majlés* مَجْلِسْ, *locus et tempus sessionis*, un lieu et un temps favorables pour s'asseoir, une assemblée. Il se forme du futur, en remplaçant par un *Mym* م (1) les lettres *serviles* ا ت ى ن qui servent à le composer, exemples :

Mèchghal.	مَشْغَلْ	Le lieu et le temps de travailler.		يَشْغَلْ	Il travaille.
Mèdrèb.	مَضْرَبْ	Le lieu et le temps de frapper.	de	يَضْرِبْ	Il frappe.
Mèbyĕ.	مَبِيعْ	Le lieu et le temps de vendre.		يَبِيعْ	Il vend.

Remarques.

Si l'avant-dernière lettre radicale doit être affectée d'un *Dammah* (9), on le change en *Fathah* (´), exemples :

Mèdkal.	مَدْخَلْ	Le lieu et le temps d'entrer.	de	يَدْخُلْ	Il est entré.
Mèqâm.	مَقَامْ	Le lieu et le temps de se lever.		يَقُومْ	Il se lève.

---

(1) Le *Mym* م prend pour *point-voyelle* celui qui se trouve sur la lettre servile qu'il remplace.

On doit excepter de cette règle les douze noms suivans, qui changent le *Dammah* (°)
en *Kèsrah* (´).

Machréq.	مَشْرِق	Le lieu du lever du soleil, l'orient.
Maghréb.	مَغْرِب	Le lieu du coucher, le couchant.
Marféq.	مَرْفِق	Le lieu où l'on appuie ses coudes.
Manbét.	مَنْبِت	Le lieu où l'on recueille les herbes.
Masqét.	مَسْقِط	Le lieu de la chute.
Majzér.	مَجْزِر	L'endroit où l'on égorge les chameaux.
Mankér.	مَنْخِر	Le lieu de la respiration, les narines.
Mansék.	مَنْسِك	Le lieu des sacrifices.
Maïlĕ.	مَطْلِع	Le lieu de l'ascension.
Mafréq.	مَفْرِق	Le lieu où les cheveux se séparent sur la tête.
Maskén.	مَسْكِن	Le lieu où l'on demeure, habitation.
Masjéd.	مَسْجِد	Le lieu où l'on adore, la mosquée.

Quant aux autres exceptions, l'usage en instruira facilement.

§. III.

Le nom d'instrument.

Le nom d'instrument se forme par l'affixation d'un *Mym* avec un *Kèsrah* (´) souscrit;
exemples :

Méftah.	مِفْتَح	Une clef.	de	فَتَح	Il a ouvert.
Méhlab.	مَحْلَب	Un pot au lait.		حَلَب	Il a trait du lait.
Méksahah.	مِكْسَحَة	Un balai.		كَسَح	Il a balayé.

Exceptions.

Monkol (1).	مُنْخَل	Un crible.			نْخَل	Il a criblé.
Modoqq. (2)	مُدُقّ	L'instrument avec lequel on bat les habits.	de		دَقّ	Il a épousté.
Modhon.	مُدْهُن	Un pot à onguent.			دَهَن	Il a oint.

Et deux ou trois autres.

§. IV.

اسم مصدر،

Le nom d'action.

Le nom d'action n'est autre chose que l'infinitif, comme chez les Italiens *l'andare*, l'aller ou l'action d'aller, exemples.

Darb.	ضَرْب	Frapper, tappe, coup.
Éhzân.	إِحْزَان	Être triste, tristesse.
Tèsârŏ.	نَصَارُع	Lutter, lutte.
Éstékrâj.	إِسْتَخْرَاج	Éconduire, l'action d'éconduire.

2°. Le dérivatif nominal est celui qui dérive d'un autre nom : on le divise en *possessif*, *diminutif*, *augmentatif* et *local*.

§. Ier.

اسم منصوب،

Possessif nominal.

Le possessif nominal est un nom adjectif qui signifie l'appartenance d'une chose ; il dérive d'un nom substantif auquel on ajoute un *Yâ* ي surmonté d'un *Tèchdyd* (ّ), exemples :

Énsân.	أَنْسَان	homme.	*Énsânïy.*	أَنْسَانِيّ	Humain.
Ârd	أرْض	La terre.	*Ârdïy.*	أرْضِيّ	Terrestre.

---

(1) On dit aussi *Monkal* مُنْخَل.

(2) Pour *Madqouq* مدقّ.

C'est de la même manière que l'on forme des noms propres de régions, ceux de nations et de peuples, exemples :

Châm.	شَامْ	La Syrie.	*Châmiy.*	شَامِيّ	Syrien.
Masr.	مِصْر	l'Egipte.	*Masriy.*	مِصْرِيّ	Egiptien.
Boghdâd.	بُغْدَاد	Babylone.	*Boghdâdiy.*	بُغْدَادِيّ	Babylonien.
Habèch.	حَبَشْ	Ethiopie.	*Habèchiy.*	حَبَشِيّ	Éthiopien.

Remarques

Si le substantif est terminé en *Hé ة ponctué*, ce *Hé* disparoît, exemples :

Mâydah.	مَايِدَة	Table.	*Mâydiy.*	مَايِدِيّ	Qui appartient à la table.
Áfryqyah.	أَفْرِيقِيَة	Afrique.	*Áfryqïy.*	أَفْرِيقِيّ	Africain.

Si le substantif est terminé en *Yâ* ى, ce *Yâ* se change en *Wâou* و, exemple : *Hablä* حَبْلَى, une femme grosse, et *Hablouy* حَبْلُوِيّ, ce qui concerne la grossesse (1).

§. I I.

اسم تصغير

Diminutif.

Le diminutif dérive des adjectifs et des substantifs : on s'en sert pour marquer l'affection ou l'estime que l'on a pour une chose. Il se forme en mettant un *Dammah* (9) sur la première lettre, un *Fathah* sur la seconde, et en intercalant après elle un *Yâ* ى, surmonté d'un *Jèzm* (°), et qui forme une diphthongue avec la seconde lettre radicale du mot, exemples :

Ábd.	عَبْد	Esclave.	*Óbayd.*	عُبَيْد	Petit esclave.
Jènnèt.	جَنَّة	Jardin.	*Jonaynah.*	جُنَيْنَة	Jardinet.
Zèhèr.	زَهَر	Fleur.	*Zohayr.*	زُهَيْر	Petite fleur.

---

(1) Néanmoins on peut dire *Habliy* حَبْلِيّ.

Remarques.

Si le mot est quadrilittaire, c'est-à-dire, composé de quatre lettres, comme *Jăfar* جَعْفَر, un ruisseau, la troisième prend un *Kèsrah* (ِ), exemples : *Joăyfér* جُعَيْفَر, rigole, petit ruisseau ; *Ăsfoùr* عَصْفُور, moineau ; *Ŏsayfyr* (1) عُصَيْفِيْر, un petit moineau.

§. I I I.

اسم تكبير ،

Augmentatif.

L'augmentatif est un nom qui sert à donner plus de force à sa signification primitive ; il se forme de plusieurs manières, que l'usage apprendra facilement.

§. I V.

اسم كثرت ،

Dérivatif local.

Le dérivatif local sert à indiquer le lieu où sont contenues les choses exprimées par le nom dont il dérive, comme *M'ăçadah* مَأْسَكَة, un lieu abondant en lions ; *Mé'qlam* مِقْلَم, le lieu où l'on trouve les plumes, l'encrier, etc. Un peu d'usage mettra au fait de ces mots.

A R T I C L E V.

اسماء العدد ،

Les noms numéraux.

Les Arabes ont deux manières de compter, la première par chiffres, l'autre par les lettres de l'alphabet (2).

Les nombres se divisent en cardinaux, ordinaux et distributifs.

---

(1) Le *Wăoù* se change en *Yá*, d'après la première règle de permutation particulière au *Wăoù*.

(2) Cette manière de compter donne souvent lieu à des jeux de mots, sur-tout pour les épitaphes.

TABLE DES NOMBRES CARDINAUX.

Figures.				Noms masculins.		Noms féminins.	
1.	١	I.	١ Un	وَاحَدْ	Wáhéd.	وَحِدَةْ	Wahédah.
				أَحَدْ	Áhed.	إِحْدَى	Éhdä.
2.	٢	II.	ب Deux.	إِثْنَانْ	Éinán.	إِثْنَتَانْ	Éinatán.
3.	٣	III.	ج Trois.	ثَلاثَـة	Tèláiah (1).	ثَلاثْ	Tèlát.
4.	٤	IV.	د Quatre.	أَرْبَعَةْ	Érbáah.	أَرْبَعْ	Érbá.
5.	٥	V.	ه Cinq.	خَمْسَةْ	Kamsah.	خَمْس	Kams.
6.	٦	VI.	و Six.	سِتَّـة	Séttah.	سِتّ	Sétt.
7.	٧	VII.	ز Sept.	سَبْعَةْ	Sèbáh.	سَبْع	Sèbá.
8.	٨	VIII.	ح Huit.	ثَمَانِيَة	Tèmányah.	ثَمَانْ	Tèmán.
9.	٩	IX.	ط Neuf.	نِشْعَةْ	Téçăh.	نِشْع	Téçă.
0.	٠		Zéro.	صِفْر	Séfr.		
10.	١٠	X.	ى Dix.	عَشَرَةْ	Ăchrah.	عَشَرْ	Ăchar.
11.	١١	XI.	يا Onze.	أَحَدْعَشَرْ	Áhéd-ăchar.	إِحْدَى عَشَرْ	Éhdä ăchrah.
12.	١٢	XII.	يب Douze.	اثْنَا عَشَرْ	Éiná-ăchar.	اثْنَتَا عَشَرْ	Éinatá ăchrah
13.	١٣	XIII.	يج Treize.	ثَلاثَة عَشَرْ	Tèláiat-ăchar.	ثَلاثْ عَشَرْ	Tèlát ăchrah.
14.	١٤	XIV.	يد Quatorze.	أَرْبَعَة عَشَرْ	Érbaăt-ăchar.	أَرْبَعْ عَشَرْ	Érbă-ăchrah.
15.	١٥	XV.	يه Quinze.	خَمْسَة عَشَرْ	Kamsat-ăchar.	خَمْس عَشَرْ	Kams-ăchrah.

(1) On remarquera, avec quelqu'étonnement, que le masculin de ces mots prend une terminaison féminine, et le féminin une masculine.

Figures.				*Noms masculins.*		*Noms féminins.*
16.	١٦ XVI.	يو	Seize.	سِتَّةَ عَشَرْ	Séttat-ăchar.	سِتَّ عَشْرَةْ Sétt-ăchrah.
17.	١٧ XVII.	يز	Dix-sept.	سَبْعَةَ عَشَرْ	Sèbăt-ăchar.	سَبْعَ عَشْرَةْ Sèbă-ăchrah.
18.	١٨ XVIII.	يح	Dix-huit.	ثَمَانِيَةَ عَشَرْ	Tèmânyat-ăchar.	ثَمَانَ عَشْرَةْ Tèmân-ăchrah
19.	١٩ XIX.	يط	Dix-neuf.	نِسْعَةَ عَشَرْ	Téçăt-ăchar.	نِسْعَ عَشْرَةْ Téçă-ăchrah

Noms des deux genres.

20.	٢٠ XX.	ك	Vingt.	عِشْرُونْ	Ĕchroùn.
30.	٣٠ XXX.	ل	Trente.	ثَلَاثُونْ	Tèlătioùn.
40.	٤٠ XL.	م	Quarante.	أَرْبَعُونْ	Érbăoùn.
50.	٥٠ L.	ن	Cinquante.	خَمْسُونْ	Kamsoùn.
60.	٦٠ LX.	س	Soixante.	سِتُّونْ	Séttoùn.
70.	٧٠ LXX.	ع	Soixante-dix.	سَبْعُونْ	Sèböùn.
80.	٨٠ LXXX.	ف	Quatre-vingt.	ثَمَانُونْ	Tèmânoùn.
90.	٩٠٠ XC	ص	Quatre-vingt-dix.	نِسْعُونْ	Téçöùn.
100.	١٠٠ C.	ق	Cent.	مِائَة	Mïăt.
200.	٢٠٠ CC.	ر	Deux cents.	مِائَتَانْ	Mïătăn.
300.	٣٠٠ CCC.	ش	Trois cents.	ثَلَاثَمَائَة	Tèlâtè-mïăt.
400.	٤٠٠ CCCC.	ت	Quatre cents.	أَرْبَعَمَائَة	Érbă-mïăyt.
500.	٥٠٠ D.	ث	Cinq cents.	خَمْسِمَائَة	Kams-mïăt.
1000.	١٠٠٠ M.	غ	Mille.	أَلْفْ	Ălf.
2000.	٢٠٠٠ MM.	بغ	Deux mille	أَلْفَانْ	Ălfăn.

Remarques.

Dans le reste des noms de nombre on se sert de la conjonction *Wè* وَ, exemples :

Ahèd wè èchroùn أَحَدْ وَعِشْرُونْ vingt et un.

Ahèd wè tèlâtoùn أَحَدْ وَ ثَلَاثُونْ trente et un.

Et ainsi de suite.

Lorsqu'on emploie les noms de nombre au-dessus de dix, et au-dessous de mille, on doit toujours commencer par le plus petit, exemple : Quinze, dites, cinq et dix, *Kams wè ăchrah* خَمْس وَ عَشَرْ De même pour les nombres plus compliqués, exemple :

Kams wè tèmânoùn wè kams mïät.

خَمْس وَ ثَمَانُونْ وَ خَمْسِمَائَة ،

Cinq cent quatre-vingt-cinq. (Mot à mot):

Cinq et quatre-vingt et cinq cents.

Érbaď wè Érbăoùn wè tèlatè-mïät (1).

أَرْبَعْ وَ أَرْبَعُونْ وَ ثَلَاثَمَائَة ،

Trois cent quarante-quatre. (Mot à mot).

Quatre et quarante et trois cents.

TABLE DES NOMBRES ORDINAUX.

		Masculin.		Féminin.	
1er.	Premier, première.	أَوَّلْ	*Awwal.*	أُولَى	*Oùlä.*
2d.	Second, seconde.	ثَانْ	*Tân.*	ثَانِيَة	*Tânyah.*
3e.	Troisième.	ثَالِثْ	*Tálèt.*	ثَالِثَة	*Tálétah.*
4e.	Quatrième.	رَابِعْ	*Râbě.*	رَابِعَة	*Râbéăh.*

(1) Dans le vulgaire on prononce plus souvent *Mâyèh* que *mïäh*.

		Masculin.		*Féminin.*	
5e.	Cinquième.	خَامِس	Ḱámés.	خَامِسَة	Ḱáméçah.
6e.	Sixième.	سَادِس	Sádés.	سَادِسَة	Sádéçah.
7e.	Septième.	سَابِع	Sábĕ.	سَابِعَة	Sábĕáh.
8e.	Huitième.	ثَامِن	Ṫámén.	ثَامِنَة	Ṫaménah.
9e.	Neuvième.	تَاسِع	Táçĕ.	تَاسِعَة	Táçĕáh.
10e.	Dixième.	عَاشِر	Ȧáchér.	عَاشِرَة	Ȧáchérah.
11e.	Onzième.	حَادِى عَشَر	Ḣády-áchar.	حَادِيَة عَشَرَة	Ḣádyat-áchrah.
12e.	Douzième.	ثَانِى عَشَر	Ṫány-áchar.	ثَانِيَة عَشَرَة	Ṫányat-áchrah.

Et ainsi de suite.

Passé dix-neuf, les nombres ordinaux sont les mêmes que les cardinaux.

Il y a encore une espèce de nombres ordinaux qui sont en quelque sorte des adverbes, exemples :

1°.	Primò.	أَوَّلًا	Áwwalán.
2°.	Secundò.	ثَانِيًا	Ṫányán.
3°.	Tertiò.	ثَالِثًا	Ṫáléṫán.
4°.	Quartò.	رَابِعًا	Rábĕán.
5°.	Quintò.	خَامِسًا	Ḱáméçán.
6°.	Sextò.	سَادِسًا	Sádéçán.
7°.	Septimò.	سَابِعًا	Sábĕán.
8°.	Octavò.	ثَامِنًا	Ṫáménán.
9°.	Nonò.	تَاسِعًا	Táçĕán.
10°.	Décimò.	عَاشِرًا	Ȧáchérán.

Et ainsi de suite, en affixant un *Álif* تـا *tanoùyn* aux nombres ordinaux.

La moitié.	نُصْف	*Nosf.*
Le tiers.	قَسْم ٱلثُّلُث	*Qasm êt-iolt.*
Le quart.	قَسْم ٱلرُّبُع	*Qasm êr-robŏ.*

ARTICLE SIXIÈME.

Des Pronoms.

Les Arabes ont quatre espèces de Pronoms : le personnel, le démonstratif, le relatif et le possessif.

§. Ier.

ضمأ يـــر

Pronom personnel.

Les Pronoms personnels sont :

Singulier.

1re. Personne.	commune.	*Anâ.*	أَنَا	Je *ou* moi.
2de. Personne.	Masculine.	*Ént* ou *Anta.*	أَنَتَ	Tu *ou* toi.
	Féminine.	*Énty* ou *Anty.*	أَنَتِ	Tu *ou* toi.
3e. Personne.	Masculine.	*Hoù* ou *Hoùè.*	هُوَ	Lui.
	Féminine.	*Hyè.*	هِي	Elle.

Duel.

1re. Personne.	*Nahn* ou *Nahno.*	نَّكُن	Nous *deux.*
2de. Personne.	*Éntoumâ.*	أَنَّكَا	Vous *deux.*
3e. Personne.	*Houmâ.*	هُمَا	Eux *deux.*

Pluriel.

1re. Personne.	Commune	*Naḥn* ou *Naḥno*.	نَحْن	Nous.
2de. Personne.	Masculine.	*Éntoum*.	أَنْتُمْ	Vous.
	Féminine.	*Éntonn*.	أَنْتُنَّ	Vous (peu usité).
3e. Personne.	Masculine.	*Hom* ou *Houm*.	هُمْ	Eux.
	Féminine.	*Honn* ou *Hounna*.	هُنَّ	Elles.

Remarques.

On se sert souvent du pronom personnel, au lieu du verbe substantif *être*, et l'on dit : *Ánâ ïayïb* أَنَا طَيِّب , je suis en bonne santé ; mot à mot, *Moi bien portant* ; *Ént ghaïbân* أَنْتَ غَضْبَان , tu es fâché ; mot à mot, *Toi fâché* ; *Houè maryd*, هُوَ مَرِيض , il est malade ; mot à mot, *Lui malade*, etc.

Si l'on veut décliner le pronom personnel, il varie totalement, exemple :

PREMIÈRE PERSONNE.

Singulier.

Nominatif.	*Ánâ*.	أَنَا	Moi.
Génitif.	*B'tâây*.	بتَاعِي	De moi.
Datif.	*L'y*.	لِي	A moi.
Accusatif.	*Ny*.	نِي	Moi.
Ablatif.	*Mén-ny* ou *Ánny*	مِنِّي , عَنِّي	De *ou* par moi.

Duel et pluriel.

Nominatif.	*Naḥn*.	نَحْن	Nous *deux*, nous.
Génitif.	*Bétâ-ânâ*.	بِتَاعْنَا	De nous *deux*, de nous.

Datif.	*L'nâ.*	لَنَا	A nous *deux*, à nous.
Accusatif.	*Nâ.*	نَا	Nous *deux* : nous.
Ablatif.	*Mén-nâ* ou *ăn-nâ.*	عَنَّا, مِنَّا	De *ou* par nous.

SECONDE PERSONNE.

Singulier.

Nominatif.	Masculin.	*Ént.*	أَنْتَ	Toi.
	Féminin.	*Énti.*	أَنْتِ	Toi.
Génitif.	Masculin.	*B'tââ-k.*	بِتَاعَكْ	De toi.
	Féminin.	*B'tââ-ki.*	بِتَاعَكْ	De toi.
Datif.	Masculin.	*Lak* ou *lèk.*	لَكْ	A toi.
	Féminin.	*Lék.*	لِكْ	A toi.
Accusatif.	Masculin.	*Ak.*	ـَكْ	Toi.
	Féminin.	*Ék.*	ـِكْ	Toi.
Vocatif.	Masculin.	*Yâ âyohâ-k.*	يَا أَيُّهَاكْ	O toi.
	Féminin.	*Yâ âyohâ-ki.*	يَا أَيُّهَاكْ	O toi.
Ablatif.	Masculin.	*Ménn-ak* ou *ănn-ak.*	عَنَّكْ, مِنَّكْ	De *ou* par toi.
	Féminin.	*Ménn-ék* ou *ănn-ék.*	عَنَّكْ, مِنَّكْ	De *ou* par toi.

Duel.

Nominatif.	*Éntoumâ.*	أَنْتُمَا	Vous *deux.*
Génitif.	*B'tââ-koumâ.*	بِتَاعَكُمَا	De *vous deux.*

Datif.		*Lèkoumâ.*	لَكُمَا	A vous *deux*.
Accusatif.		*Koumâ.*	كُمَا	Vous *deux*.
Ablatif.		*Mèn-koumâ* ou *ăn-koumâ.*	مِنْكُمَا, عَنْكُمَا	De *ou* par vous *deux*.

Pluriel.

Nominatif.	Commun.	*Èntoum.*	أَنْتُمْ	Vous.
Génitif.	Masculin.	*B'tăă-koum.*	بِتَاعْكُمْ	De vous.
	Féminin.	*B'tăă-konn.*	بِتَاعْكُنَّ	De vous. (Peu usité.)
Datif.	Masculin.	*La-koum.*	لَكُمْ	A vous.
	Féminin.	*Lè-konn.*	لَكُنَّ	A vous. (Peu usité.)
		ou		
	Masculin.	*Lèdy-koum.*	لَدِيكُمْ	A vous.
	Féminin.	*Lèdy-konn.*	لَدِيكُنَّ	A vous. (Peu usité.)
Accusatif.	Masculin.	*Koum.*	كُمْ	Vous.
	Féminin.	*Konn.*	كُنَّ	Vous. (Peu usité.)
Ablatif.	Masculin.	*Mèn-koum* ou *ăn-koum.*	مِنْكُمْ, عَنْكُمْ	De *ou* par vous.
	Féminin.	*Mèn-konn* ou *ăn-konn.*	مِنْكُنَّ, عَنْكُنَّ	De *ou* par vous.

TROISIÈME PERSONNE.

Singulier.

Nominatif.	Masculin.	*Hoù* ou *hoùè.*	هُوَ	Lui.
	Féminin.	*Hy* ou *hyè.*	هِي	Elle.

Génitif.	Masculin. *B'tăă-ho.*	بِنَاعُة	De lui.
	Féminin. *B'tăă-hă.*	بِتَاعُهَا	D'elle.
Datif.	Masculin. *L'ho* ou *Lè-hou.*	لَـه	A lui.
	Féminin. *L'hă* ou *Lè-hă.*	لَهَا	A elle.
Accusatif.	Masculin. *Ho* ou *hou.*	ه	Lui.
	Féminin. *Hă.*	هَا	Elle.
Ablatif.	Masculin. *Mén-ho* ou *ăn-ho.*	عَنَة, مِنة	De *ou* par lui.
	Féminin. *Mén-hă* ou *ăn-hă.*	عَنْهَا, مِنْهَا	De *ou* par elle.

Duel.

Nominatif.	*Houmă* ou *homă.*	هُمَا	Eux *ou* elles *deux.*
Génitif.	*B'tăă-homă.*	بِنَاعُهَا	D'eux *ou* d'elles *deux.*
Datif.	*L'houmă.*	لَهُمَا	A eux *ou* à elles *deux.*
Accusatif.	*Houmă* ou *homă.*	هُمَا	Eux *ou* elles *deux.*
Ablatif.	*Men homă* ou *ăn-homă.*	عَنْهَا, مِنْهَا	De *ou* par eux *ou* elles *deux*

Pluriel.

Nominatif.	Masculin. *Hom* ou *houm.*	هُم	Eux.
	Féminin. *Honn* ou *Hounn.*	هُنّ	Elles.
Génitif.	Masculin. *B'tăă-hom.*	بِنَاعُهُم	D'eux.
	Féminin. *B'tăă-honn.*	بِنَاعُهُنّ	D'elles. (Peu usité.)
Datif.	Masculin. *L'houm.*	لَهُم	A eux.
	Féminin. *L'honn.*	لَهُنّ	A elles. (Peu usité.)

Accusatif.	Masculin.	*Houm.*	هُمْ	Eux.
	Féminin.	*Honn.*	هُنّ	Elles.
Ablatif.	Masculin.	*Mén-hom* ou *ăn-hom.*	مِنْهُمْ , عَنْهُمْ	De *ou* par eux.
	Féminin.	*Mén-honn* ou *ăn-honn.*	مِنْهُنّ , عَنْهُنّ	De *ou* par elles.

Remarques.

L'accusatif du pronom personnel se joint au verbe qui le régit, exemples : *Ôdrob-ny* أَضْرُبْنِي, frappe moi; *Darab-ho* ضَرَبْهُ, il l'a frappé; à moins qu'il ne soit séparé par une particule. On rend le datif qui renferme un sens d'appartenance par le génitif, exemple : *Hadâ 'l-kétâb b'tâă-y* هَذَا ٱلْكِتَابُ بِتَاعِي, ce livre est *à* moi.

§. I I.

الاسم المبهم

Pronom démonstratif.

Le pronom démonstratif se divise en *proche* et en *éloigné* : le proche se rend par : *Dâ* (1) ذَا, ce; *Dih* ذِهْ, *Déhy* ذِهِي, *Dy* ذِى, *Tâ* تَا, *Téh* تِهْ, *Téhy* تِهِي ou *Ty* تِى, cette, pour le singulier, et

Ôùlâ أُولَاء ou *Ôùlâ* أُولَا, ceux *ou* celles-ci, pour le pluriel, car le duel n'est point en usage.

Remarques.

En Egipte, il n'est point rare de rejeter le pronom démonstratif après le nom, et l'on dit communément, *Nahâr dé* نَهَارْ ذَا, ce jour (aujourd'hui), au lieu de *Dé ên-nahâr* ذَا ٱلنَّهَارْ. On dit de même *Rajeul-dé* رَجُلْ ذَا, cet homme, au lieu de *Dé é-rajeul* ذَا ٱلرَّجُلْ. Cette manière de parler est sur-tout en usage dans le *Sặyd* صعيد (haute Egipte) aux environs de *Ôqsor* أُقصُر (Thèbes.)

––––––––––––

(1) On prononce *Dé* en Egipte.

Le pronom démonstratif-éloigné, se forme du précédent, en lui affixant un *Kâf* ك,
exemples :

Singulier.

Dâk ذَاكَ, celui-là ; *Tâk* نَاكَ, celle-là.

Pluriel.

Aùlâyk أُولَايِكَ ou *Oùlâk* أُولَاكَ, ceux-là *ou* celles-là.

Remarques.

Quelquefois on intercale un *Lâm* ل, exemple : أُولَالِكَ *Oùlâlék* ; on préfixe aussi souvent au
pronom démonstratif *proche* un *Hé* ﻩ, exemples :

Singulier.

Hadâ هَذَا ce ; *Hadih* هَذِ, cette.

Duel (1).

Hadân هَذَانْ, *Hadayn* هَذَيْن, ces *deux* ; *Hatân* هَتَانْ, *Hatayn* هَتَيْن, ces *deux*
(au féminin).

Pluriel.

Hawlâ هَؤُلَاء, ces (pour les deux genres).

§. I I I.

الموصولان ،

Pronom relatif.

Le pronom relatif *qui*, *lequel*, se forme en préfixant l'article *Âl* أَلْ à *Lèdy* لَّذِي pour

le masculin, et *Lèty* لَّتِي pour le féminin ; exemples :

---

(1) Le duel est inusité ; on emploie aussi le singulier à la place du pluriel.

Singulier.

Éllèdy الَّذِي, (1) lequel; *Éllèty* الَّتِي, laquelle.

Duel.

Éllèdân اللَّذَانْ ou *Éllèdyn* اللَّذِينْ, lesquelles *deux.*

Éllètân اللَّتَانْ ou *Éllètayn* اللَّتِينْ, lesquels *deux.*

Pluriel.

Éllèdyn الَّذِينْ, lesquels; *Éllâty* اللَّاتِي, lesquelles.

Remarques.

On exprime *avec qui*, *à qui*, etc. etc. des manières suivantes :

Éllèdy mă-ho. الَّذِى مَعَهُ	Avec qui; *mot à mot*, lequel avec lui.			مَعْ الَّذِى
Éllédy l'ho. الَّذِى لَهُ	A qui; *mot à mot*, lequel à lui.	pour	لِلَّذِى
Éllèdy bih. الَّذِى بِهِ	En qui; *mot à mot*, lequel en lui.		بِالَّذِى
Éllèdy mén-ho. الَّذِى مِنْهُ	De qui, par qui; *mot à mot*, lequel par lui (2).		مِنْ الَّذِى

Au pluriel.

Éllèdyn mă-hom. الَّذِينْ مَعْهُمْ	Avec lesquels.		مَعْ الَّذِينْ
Éllèdyn l'hom. الَّذِينْ هُمْ	Auxquels.	pour	لِلَّذِينْ
Éllèdyn b'hom. الَّذِينْ بِهُمْ	Dans lesquels.		بِالَّذِينْ
Éllèdyn mén-hom. الَّذِينْ مِنْهُمْ	Desquels, par lequel.		مِنْ الَّذِينْ

---

(1) Dans le vulgaire on écrit et l'on prononce *Élly* أَلِّى, pour le masculin, le féminin, le singulier et le pluriel.

(2) Cette manière de parler exprime aussi *dont*, exemple : *Ér-rajeul éllèdy kèlèmtèk mén-ho.* الرَّجُلْ الَّذِى كَلَّمْتَكْ مِنْهُ, l'homme dont je vous ai parlé.

Le féminin s'emploie de la même manière, exemple : *Éllèty mă-hă* ﺍﻟﺘﻲ ﻣَﻌْﻬَﺎ, avec laquelle ; *Éllèty l'hă* ﺍﻟﺘﻲ ﻟَﻬَﺎ, avec laquelle, etc. etc.

Ană éllèdy naśart·ak. ﺃَﻧَﺎ ﺍﻟﺬﻱ ﻧَﺼَﺮْﺗَﻚَ   Moi qui t'ai aidé.

Ént éllèdy ăllèmt·ny. ﺃَﻧَﺖَ ﺍﻟﺬﻱ ﻋَﻠَّﻤْﺘَﻨﻲ   Toi qui m'as instruit.

Naḥn éllèdyn qolnă l'hom. ﻧَﺤْﻦُ ﺍﻟﺬﻳﻦَ ﻗُﻠْﻨَﺎ ﻟَﻬُﻢْ   Nous qui leur avons dit.

Celui qui, se rend par *Man* ou *mèn* ﻣَﻦْ, tant au singulier qu'au duel et au pluriel, exemple : *Man Katam sérr-ho, balagh morâd-ho* ﻣَﻦْ ﻛَﺘَﻢْ ﺳِﺮَّﻩُ ﺑَﻠَﻎْ ﻣُﺮَﺍﺩَﻩُ, celui qui cache son secret atteint son desir.

On exprime *ce que* par *Mă* ﻣَﺎ, exemple : *Mă qolt-ny* ﻣَﺎ ﻗُﻠْﺘَﻨﻲ, ce que vous m'avez dit.

Quand le pronom est interrogatif on le rend en arabe par *Ay* ﺃَﻱّ, exemples : *Ay kétăb* ﺃَﻱّ ﻛِﺘَﺎﺏ, quel livre? *Mén ăy kétăb* ﻣِﻦْ ﺃَﻱّ ﻛِﺘَﺎﺏ, de quel livre? En Egipte on rejette souvent après le verbe le pronom interrogatif, exemple : *Tèftèch ăi* ﻧَﻔْﺘَﺶْ ﺃَﻱّ, que cherches-tu? En Yémen on se sert de *Mă* ﻣَﺎ, au lieu de *Ay* ﺃَﻱّ, exemple : *Mă qăl* ﻣَﺎ ﻗَﺎﻝ, qu'a-t-il dit?

<h2 style="text-align:center">§. I V.</h2>

ﺍﻟﻀﻤﻴﺮ

Pronom possessif.

Le pronom possessif s'affixe à la fin des mots : on le rend par :

Singulier.

Y ou *Yè.*	ﻱ	Mon.
Ak.	ـﻚَ	Ton.
Ék.	ﻚِ	Ton (au féminin).
Ho.	ﻩُ	Son.
Hă.	ﻫَﺎ	Sa.

____

(1) On appelle vulgairement ces pronoms *Affixes* : ce sont les mêmes que les pronoms personnels, lorsqu'ils se déclinent. *Voyez* page 46.

Duel.

Komâ.	كُمَا	Votre.
Homâ.	هُمَا	Leur.

Pluriel.

Nâ.	نَا	Notre, nos.
Kom.	كُمْ	Votre, vos.
Konn.	كُنَّ	Votre, vos (au féminin).
Houm.	هُمْ	Leur, leurs.
Honn.	هُنَّ	Leur, leurs (au féminin).

Exemples.

Jéddat-y.	جِدَّتِي	Mon aïeule.
Kétâb-ak.	كِتَابَكَ	Ton livre.
Qalb-ék.	قَلْبِكِ	Ton cœur (en parlant à une femme).
Marât-ho.	مَرَأَتُهُ	Sa femme.
Zaùj-hâ.	زَوجُهَا	Son mari.

Duel.

Qalam-komâ.	قَلَمُكُمَا	Votre plume (en parlant à deux personnes).
Qalamt'râch-homâ.	قَلَمَرَاشُهُمَا	Leur canif (*idem*).

Pluriel.

Jérâb-nâ.	جِرَابَنَا	Nos bas.
Òmm-kom.	أُمُّكُمْ	Votre mère.

Kâghéd-konn.	كَاغَدُكُنَّ	Votre papier (en parlant à des femmes).
Méftah-hom.	مِفْتَحُهُمْ	Leur clef.
Borqŏ-honn.	بُرْقُعُهُنَّ	Leur voile (en parlant de plusieurs femmes.)

CHAPITRE III.

الفَعِل ع

DU VERBE.

En français, lorsque nous cherchons un verbe dans le dictionnaire, c'est par l'infinitif : en arabe, c'est par la troisième personne du singulier masculin du parfait de l'indicatif. On cherchera donc *il a aimé*, *il a fait*, au lieu de *aimer*, *faire*. Les Arabes nomment cette troisième personne *Asl* أَصْل, c'est-à-dire *racine* (1), parce qu'effectivement c'est d'elle que dérivent les diverses personnes des autres temps, ainsi que les conjugaisons dérivées, au moyen des lettres *serviles* (2) qu'on lui ajoute; elle n'est jamais composée de plus de quatre lettres *radicales*, comme *Dahraj* دَحْرَجَ, il a roulé; *Gharghar* غَرْغَرَ, il s'est gargarisé; ordinairement de trois, comme *Nasar* نَصَرَ, il a aidé; *Balagh* بَلَغَ, il est parvenu; quelquefois de deux, mais alors la seconde est doublée par un *Techdyd* ("), comme *madd* مَدّ, il a étendu, au lieu de *Madad* مَدَدَ.

Les grammairiens arabes ayant choisi (de même que nous le verbe *aimer*) le verbe *Fadl* فعل, il a fait, pour paradigme, ont nommé la première radicale *Fé* ف, la seconde *Ăyn* ع, et la troisième *Lâm* ل : ainsi au lieu de dire la première et la seconde radicale doivent être affectées d'un *Fathah* (´), ils disent le *Fé* ف et le *Ăyn* ع.

Ces *radicales* sont, ou toutes consonnes, ou partie consonnes et partie voyelles; ou enfin (ce qui est très-rare), toutes voyelles. Lorsque toutes les radicales sont consonnes, le verbe est régulier (*Sâlém* سالم). Si parmi elles il y a une ou plusieurs voyelles (3), il est irrégulier, (*Ghayr sâlém* غير سالم).

---

(1) Les lettres dont la racine est composée s'appellent *Aslyah* أصلية, c'est-à-dire *radicales*.

(2) Les lettres *serviles* qui servent à composer les personnes sont au nombre de sept; elles sont toutes contenues dans le mot *Yétéçamménôû* يتسمنوا, qui veut dire *ils se sont engraissés*.

(3) Nous n'entendons parler que des trois *voyelles cardinales* ا, و, ى, car, comme nous l'avons déjà observé, le *Ăyn* ع ne prend aucune part aux règles qui dérivent de ces trois lettres.

ARTICLE PREMIER.

التصريف

Des conjugaisons.

Les Arabes ont deux conjugaisons régulières et primitives, la première renferme les verbes dont la racine est formée par trois consonnes, et la seconde ceux dont la racine est composée de quatre radicales.

§. Ier.

Paradigme d'un verbe régulier de la première conjugaison.

INDICATIF.

PRÉSENT.

Singulier.

Áfqod.	أَفْقُدُ (1)	Je desire.
Tèfqod.	نَفْقُدُ	Tu desires.
Tèfqody.	نَفْقُدِى (2)	Tu desires (au féminin).
Yèfqod.	يَفْقُدُ	Il desire.
Tèfqod.	نَفْقُدُ	Elle desire.

Duel (3).

Tèfqodán.	نَفْقُدَانْ	Vous *deux* desirez.
Yèfqodán.	يَفْقُدَانْ	Eux *deux* desirent.
Tèfqodán.	نَفْقُدَانْ	Elles *deux* desirent.

---

(1) Dans la conversation et dans les écrits qui ne sont pas très-soignés, au lieu de la première personne du singulier on se sert de celle du pluriel, et l'on dit *Àná nèfqod* نفقد أنا, je desire (mot à mot, je *desirons*). au lieu de *Àná áfqod* أفقد أنا.

(2) Dans le littéral on ne doit point écrire le *Yá*, mais seulement un *Kèsrah* à sa place.

(3) Le duel n'a point de première personne.

Pluriel.

Nèfqod.	نَفْقُدْ	Nous desirons.
Tèfqodòû. (1)	تَفْقُدُوا	Vous desirez.
Yèfqodòû.	يَفْقُدُوا	Ils desirent.

I M P A R F A I T.

Singulier.

Kont âfqod.	كُنْتُ أَفْقُدْ	Je desirais.
Kont tèfqod.	كُنْتَ تَفْقُدْ	Tu desirais.
Konty tèfqody.	كُنْتِي تَفْقُدِى	Tu desirais. (féminin).
Kân yèfqod.	كَانَ يَفْقُدْ	Il desirait.
Kânèt tèfqod.	كَانَتْ تَفْقُدْ	Elle desirait.

Duel.

Kontoumâ tèfqodân.	كُنْتُمَا نَفْقُدَانْ	Vous *deux* desiriez.
Kânâ yèfqodân.	كَانَا يَفْقُدَانْ	Eux *deux* desiraient.

Pluriel.

Konnâ nèfqod.	كُنَّا نَفْقُدْ	Nous desirions.
Kontom tèfqodòû (2).	كُنْتُمْ تَفْقُدُوا	Vous desiriez.
Kânòû yèfqodòû.	كَانُوا يَفْقُدُوا	Ils desiraient.

(a) Dans l'arabe littéraire, au lieu de l'*Alif muet*, on met un *Noûn*, et même les gens qui se piquent de bien écrire suivent cette coutume, mais jamais lorsqu'ils parlent familièrement.

(2) Dans le vulgaire on dit : *Kontòû tèfqodòû* كُنْتُوا تَفْقُدُوا. *Voyez ci-après page* 58.

الفعل الماضى ،

Singulier.

Faqadto.	فَقَدْتُ	J'ai desiré.
Faqadt.	فَقَدْتَ	Tu as desiré.
Faqadty.	فَقَدْنِي	Tu as desiré (féminin).
Faqad.	فَقَدَ	Il a desiré.
Faqadèt.	فَقَدَتْ	Elle a desiré.

Duel.

Faqadtomâ.	فَقَدْتُمَا	Vous *deux* avez desiré.
Faqadâ.	فَقَدَا	Eux *deux* ont desiré.
Faqadatâ.	فَقَدَتَا	Elles *deux* ont desiré.

(1)

Pluriel.

Faqadnâ.	فَقَدْنَا	Nous avons desiré.
Faqadtom (2).	فَقَدْتُمْ	Vous avez desiré.
Faqadòû.	فَقَدُوا	Ils ont desiré.

Singulier.

Konto faqadto.	كُنْتُ فَقَدْتُ	J'avais desiré.
Kont faqadt.	كُنْتَ فَقَدْتَ	Tu avais desiré.

(1) Peu usités.

(2) Dans la conversation, on dit *Faqadtòû* فَقَدْتُوا ; mais jamais un arabe qui a reçu de l'éducation ne l'écrira selon cette prononciation vicieuse. Cette manière de prononcer cette seconde personne est commune à tous les verbes.

Konty faqadty.	كُنْتِى فَقَدْتِى	Tu avais desiré (féminin).
Kân faqad.	كَانْ فَقَدْ	Il avait desiré.
Kânèt faqadèt.	كَانَتْ فَقَدَتْ	Elle avait desiré.

Duel.

Kontoumâ faqadtomâ.	كُنْتُمَا فَقَدْتُمَا	Vous *deux* aviez desiré.
Kânâ faqadâ.	كَانَا فَقَدَا	Eux *deux* avaient desiré.

Pluriel.

Konnâ Faqadnâ.	كُنَّا فَقَدْنَا	Nous avions desiré.
Kontom faqadtom.	كُنْتُمْ فَقَدْتُمْ	Vous aviez desiré.
Kânôû faqadôû.	كَانُوا فَقَدُوا	Ils avaient desiré.

Ou bien,

Qad faqadto.	قَدْ فَقَدْتُ	J'avais desiré.
Qad faqadt.	قَدْ فَقَدْتَ	Tu avais desiré.
Qad faqadty.	قَدْ فَقَدْتِى	Tu avais desiré (féminin).
Qad faqad.	قَدْ فَقَدْ	Il avait desiré.
Qad faqadèt.	قَدْ فَقَدَتْ	Elle avait desiré.

Et ainsi de suite , en préfixant la particule *Qad* قَدْ, déja , au parfait.

F U T U R .

الفعل المستقبل

Singulier.

Âfqod ou *S'âfqod.*	أَفْقُدْ ou سَأَفْقُدْ	Je desirerai.
Tèfqod ou *S'tèfqod.*	تَفْقُدْ ou سَتَفْقُدْ	Tu desireras.

Tèfqody ou *S'tèfqody.*	نَفْقُدِى ou سَنَفْقُدِى	Tu desireras (féminin).
Yèfqod ou *S'yèfqod.*	يَفْقُدْ ou سَيَفْقُدْ	Il desirera.
Tèfqod ou *S'tèfqod.*	نَفْقُدْ ou سَنَفْقُدْ	Elle desirera.

Duel.

Tèfqodán ou *S'tèfqodán.*	نَفْقُدَانْ ou سَنَفْقُدَانْ	Vous *deux* desirerez.
Yèfqodán ou *S'yèfqodán.*	يَفْقُدَانْ ou سَيَفْقُدَانْ	Eux *deux* desireront.

Pluriel.

Nèfqod ou *S'nèfqod.* .	نَفْقُدْ ou سَنَفْقُدْ	Nous desirerons.
Tèfqodòú ou *S'tèfqodòú.*	نَفْقُدُوا ou سَنَفْقُدُوا	Vous desirerez.
Yèfqodòú ou *S'yèfqodòú.*	يَفْقُدُوا ou سَيَفْقُدُوا	Ils desireront.

Ou bien,

Singulier.

Saùf áfqod.	سَوْفَ أَفْقُدْ
Saùf tèfqod.	سَوْفَ نَفْقُدْ
Saùf tèfqody.	سَوْفَ نَفْقُدِى
Saùf yèfqod.	سَوْفَ يَفْقُدْ
Saùf tèfqod.	سَوْفَ نَفْقُدْ

Duel.

Saùf tèfqodán.	سَوْفَ نَفْقُدَانْ
Saùf yèfqodán.	سَوْفَ يَفْقُدَانْ

Pluriel.

Saùf nèfqod.	سَوْفَ نَفْقُدْ

Saùf tèfqodòù.   سَوُفْ نَفْقُدُوا

Saùf yèfqòdòù.   سَوُفْ يَفْقُدُوا

F U T U R   P A S S É.

Singulier.

Akoùn faqadto.   أَكُونْ فَقَدْتُ   J'aurai desiré.

Tèkoùn faqadt.   نَكُونْ فَقَدْتَ   Tu auras desiré.

Tèkoùny faqadty.   نَكُونِي فَقَدْتِى   Tu auras desiré (féminin).

Yèkoùn faqad.   يَكُونْ فَقَدْ   Il aura desiré.

Tèkoùn faqadèt.   نَكُونْ فَقَدَتْ   Elle aura desiré.

Duel.

Tèkoùnân faqadtomâ.   نَكُونَانْ فَقَدْتُمَا   Vous *deux* aurez desiré.

Yèkoùnân faqadâ.   يَكُونَانْ فَقَدَا   Eux *deux* auront desiré.

Pluriel.

Nèkoùn faqadnâ.   نَكُونْ فَقَدْنَا   Nous aurons desiré.

Tèkoùnòù faqadtom.   نَكُونُوا فَقَدْتُمْ   Vous aurez desiré.

Yèkoùnòù faqadòù.   يَكُونُوا فَقَدُوا   Ils auront desiré.

I M P É R A T I F.

الامس

P R É S E N T.

Singulier.

Òfqod.   أَفْقُدْ   Desire.

Òfqody.	أُفْقُدِى (1).	Desire (féminin).
L'yèfqod.	لِيَفْقُدْ	Qu'il desire.

Pluriel.

Lé-nèfqod.	لِنَفْقُدْ	Desirons.
Lè-tefqodòù.	لِتَفْقُدُوا	Desirez.
L'yèfqodòn.	لِيَفْقُدُوا	Qu'ils desirent.

SUBJONCTIF.

PRÉSENT.

Singulier.

Layt-ny fâqéd.	لَيْتَنِى قَافِدْ	Que je desire.
Layt-ak fâqéd.	لَيْتَكَ قَافِدْ	Que tu desires.
Layt-ék fâqédah.	لَيْتَكَ قَافِدَة	Que tu desires (feminin.)
Layt-ho fâqéd.	لَيْتَهُ قَافِدْ	Qu'il desire.
Layt-hâ fâqédah.	لَيْتَهَا قَافِدَةٌ	Qu'elle desire.

Pluriel.

Layt-nâ fâqédoùn.	لَيْتَنَا قَافِدُون	Que nous desirions.
Layt-kom fâqédoùn.	لَيْتَكُمْ قَافِدُون	Que vous desiriez.
Layt-konn fâqédât.	لَيْتَكُنَّ قَافِدَاتْ	Que vous desiriez (féminin).
Layt-hom fâqédoùn.	لَيْتَهُمْ قَافِدُون	Qu'ils desirent.
Layt-honn fâqédât.	لَيْتَهُنَّ قَافِدَاتْ	Qu'elles desirent.

---

(1) Au lieu de ce *Yâ* dans le littéral, on doit écrire seulement un *Kèsrah*. Cette règle est la même que pour le *présent. Vide suprà* page 56 , note 3.

Ou bien

An áfqod.	أَنْ أَفْقُدْ	*Kay áfqod.*	كَىْ أَفْقُدْ
An tèfqod.	أَنْ تَفْقُدْ	*Kay tèfqod.*	كَىْ تَفْقُدْ
An tèfqody.	أَنْ تَفْقُدِى	*Kay tèfqody.*	كَىْ تَفْقُدِى
An yèfqod.	أَنْ يَفْقُدْ	*Kay yèfqod.*	كَىْ يَفْقُدْ
An tèfqod.	أَنْ تَفْقُدْ	*Kay tèfqod.*	كَىْ تَفْقُدْ

ou

Et ainsi de suite.

I M P A R F A I T.

Singulier.

Faqadto.	فَقَدْتُ	Je desirerais.
Faqadt.	فَقَدْتَ	Tu desirerais.
Faqadty.	فَقَدْتِنِي	Tu desirerais (féminin).
Faqad.	فَقَدَ	Il desirerait.
Faqadèt.	فَقَدَتْ	Elle desirerait.

Duel.

Faqadtomâ.	فَقَدْتُمَا	Vous *deux* desireriez.
Faqadâ.	فَقَدَا	Eux *deux* desireraient.

Pluriel.

Faqadnâ.	فَقَدْنَا	Nous desirerions.
Faqadtom.	فَقَدْتُمْ	Vous desireriez.
Faqadòû.	فَقَدُوا	Ils desireraient.

PARFAIT.

Singulier.

Layt-ny àn konto faqadto.	لَيْتَنِى أَنْ كُنْتُ فَقَدْتُ	J'aie desiré.
Layt-ak àn kont faqadt.	لَيْتَكَ أَنْ كُنْتَ فَقَدْتَ	Tu ayes desiré.
Layt-ék àn konty faqadty.	لَيْتَكَ أَنْ كُنْتِى فَقَدْتِى	Tu ayes desiré (feminin).
Layt-ho àn kàn faqad.	لَيْتَهُ أَنْ كَانَ فَقَدَ	Il ait desiré.
Layt-hà àn kànèt faqadèt.	لَيْتَهَا أَنْ كَانَتْ فَقَدَتْ	Elle ait desiré.

Duel.

Layt-komà àn kontomà faqadtomà.	لَيْتَكُمَا أَنْ كُنْتُمَا فَقَدْتُمَا	Vous *deux* ayez desiré.
Layt-homà àn kànà faqadà.	لَيْتَهُمَا أَنْ كَانَا فَقَدَا	Eux *deux* aient desiré.

Pluriel.

Layt-nà àn konna faqadnà.	لَيْتَنَا أَنْ كُنَّا فَقَدْنَا	Nous ayons desiré.
Layt-kom àn kontom faqadtom.	لَيْتَكُمْ أَنْ كُنْتُمْ فَقَدْتُمْ	Vous ayez desiré.
Layt-hom àn kànòù faqadòù.	لَيْتَهُمْ أَنْ كَانُوا فَقَدُوا	Ils ayent desiré.

OPTATIF.

PRÉSENT et FUTUR.

Singulier.

Èn Àfqod.	إِنْ أَفْقُدْ (1).	Si je desire.
Èn tèfqod.	إِنْ تَفْقُدْ	Si tu desires.
Èn tèfqody.	إِنْ تَفْقُدِى	Si tu desires (féminin).

---

(1) On peut aussi employer le mot *Laù* لَوْ au lieu de *Èn* اِنْ.

Én yèfqod.	اِنْ يَفْقُدْ	S'il desire.
Én tèfqod.	اِنْ نَفْقُدْ	Si elle desire.

Duel.

Én tèfqodân.	اِنْ نَفْقُدَانْ	Si vous *deux* desirez.
Én yèfqodân.	اِنْ يَفْقُدَانْ	Si eux *deux* desirent.
Én tèfqodân.	اِنْ نَفْقُدَانْ	Si elles *deux* desirent.

Pluriel.

Én nèfqod.	اِنْ نَفْقُدْ	Si nous desirons.
Én tèfqodòû.	اِنْ نَفْقُدُوا	Si vous desirez.
Én yèfqodòû.	اِنْ يَفْقُدُوا	S'ils desirent.

IMPARFAIT.

Singulier.

Én faqadto.	اِنْ فَقَدْتُ	Si je desirais.
Én faqadt.	اِنْ فَقَدْتَ	Si tu desirais.
Én faqadty.	اِنْ فَقَدْتِي	Si tu desirais (féminin).
Én faqad.	اِنْ فَقَدَ	S'il desirait.
Én faqadèt.	اِنْ فَقَدَتْ	Si elle desirait.

Duel.

Én faqadtomâ.	اِنْ فَقَدْتُمَا	Si vous *deux* desiriez.
Én faqadâ.	اِنْ فَقَدَا	Si eux *deux* desiraient.

Pluriel.

Én faqadnâ.	إِنْ فَقَدْنَا	Si nous desirions.
Én faqadtom.	إِنْ فَقَدْتُمْ	Si vous desiriez.
Én faqadòû.	إِنْ فَقَدُوا	S'ils desiraient.

PLUSQUE-PARFAIT.

Singulier.

Laù konto faqadto.	لَوْ كُنْتُ فَقَدْتُ	Si j'avais *ou* j'eusse desiré.
Laù kont faqadt.	لَوْ كُنْتَ فَقَدْتَ	Si tu avais desiré.
Laù konty faqadty.	لَوْ كُنْتِي فَقَدْتِي	Si tu avais desiré (féminin).
Laù kân faqad.	لَوْ كَانْ فَقَدْ	S'il avait desiré.
Laù kânèt faqadèt.	لَوْ كَانَتْ فَقَدَتْ	Si elle avait desiré.

Duel.

Laù kontomâ faqadtomâ.	لَوْ كُنْتُمَا فَقَدْتُمَا	Si vous *deux* aviez desiré.
Laù kânâ faqadâ.	لَوْ كَانَا فَقَدَا	Si eux *deux* avaient desiré.

Pluriel.

Laù konna faqadnâ.	لَوْ كُنَّا فَقَدْنَا	Si nous avions desiré.
Laù kontom faqadtom.	لَوْ كُنْتُمْ فَقَدْتُمْ	Si vous aviez desiré.
Laù kânòû faqadòû.	لَوْ كَانُوا فَقَدُوا	S'ils avaient desiré.

INFINITIF.

Faqd.	فَقْد	Desirer *ou* le desir.

Nº. I.

Premier tableau de la conjugaison régulière d'un verbe actif de la première conjugaison.

PRÉSENT ou FUTUR.

GENRE	SINGULIER.				DUEL.				PLURIEL.				PERSONNES.
	LETTRES serviles AFFIXÉES à la RACINE.	POINT-VOYELLE de la		LETTRES serviles PRÉFIXÉES à la RACINE.	LETTRES serviles AFFIXÉES à la RACINE.	POINT-VOYELLE de la		LETTRES serviles PRÉFIXÉES à la RACINE.	LETTRES serviles AFFIXÉES à la RACINE.	POINT-VOYELLE de la		LETTRES serviles PRÉFIXÉES à la RACINE.	
		3ᵉ. | 2ᵈᵉ. | 1ᵉʳᵉ. RADICALE.				3ᵉ. | 2ᵈᵉ. | 1ᵉʳᵉ. RADICALE.				3ᵉ. | 2ᵈᵉ. | 1ᵉʳᵉ. RADICALE.			
Commun .	. . . . . .	ـُ | ـُ | ـَ		ا	. . . . . .	. . . . . .		. . . . . .	. . . . . .	ـْ | ـُ | ـَ		ن	1ᵉʳᵉ.
Masculin.	. . . . . .	ـْ | ـُ | ـَ		ت	ان	ـْ | ـُ | ـَ		ت	و	ـْ | ـُ | ـَ		ت	2ᵈᵉ.
Féminin.	ى	ـْ | ـُ | ـَ		ت	. . . . . .	. . . . . .		. . . . . .	. . . . . .	. . . . . .		. . . . . .	
Masculin.	. . . . . .	ـْ | ـُ | ـَ		ي	ان	ـْ | ـُ | ـَ		ي	و	ـْ | ـُ | ـَ		ي	3ᵉ.
Féminin.	. . . . . .	ـْ | ـُ | ـَ		ت	ان	ـْ | ـُ | ـَ		ت	. . . . . .	. . . . . .		. . . . . .	
		(x)				(x)				(x)			

Grammaire arabe, page 67.

Second tableau de la conjugaison régulière d'un verbe de la première conjugaison.

PARFAIT.

GENRE.	SINGULIER. LETTRES serviles AFFIXÉES à la RACINE.	POINT-VOYELLE de la 3e. RADICALE	2de.	1ere.	DUEL. LETTRES serviles AFFIXÉES à la RACINE.	POINT-VOYELLE de la 3e. RADICALE	2de.	1ere.	PLURIEL. LETTRES serviles AFFIXÉES à la RACINE.	POINT-VOYELLE de la 3e. RADICALE	2de.	1ere.	PERSONNES.
Commun..	تُ	ــ	ــَ	ــَ	. . . . .	. . . . .			نَا	ــْ	ــَ	ــَ	1ere.
Masculin..	تَ	ــْ	ــَ	ــَ	تُمَا	ــْ	ــَ	ــَ	تُمْ	ــْ	ــَ	ــَ	2de.
Féminin..	تِ	ــْ	ــَ	ــَ	. . . . .	. . . . .							
Masculin..	. . . . .	ــْ	ــَ	ــَ	ا	ــَ	ــَ	ــَ	وا	ــُ	ــَ	ــَ	3e.
Féminin..	تْ	ــَ	ــَ	ــَ	. . . . .	. . . . .			. . . . .				

Grammaire arabe, pag. 67.

PARTICIPE DU PRÉSENT.

Fáqéd.	قَائِذ	Desirant, qui desire.
Fáqédah.	قَائَِةَ	*Pour le féminin.*

Remarques.

L'on voit, par cet exposé, que rien n'est plus simple que la conjugaison des verbes arabes; elle se réduit à trois temps, le prétérit, le futur et l'impératif (1). Nous allons faire quelques observations sur la formation des temps.

1°. Le présent de l'indicatif est le même que le futur; ses différentes personnes se forment de la *racine*, en lui préfixant et affixant quelques lettres serviles. Le tableau que nous allons joindre ici offrira l'arrangement de ces lettres, ainsi que celui des *points-voyelles*, de façon qu'en plaçant dans les colonnes (x x x) la racine d'un verbe de la première conjugaison on en formera sur le champ toutes les personnes du présent et du futur à tous les genres et nombres. (*Voyez* n° 1.)

2°. Le prétérit forme ses personnes en affixant à la *racine* (qui, comme on se rappelle, est la troisième personne masculine), les lettres serviles que nous allons indiquer dans un second tableau, composé sur le modèle du précédent. (Voyez n° 2).

Nous observerons que la seconde radicale du verbe possède quelquefois au prétérit un *Kèsrah;* alors cette même radicale, au lieu d'un *Dammah*, au présent, prend un *Kèsrah*. Au reste, le dictionnaire indique cette irrégularité, dont il est nécessaire de se ressouvenir, car dans la suite nous verrons qu'elle donne lieu à des règles particulières.

A l'aide de ces deux *modes* on formera tous les autres temps de la manière suivante :

---

(1) Pour le littéral, voici ce que dit *Al-jaroùmy* الجُروُمى dans sa *Grammaire arabe* :

باب الافعال ۶ الافعال ثلاثة ماض و مضارع و امر نحوضَرَبَ و يَضْرِبُ و إِضْرِبْ ۶ فالماض مفتوح الاخر ابدًا ۶ و الامر جزم ومابدًا ۶ والمضارع ماكانت فى اوّله احدىٰ الزوايد الاربع يجمعها قولك انين ۶۶

C'est-à-dire, (CHAPITRE DES VERBES). « Le Verbe a trois temps, le prétérit, le futur et l'impératif, comme » *Daraba* ضَرَبَ, il a frappé ; *Yadrébo* يَضْرِبُ, il frappera, et *Edréb* أَضْرِبْ, frappe. Le prétérit a toujours » sa dernière radicale surmontée d'un *Fathah*, l'impératif a constamment cette même radicale affectée d'un *Jèzm*. » Le futur n'a jamais devant sa première radicale d'autre lettre que les quatre lettres serviles contenues dans le » mot *Ânayto* أَنَيْتُ ».

1º. L'imparfait (1), en préfixant au présent ou futur le prétérit du verbe *Kân* كَان, il a été (2).

2º. Le plusque-parfait, par le secours du prétérit du même verbe *Kân* كَان, ou seulement de la particule *Qad* قَد, déja, placée devant le prétérit du verbe que l'on conjugue.

3º. Quoique le futur soit le même que le présent, néanmoins pour déterminer le sens du futur, on préfixe au présent la préposition *Saùf* سَوف, ou par abréviation *S'* سَ. Au reste, le plus souvent, dans la conversation, on emploie le présent, en ayant soin d'intercaler dans la phrase *Én-châ Allah* إنْشَاء ٱللّه, s'il plaît à Dieu, exemple : *Éroùh nahâr-dé ĕnd Ăly - ĕffĕndy ĕn châ Allah* أَرُوحْ نَهَارْدَا عِنْد عَلى أَفَنْدِى إِنْ شَاء ٱللّه, j'irai aujourd'hui chez Aly -Éffendy, s'il plaît à Dieu.

4º. Le futur passé s'exprime par le prétérit, auquel on préfixe le présent du verbe *Kân* كَان

5º. La seconde personne singulière de l'impératif est la même que la première du singulier du présent, avec cette différence, que lorsque la seconde radicale est affectée d'un *Dammah* on en place un sur l'*Âlif*, et quand elle l'est d'un autre *point-voyelle*, l'*Âlif* prend un *Késrah souscrit*, exemple : *Ansor* أَنْصُرْ, j'aide ; *Ònsor* أَنْصُرْ, aide ; *Aălam* أَعْلَمْ, je sais. *Éĕlam* أَعْلَمْ, sache, etc. Toutes les autres personnes se forment en préfixant au présent la particule لَ. (Voyez le tableau nº. 3).

6º. Le subjonctif présent se forme de trois manières différentes ; la première, en préfixant au participe présent la particule *Layt'ny* لَيْتَنِى, plaise à Dieu que je ; *Layt'ak* لَيْتَكَ, plaise à Dieu que tu, etc. La seconde, en plaçant devant le présent ou futur la particule *An* أَنْ, que ; la troisième en employant de la même manière la particule *Kay* كَى.

Pour la composition des autres temps jetez un coup-d'œil sur le paradigme d'un verbe régulier de la première conjugaison, *pages 56 et suiv.*

7º. Le participe présent se forme de la *racine*, en intercalant entre la première et la seconde radicale un *Âlif*, et en affectant la première d'un *Fathah*, et la seconde d'un *Késrah*, exemple : *Faqad* فَقَد, il a desiré. *Fâqéd* قَافِدْ, desirant. Il se décline comme les autres noms, et l'on dit : *Fâqédah* قَافِدَه, *Fâqédoùn* قَافِدُونْ, desirans ; *Fâqédât* فَاقِدَاتْ, desirant, etc.

---

(1) Ces diverses manières de former les temps composés sont communes à tous les verbes, tant réguliers qu'irréguliers.

(2) On trouvera la conjugaison de ce verbe au chapitre des verbes *Quiescents*.

N°. III.

Troisième tableau de la conjugaison régulière d'un verbe actif de la première conjugaison.

IMPÉRATIF.

GENRE.	SINGULIER.						PLURIEL.					PERSONNES.
	LETTRES serviles AFFIXÉES à la RACINE.	POINT-VOYELLE de la RADICALE.			LETTRES serviles PRÉFIXÉES à la RACINE.	LETTRES serviles AFFIXÉES à la RACINE.	POINT-VOYELLE de la RADICALE.			LETTRES serviles PRÉFIXÉES à la RACINE.	
		3e.	2de.	1ère.			3e.	2de.	1ère.		
Commun.	·····	·····	·····	·····	·····	·····	ــُ	ــُ	ــُ	نُ	1ère.
Masculin.	·····	ــُ	ــُ	ــُ	أُ	وُ	ــُ	ــُ	ــُ	تُ	2de.
Féminin.	ي	ــ	ــُ	ــُ	إِ	·····	·····	·····	·····	·····	
Commun.	·····	ــُ	ــُ	ــُ	تَ	وُ	ــُ	ــُ	ــُ	يَ	3e.

Grammaire arabe, page 68.

8º. Quant à l'infinitif, les Arabes n'en ont point ; il est remplacé chez eux par le *nom d'action*, comme *Faqd* فَقْد, le desir, l'action de desirer, desirer. On le forme de trente-trois manières différentes.

Nous allons donner un exemple de toutes ces formes :

1. *Nasrᴀɴ.*	نَصْرًا	18. *Nosrä.*	نُصْرَى
2. *Nosrᴀɴ.*	نُصْرًا	19. *Nésrä.*	نِصْرَى
3. *Nésrᴀɴ.*	نِصْرًا	20. *Nasrânᴀɴ.*	نَصَرَانًا
4. *Nasarᴀɴ.*	نَصَرًا	21 *Nosrânᴀɴ.*	نُصَرَانًا
5. *Nosarᴀɴ.*	نُصَرًا	22. *Nésrânᴀɴ.*	نِصَرَانًا
6. *Nésarᴀɴ.*	نِصَرًا	23. *Nasarânᴀɴ.*	نَصَرَانًا
7. *Nasârᴀɴ.*	نَصَارًا	24. *Nasoùrᴀɴ.*	نَصُورًا
8. *Nosârᴀɴ.*	نُصَارًا	25. *Nasyrᴀɴ.*	نَصِيرًا
9. *Nésârᴀɴ.*	نِصَارًا	26. *Nasérᴀɴ.*	نَصِرًا
10. *Nasratᴀɴ.*	نَصْرَة	27. *Nasératᴀɴ.*	نَصِرَة
11. *Nosratᴀɴ.*	نُصْرَة	28. *Nosoùrᴀɴ.*	نُصُورًا
12. *Nèsratᴀɴ.*	نِصْرَة	29. *Nosoùratᴀɴ.*	نُصُورَة
13. *Nasaratᴀɴ.*	نَصَرَة	30. *Mansarᴀɴ.*	مَنْصَرًا
14. *Nasâratᴀɴ.*	نَصَارَة	31. *Mansaratᴀɴ.*	مَنْصَرَة
15. *Nosâratᴀɴ.*	نُصَارَة	32. *Mansérᴀɴ.*	مَنْصِرًا
16. *Nésâratᴀɴ.*	نِصَارَة	33. *Mansératᴀɴ.*	مَنْصِرَة
17 *Nasrä.*	نَصْرَى		

DU VERBE.

المفعول الذي لم يسمّ فاعله ،

PASSIF DE LA PREMIÈRE CONJUGAISON.

Le passif (1) se forme de l'actif, par le seul changement des *points-voyelles* : On remarquera facilement ces changemens dans les principaux temps que nous allons mettre sous les yeux du lecteur.

INDICATIF.

PRÉSENT *ou* FUTUR.

Singulier.

Ôfqad.	أُفْقَدْ	Je suis *ou* je serai desiré.
Tofqad.	تُفْقَدْ	Tu es *ou* tu seras desiré.
Yofqad.	يُفْقَدْ	Il est *ou* il sera desiré.

Et ainsi de suite.

On voit que le *point-voyelle* de la lettre servile préfixée à la racine prend la place de celui de la seconde radicale, et que celui de cette lettre se reporte sur la lettre servile ;

exemple : *Afqod* أَفْقُدْ , je desire ; *Ôfqad* أُفْقَدْ , je suis desiré.

PARFAIT.

Singulier.

Foqédto.	فُقِدْتُ	J'ai été desiré.
Foqédt.	فُقِدْتَ	Tu as été desiré.
Foqéd.	فُقِدَ	Il a été desiré.

Et ainsi de suite.

On s'aperçoit que le *point-voyelle* de la première radicale est un *Dammah* au lieu d'un

---

(1) Ce passif n'est point d'un usage universel ; dans l'arabe vulgaire, il n'y a que le participe qui soit généralement usité. Le passif le plus ordinaire est celui dont nous parlerons à l'article des *Verbes dérivés*. Voyez ci-après.

N°. IV.

Quatrième tableau de la conjugaison régulière d'un verbe (passif) de la première conjugaison.

PARTICIPE PASSIF.

SINGULIER.

GENRE.	LETTRE servile AFFIXÉE À la RACINE.	POINT-VOYELLE de la troisième RADICALE.	LETTRES serviles INTERCALLÉES.	POINT-VOYELLE de la 2de. RADICALE.	POINT-VOYELLE de la 1ere. RADICALE.	LETTRES serviles PRÉFIXÉES À la RACINE.
Masculin.	. . . . .	ٌ	و	ُ	ْ	مَ
Féminin.	ة	َ	و	ُ	ْ	مَ

DUEL.

GENRE.	LETTRES serviles AFFIXÉES À la RACINE.	POINT-VOYELLE de la troisième RADICALE.	LETTRES serviles INTERCALLÉES.	POINT-VOYELLE de la 2de. RADICALE.	POINT-VOYELLE de la 1ere. RADICALE.	LETTRES serviles PRÉFIXÉES À la RACINE.
Masculin.	ان	َ	و	ُ	ْ	مَ
Féminin.	تان	َ	و	ُ	ْ	مَ

PLURIEL.

GENRE.	LETTRES serviles AFFIXÉES À la RACINE.	POINT-VOYELLE de la troisième RADICALE.	LETTRES serviles INTERCALLÉES.	POINT-VOYELLE de la 2de. RADICALE.	POINT-VOYELLE de la 1ere. RADICALE.	LETTRES serviles PRÉFIXÉES À la RACINE.
Masculin.	ون	ُ	و	ُ	ْ	مَ
Féminin.	ات	َ	و	ُ	ْ	مَ

Grammaire arabe, page. 71.

Fathah, et que celui de la seconde est un *Kèsrah* au lieu d'un *Fathah*, exemple : *Faqadto* قَقَلْتُ, j'ai desiré ; *Foqédto* فَقِلْتُ, j'ai été desiré.

IMPÉRATIF.

Singulier.

L'yofqad.	لِيُفْقَدْ	Sois desiré.
L'tofqad.	لِتُفْقَدْ	Qu'il soit desiré.

Et ainsi de suite, en préfixant au présent la particule لِ, comme à l'actif.

PARTICIPE.

Singulier.

Mafqoùd.	مَفْقُودٌ	Desiré.
Mafqoùdah.	مَفْقُودَةٌ	Desirée.

Duel.

Mafqòudân.	مَفْقُودَانِ	Desirés (*deux*).
Mafqòudatân.	مَفْقُودَنَانِ	Desirées (*deux*).

Pluriel.

Mafqòudoùn.	مَفْقُودُونَ	Desirés.
Mafqòudât.	مَفْقُودَاتٌ	Desirées.

Le participe est le temps qui s'éloigne le plus de la racine ; il se décline et forme ses genres et nombres comme nous l'avons déja remarqué à l'article des noms. Nous allons en donner un tableau semblable aux précédens. (*Voyez* N° 4.)

§. II.

SECONDE CONJUGAISON.

Paradigme d'un verbe régulier de la seconde conjugaison.

INDICATIF.

PRÉSENT *ou* FUTUR.

Singulier.

Odaḥréj.	أَدَحْرِجُ	Je roule, *ou* je roulerai.
Todaḥréj.	تُدَحْرِجُ	Tu roules.
Todaḥréjy.	تُدَحْرِجِي	Tu roules (*au féminin*).
Yodaḥréj.	يُدَحْرِجُ	Il roule.
Todaḥréj.	تُدَحْرِجُ	Elle roule.

Duel.

Todaḥréjân.	تُدَحْرِجَانْ	Vous *deux* roulez.
Yodaḥréjân.	يُدَحْرِجَانْ	Eux *deux* roulent.

Pluriel.

Nodaḥréj.	نُدَحْرِجُ	Nous roulons.
Todaḥréjòû.	تُدَحْرِجُوا	Vous roulez.
Yodaḥréjòû.	يُدَحْرِجُوا	Ils roulent.

IMPARFAIT.

Singulier.

Konto ôdaḥréj.	كُنْتُ أَدَحْرِجُ	Je roulais.

Et ainsi de suite.

PARFAIT.

Singulier.

Dahrajto.	دَحْرَجْتُ	J'ai roulé.
Dahrajt.	دَحْرَجْتَ	Tu as roulé.
Dahrajty.	دَحْرَجْتِى	Tu as roulé (féminin).
Dahraj.	دَحْرَجَ	Il a roulé.
Dahrajèt.	دَحْرَجَتْ	Elle a roulé.

Duel.

Dahrajtomâ.	دَحْرَجْتُمَا	Vous *deux* avez roulé.
Dahrajâ.	دَحْرَجَا	Eux *deux* ont roulé.

Pluriel.

Dahrajnâ.	دَحْرَجْنَا	Nous avons roulé.
Dahrajtom.	دَحْرَجْتُمْ	Vous avez roulé.
Dahrajòû.	دَحْرَجُوا	Ils ont roulé.

PLUSQUE-PARFAIT.

Singulier.

Konto ou *qad darajto.* كُنْتُ ou قَدْ دَحْرَجْتُ J'avais roulé.
Et ainsi de suite.

FUTUR PASSÉ.

Singulier.

Âkoùn dahrajto. أَكُونْ دَحْرَجْتُ J'aurai roulé.
Et ainsi de suite.

IMPÉRATIF.

Singulier.

Dahréj.	دَحْرِجْ	Roule.
Dahréjy.	دَحْرِجِي	Roule (au féminin).

Et ainsi de suite, en retranchant du présent les lettres serviles ا , ت , ى , ن

SUBJONCTIF.

PRÉSENT.

Singulier.

Layt'ny modahréj.	لَيْتَنِى مُدَحْرِجْ	Que je roule.

Ou bien.

Kay ôdahréj.	كَىْ أُدَحْرِجْ	Que je roule.

Ou enfin.

An ôdahrej.	أَنْ أُدَحْرِجْ	Que je roule.

Et ainsi de suite.

IMPARFAIT.

Singulier.

C'est le même que le parfait de l'indicatif.

PARFAIT.

Singulier.

Layt'ny ân konto dahrajto.	لَيْتَنِى أَنْ كُنْتُ دَحْرَجْتُ	J'aie roulé.

Et ainsi de suite.

N°. V.

Premier tableau de la conjugaison régulière d'un verbe actif de la seconde conjugaison.

PRÉSENT *ou* FUTUR.

GENRE.	SINGULIER.							DUEL.							PLURIEL.							PERSONNES.
	LETTRE servile AFFIXÉE à la RACINE.	POINT-VOYELLE de la RADICALE.				LETTRES serviles PRÉFIXÉES à la RACINE.		LETTRES serviles AFFIXÉES à la RACINE.	POINT-VOYELLE de la RADICALE.				LETTRES serviles PRÉFIXÉES à la RACINE.	LETTRES serviles AFFIXÉES à la RACINE.	POINT-VOYELLE de la RADICALE.				LETTRES serviles PRÉFIXÉES à la RACINE.	
		4°.	3°.	2de.	1ere.				4°.	3°.	2de.	1ere.			4°.	3°.	2de.	1ere.		
Commun..	. . . . . .	⸱	—	⸱	⸍	أ	. . . . . .	. . . . . .	—	—	—	—	. . . . . .	. . . . . .	⸱	—	⸱	⸍	أ	1ere.
Masculin..	. . . . . .	⸱	—	⸱	⸍	تَ	ٱلٰ	—	—	—	—	—	ي	و	⸱	—	⸱	⸍	تَ	2de.
Féminin. .	ي	—	—	⸱	⸍	تٰ	. . . . . .	. . . . . .	. . . . . .	. . . . . .	. . . . . .	. . . . . .	. . . . . .	. . . . . .	. . . . . .	. . . . . .	. . . . . .	. . . . . .	. . . . . .	
Masculin..	. . . . . .	⸱	—	⸱	⸍	يٰ	ٱلٰ	—	—	—	—	—	ي	و	⸱	—	⸱	⸍	يٰ	3e.
Féminin. .	. . . . . .	⸱	—	⸱	⸍	تٰ	. . . . . .	. . . . . .	. . . . . .	. . . . . .	. . . . . .	. . . . . .	. . . . . .	. . . . . .	. . . . . .	. . . . . .	. . . . . .	. . . . . .	. . . . . .	

Grammaire arabe, page 75.

Second tableau de la conjugaison régulière d'un verbe actif de la seconde conjugaison.

PARFAIT.

GENRE.	SINGULIER.						DUEL.						PLURIEL.						PERSONNES.
	LETTRES serviles AFFIXÉES à la RACINE.	POINT-VOYELLE de la RADICALE.					LETTRES serviles AFFIXÉES à la RACINE.	POINT-VOYELLE de la RADICALE.					LETTRES serviles AFFIXÉES à la RACINE.	POINT-VOYELLE de la RADICALE.					
		4ᵉ.	3ᵉ.	2ᵈᵉ.	1ᵉʳᵉ.			4ᵉ.	3ᵉ.	2ᵈᵉ.	1ᵉʳᵉ.			4ᵉ.	3ᵉ.	2ᵈᵉ.	1ᵉʳᵉ.	
Commun..	نَ						....						تا						1ᵉʳᵉ.
Masculin.	تَ						تُما						تُمْ						2ᵈᵉ.
Féminin...	تِ						....						....						
Masculin.	......						ا						وا						3ᵉ.
Féminin..	تْ						....						....						

Grammaire arabe, page 75.

Troisième tableau de la conjugaison régulière d'un verbe actif de la première conjugaison.

PARTICIPE DU PRÉSENT.

GENRE.	SINGULIER.						DUEL.						PLURIEL.					
	LETTRE servile AFFIXÉE à la RACINE.	POINT-VOYELLE de la 4e.	3e.	2de.	1ere. RADICALE.	LETTRES serviles PRÉFIXÉE à la RACINE.	LETTRES serviles AFFIXÉES à la RACINE.	POINT-VOYELLE de la 4e.	3e.	2de.	1ere. RADICALE.	LETTRES serviles PRÉFIXÉE à la RACINE.	LETTRES serviles AFFIXÉES à la RACINE.	POINT-VOYELLE de la 4e.	3e.	2de.	1ere. RADICALE.	LETTRES serviles PRÉFIXÉE à la RACINE.
Masculin. .	. . . . . .	—	—	˙	ˊ	ُ	اٰل	ˊ	—	˙	ˊ	ُ	وٿ	ˌ	—	˙	ˊ	ُ
Féminin. .	ةٌ	—	—	˙	ˊ	ُ	تان	ˊ	—	˙	ˊ	ُ	اٰت	ˊ	—	˙	ˊ	ُ

Nota. Le participe du passif ne diffère de l'actif qu'en ce que la troisième radicale, au lieu d'être affectée d'un *Kèsrah*, l'est d'un *Fathah*.

Grammaire arabe , page 75.

OPTATIF.

PRÉSENT ET FUTUR.

Singulier.

Én ódahréj. اِنْ اَدَحْرِجْ Si je roule.

Et ainsi de suite.

IMPARFAIT.

Singulier.

Én dahirajt. اِنْ دَحَرَجْتُ Si je roulais.

Et ainsi de suite.

PLUSQUE-PARFAIT.

Singulier.

Laù konto dahirajto. لَوْ كُنْتُ دَحَرَجْتُ Si j'avais *ou* jeusse roulé.

Et ainsi de suite.

INFINITIF.

Dahirajah et déhiráj. دَحْرَجَةً et دِحْرَجْ Rouler, l'action de rouler.

PARTICIPE DU PRÉSENT.

Modahréj. مُدَحْرِجْ Roulant, qui roule.

Modahréjah. مُدَحْرِجَةْ Roulante, etc.

Remarques.

L'on voit que les verbes de la seconde conjugaison se conjuguent de même que ceux de la première, à l'exception des *points-voyelles* qui varient.

Le participe se forme d'une manière fort différente. Nous allons joindre ici les tableaux des principaux temps de cette conjugaison; on pourra, en les comparant à ceux de la première conjugaison, sentir la différence qui existe entre elles. (Voyez Nᵒˢ 5, 6 et 7).

PASSIF DE LA SECONDE CONJUGAISON.

Le passif de la seconde conjugaison se forme de même que celui de la première, par le seul changement des *points-voyelles*.

Le présent ou futur est le même qu'à l'actif, avec cette différence que l'avant-dernière radicale, au lieu d'être affectée d'un *Kèsrah*, l'est d'un *Fathah*.

Le prétérit suit la règle de la première conjugaison ; c'est-à-dire que la première radicale est surmontée d'un *Dammah*, et que l'avant-dernière porte un *Kèsrah* souscrit.

L'impératif se forme comme celui de la première conjugaison.

Le participe est le même que celui de l'actif, mais l'avant-dernière radicale est affectée d'un *Fathah* au lieu d'un *Kèsrah*. Nous allons indiquer seulement les principaux temps.

INDICATIF.

PRÉSENT *ou* FUTUR.

Singulier.

Ôdahraj.	أُدَحْرَجُ	Je suis *ou* je serai roulé.
Todahraj.	تُدَحْرَجُ	Tu es *ou* tu seras roulé.

Et ainsi de suite.

PARFAIT.

Singulier.

Dohréjto.	دُحْرِجْتُ	J'ai été roulé.
Dohréjt.	دُحْرِجْتَ	Tu as été roulé.

Et ainsi de suite.

IMPÉRATIF.

Singulier.

L'todahraj.	لِتُدَحْرَجْ	Sois roulé.

Et ainsi de suite.

PARTICIPE.

Modahraj.	مُدَحْرَجٌ	Roulé.

ARTICLE II.

Des verbes dérivés.

Outre le verbe primitif, tel que nous venons de le voir dans l'article précédent, les Arabes ont encore plusieurs verbes qui en dérivent : tels sont les verbes passifs, transitifs, réciproques, coopératifs et de desir. Nous allons indiquer de quelle manière ils se forment.

§. Iᵉʳ.

المفعول الذى لم يسم فاعله ،

Verbe passif.

Le verbe passif se forme du verbe actif, 1°. en changeant, comme nous l'avons déja vu, les *points-voyelles*, exemples :

Nosér.	نُصِرَ	Il a été aidé.
Foqéd.	فُقِدَ	Il a été desiré.
Foël.	فُعِلَ	Il a été fait.

2°. En préfixant un *Té fathah* ت au verbe primitif, et en plaçant un *Tèchdyd* sur l'avant-dernière radicale, exemples :

Tafăăl.	تَفَعَّلَ	Il a été fait.
Tanassar.	تَنَصَّرَ	Il a été aidé.
Tafaqqad.	تَفَقَّدَ	Il a été desiré.

3°. En plaçant devant le verbe primitif un *Álif kèsrah* ا suivi d'un *Noûn jèzm* نْ, exemples :

Énfaăl.	اِنْفَعَلَ	Il a été fait.
Énnasar.	اِنَّصَرَ	Il a été aidé.
Énfaqad.	اِنْفَقَدَ	Il a été desiré.

20

4°. En mettant devant le verbe primitif un *Âlif kèsrah* إِ, en surmontant la première radicale d'un *Jèzm*, et en intercallant après elle un *Té fathah* تَ, exemples :

Éftaăl.	أِفْتَعَلْ	Il a été fait.
Éntasar.	إِنْتَصَرْ	Il a été aidé.
Éftaqad.	أِفْتَقَدْ	Il a été desiré.

§. I I.

المتعدي ، (1)

Verbe transitif.

Le verbe transitif dérive du verbe primitif, et se forme en doublant sa seconde radicale, exemples :

Nassar.	نَصَّرْ	Il a fait aider.
Hazzan.	حَزَّنْ	Il a rendu triste ,

ou en préfixant à la première radicale, que l'on surmonte d'un *Jèzm*, un *Âlif Fathah* أَ, exemples :

Ânsar.	أَنْصَرْ	Il a fait aider.
Âhzan.	أَحْزَنْ	Il a attristé.

§. I I I.

Verbe réciproque.

Le verbe réciproque se forme du verbe primitif, en intercallant un *Âlif servile* entre la première et la seconde radicales, exemples :

Dârab ضَارَبْ Il a battu et a été battu.

---

(1) Les grammairiens de *Koûfah* (كوفة) le nomment الفعل الواقع.

Zèyd ădrab Amroù ضَارَبَ زَيْد عَمْرُو , Zèyd (1) a battu Amroù, qui l'a ensuite battu à son tour.

Amroù wé Zèyd Dărabòù ضَارَبُوا وَزَيْد عَمْرُو , Amroù et Zèyd se sont battus tour à tour.

§. I V.

Verbe coopératif.

Le verbe coopératif désigne la concurrence, et se forme du verbe primitif, en lui pré-fixant un *Té-fathah* تَ , et en intercallant après la première radicale, un *Álif* servile, exemples :

Tadărab.	نَضَارَبَ	Il a battu en même temps qu'on le battoit.
Tadărabòù.	نَضَارَبُوا	Ils s'entre-battirent.
Talăăb ghélmăn.	تَلَاعَب غِلْمَان	Les enfans ont joué ensemble.

§. V.

Verbe de desir.

Le verbe de desir s'exprime en plaçant devant le verbe primitif les trois lettres serviles *Ésta* اسْتَ , et en mettant sur la première radicale un *Jèzm*, exemples :

Éstaghfar.	اسْتَغْفَر	Il a demandé pardon.
Éstaïăm.	اسْتَطْعَم	Il a demandé à manger.
Éstadlèm.	اسْتَعْلَم	Il a voulu devenir savant, (Il a étudié.)

Dérivant de *Ghafar* غَفَر , il a pardonné ; *Taăm* طَعَم , il a mangé ; *Ălèm* عَلَم , il a su (2).

Nous allons, dans le tableau suivant, donner une idée de la conjugaison de ces verbes

---

(1) Les noms de *Zèyd* زَيْد et d'*Amroù* عَمْرو sont employés par les Orientaux de même que chez nous ceux de *Pierre* et de *Paul.* Dans leurs pétitions et dans les mémoires qu'ils présentent aux *Chayk* شَيْخ (espèce de juges), ils déguisent leurs noms sous ceux de *Zèyd* et d'*Amroù.*

(2) On compte encore plusieurs sortes de verbes dérivés, mais comme ils sont extrêmement rares, et qu'ils sont employés ordinairement dans le littéral, nous nous réservons d'en parler dans le dictionnaire.

dérivés, en les présentant à la troisième personne de leurs principaux temps. Le mot *Nasar* نصر, que nous nous donnons pour modèle, n'est que pûrement fictif; car peu de verbes primitifs ont plus de quatre dérivés. (*Voyez* n°. 8.)

Tout ce que nous venons de dire au sujet des verbes dérivés a principalement rapport à ceux de la première conjugaison : ceux de la seconde ne peuvent en former que trois. Nous laissons au dictionnaire le soin de les apprendre.

Quant aux verbes dérivés des verbes *Bilittaires* (nommés communément *verbes sourds*), nous en parlerons dans l'article suivant.

Remarques.

Dans la huitième conjugaison dérivée *Éntasar* اِنْتَصَرَ, le *Té servile* ت se change tour à tour en *Tá* ط ou en *Dál* د, selon la lettre qui le précède. Il se change

En *Tá* ط, lorsque la première radicale est l'une des lettres *Sád* ص, *Dád* ض, *Tá* ط ou *Żá* ظ, exemples :

Ésïabagh.	اِصْطَبَغَ	pour اِصْتَبَغَ	Il a été teint.
Éïtaram.	اِضْطَرَمَ	pour اِضْتَرَمَ	Il a été enflammé.
Éïtabâ.	اِطَّبَعَ	pour اِطْتَبَعَ	Il a été imprimé.
Éżżalam.	اِطَّلَمَ	pour اِظْتَلَمَ	Il a été vexé.

En *Dál* د, quand la première radicale est l'une des consonnes, *Dál* د, *Dál* ذ ou *Zé* ز, exemples :

Éddarâ.	اِدَّرَأَ	pour اِدْتَرَأَ	Il a été repoussé.
Éddakar.	اِدَّكَّ	pour اِذْتَكَرَ	Il s'est ressouvenu.
Ézdalaq.	اِزْدَلَقَ	pour اِزْتَلَقَ	Il a été sujet à tomber.

On peut dire aussi *Éddakar* اِذَّكَّرَ et *Ézzalaq* اِزَّلَقَ. Il arrive aussi que ce même *Té* change la première radicale en un *Té* lorsque cette radicale est l'une des lettres *Alif* ا, *Té* ت, *Wáou* و ou *Yá* ي, exemples :

Éttakad.	اِتَّخَذَ	pour اِأْتَخَذَ	Il a commencé.
Éttabat.	اِتَّبَتَ	pour اِتْتَبَتَ	Il a été affermi.

N°. VIII.

Tableau des verbes dérivés de la première conjugaison.

ORDRE	PRÉSENT ou FUTUR.		PARFAIT.		IMPÉRATIF.		INFINITIF.		PARTICIPE.	
1 Verbe prim.	Yènsor	نَصُرْ	Nasar	نَصَر	Ónsor	اُنْصُرْ	Nasrân	نَصْرًا	Nâsér	نَاصِرْ
2	Yonassér	يُنَصِّرْ	Nassar	نَصَّرْ	Nassér	نَصِّرْ	Tansyrân	تَنْصِيرًا	Monassér	مُنَصِّرْ
3	Yonâsér	يُنَاصِرْ	Nâsar	نَاصَرْ	Nâsér	نَاصِرْ	Monâsaratan	مُنَاصَرَةً	Monâsér	مُنَاصِرْ
4	Yonsér	يُنْصِرْ	Ansar	أَنْصَرْ	Ansér	أَنْصِرْ	Ensârân	إِنْصَارًا	Monsér	مُنْصِرْ
5	Yatanassar	يَتَنَصَّرْ	Tanassar	تَنَصَّرْ	Tanassar	تَنَصَّرْ	Tanassorân	تَنَصُّرًا	Montanassér	مُتَنَصِّرْ
6	Yatanâsar	يَتَنَاصَرْ	Tanâsar	تَنَاصَرْ	Tanâsar	تَنَاصَرْ	Tanâsorân	تَنَاصُرًا	Motanâsér	مُتَنَاصِرْ
7	Yènnasér	يَنْتَصِرْ	Ennasar	اِنْتَصَرْ	Ennasér	اِنْتَصِرْ	Ennésârân	اِنْتِصَارًا	Monnasér	مُنْتَصِرْ
8	Yèntasér	يَنْتَصِرْ	Entasar	اِنْتَصَرْ	Entasér	اِنْتَصِرْ	Entésârân	اِنْتِصَارًا	Montasér	مُنْتَصِرْ
10	Yòstansér	يَسْتَنْصِرْ	Estansar	اِسْتَنْصَرْ	Estansér	اِسْتَنْصِرْ	Esténsârân	اِسْتِنْصَارًا	Mostansér	مُسْتَنْصِرْ

Grammaire arabe, page 80.

Éttajar.	أَوْكَمَ	pour	أَوْكَمَ	Il a fait boire une mé-decine.
Éttaçar.	اِلْنَسَسَ		اِبْتَنَسَسَ	Il a joué aux dés (1).

ARTICLE III.

الفعل الاصمّ

Du verbe sourd ou bilittaire.

Le verbe *Sourd* est, comme nous l'avons déja dit, celui qui n'est composé que de deux lettres radicales, et dont la seconde est surmontée d'un *Tèchdyd*, comme *madd* مَدَّ, il a étendu, au lieu de *Madad* مَدَدَ; *Radd* رَدَّ, il a rendu, au lieu de *Radad* رَدَدَ.

Comme il se conjugue un peu différemment des verbes de la première et de la seconde conjugaisons (sans néanmoins s'éloigner des règles générales), nous allons en mettre les temps principaux sous les yeux du lecteur.

Les temps composés se forment comme ceux de la première conjugaison.

CONJUGAISON ACTIVE D'UN VERBE *SOURD.*

INDICATIF.

PRÉSENT *ou* FUTUR.

Singulier.

Amodd.	أَمُدُّ	J'étends.
Tèmodd.	تَمُدُّ	Tu étends.
Tèmoddy.	تَمُدِّى	Tu étends (féminin.)
Yèmodd.	يَمُدُّ	Il étend.
Tèmodd.	تَمُدُّ	Elle étend.

---

(1) On voit peut-être avec quelque étonnement que ce mot n'a point une signification passive, quoiqu'il en ait la forme. Il arrive souvent que ces dérivés ont une signification toute opposée à celle qu'on croiroit leur devoir être propre. Sans cette exception, le dictionnaire n'auroit besoin que de marquer le verbe primitif.

Duel.

Tèmoddân.	تَمُدَّانْ	Vous *deux* étendez.
Yèmoddân.	يَمُدَّانْ	Eux *deux* étendent.
Tèmoddân.	تَمُدَّانْ	Elles *deux* étendent.

Pluriel.

Nèmodd.	نَمُدّ	Nous étendons.
Tèmoddoû.	تَمُدُّوا	Vous étendez.
Yèmoddoû.	يَمُدُّوا	Ils étendent.

PARFAIT.

Singulier.

Madadto (1).	مَدَدْتُ	J'ai étendu.
Madadt.	مَدَدْتَ	Tu as étendu.

---

(1) Dans la conversation, on prononce comme s'il y avait un *Yâ* à la place du second *Dâl* toutes les fois que ce *Dâl* se trouve écrit, et l'on dit : *Madayto* مَدِينُ, j'ai étendu ; *Madayt* مَدِينَ, tu as étendu ; *Madaynâ* مدينا, nous avons étendu. Il arrive même, dans les ouvrages écrits en langue vulgaire, de trouver ce *Yâ* écrit à la place du *Dâl*. Nous allons en donner trois exemples, tirés des *Mille et une nuits* (غَرَائِيب حَكَايَات), ils se trouvent dans les voyages de *Sènd-bâd le marin* (سِنْدِبَادْ الْبَحْرِى), (الَّفِ لَيْلَة وَ لَيْلَة). Les voici :

Fè ħalayto āmâmèty än râçy wè chadayto nafsy fy ïarf èl-āmâmah wè fy 'l-mèklâb chèddâs ouàïyqâs.

خَلَيْتَ عَمَامَتِى عَنْ رَأْسِى وَ شَدِينْ نَفْسِى فِى طَرَفْ الْعَمَامَة وَ فِى الْمَخْلَاب شِيًّا وَثِيقًا

C'est-à-dire, je détachai de dessus ma tête le châle qui ceignoit mon turban, et je m'en servis pour me lier fortement après une de ses griffes.

Tomm èn-ny āmadto èlà maghârah fy kèhef saghyr wè dakalto èlayh wè sadayto bâb-ho bè-ħajar kèbyr.

ثُمَّ إِنِّى عَمَدْتُ إِلَى مَغَارَة فِى كَهْفٍ صَغِيرٍ وَ دَخَلْتُ إِلَيْهِ وَ سَدَيْتَ بَابَهُ بِحَجَرٍ كَبِيرٍ

C'est-à-dire, Ensuite je me retirai dans un trou que je trouvai dans une petite grotte, et j'en bouchai l'entrée avec une forte pierre.

Remarquez *Ħalayto* حَلَيْنُ pour *Ħalalto* حَلَلْتُ ; *Chadayto* شَدَيْنُ pour *Chadadto* شَدَدْتُ ; enfin, *Sadayto* سَدَيْنُ pour *Sadadto* سَدَدْتُ.

Madadty.	مَكَدْتِي	Tu as étendu (féminin).
Madd.	مَدُّ	Il a étendu.
Maddèt.	مَدَّتْ	Elle a étendu.

Duel.

Madadtomâ.	مَكَدْتُمَا	Vous *deux* avez étendu.
Maddâ.	مَدَّا	Eux *deux* ont étendu.

Pluriel.

Madadnâ.	مَكَدْنَا	Nous avons étendu.
Madadtom.	مَكَدْدُمْ	Vous avez étendu.
Maddòû.	مَدُّوا	Ils ont étendu.

IMPÉRATIF.

Singulier.

Modd.	مُدُّ	Étends.
Moddy.	مُدِّي	Étends (féminin.)
L'yèmodd.	لِيَمُدَّ	Qu'il étende.

Pluriel.

L'nèmodd.	لِنَمُدَّ	Étendons.
Moddòû.	مُدُّوا	Etendez.
L'yèmoddòû.	لِيَمُدُّوا	Qu'ils étendent.

INFINITIF.

PRÉSENT.

Maddáx.   مَدًّا   Étendre, extension.

PARTICIPE DU PRÉSENT.

Mádd.   مَادّ   Étendant, qui étend.

Remarques.

Quelques verbes sont censés avoir à la racine un *Kèsrah*, ou un *Dammah*, pour *point-voyelle* de la seconde radicale, comme *Mass* مَسّ, il a touché, au lieu de *Maçés* مَسِس;

Fakk فَكّ, il a été fat, au lieu de *Fakok* فَكَك; ils suivent alors la même règle que les verbes de la première conjugaison, dont la seconde radicale est affectée de l'un de ces deux *points-voyelles*.

CONJUGAISON PASSIVE D'UN VERBE *SOURD*.

Le passif des verbes *sourds* se forme de la même manière que celui de la première conjugaison, exemples :

INDICATIF.

PRÉSENT *ou* FUTUR.

Singulier.

Ómadd.   أُمَدّ   Je suis étendu.

Tomadd.   تُمَدّ   Tu es étendu.

Tomaddy.   تُمَدّى   Tu es étendue.

Yomadd.   يُمَدّ   Il est étendu.

Tomadd.   تُمَدّ   Elle est étendue.

Et ainsi de suite.

Tableau des verbes dérivés d'un verbe sourd.

ORDRE.	PRÉSENT ou FUTUR.		PARFAIT.		IMPÉRATIF.		INFINITIF.		PARTICIPE.	
1 Verbe prim.	Yèmodd	يَمُدّ	Madd	مَدّ	Modd	مُدّ	Maddân	مَدّاً	Mâdd	مَادّ
2	Yomaddéd	يُمَدِّدْ	Maddad	مَدَّدَ	Maddéd	مَدِّدْ	Tamdydân	تَمْدِيداً	Momaddéd	مُمَدِّدْ
3	Yomâdd	يُمَادّ	Mâdd	مَادّ	Mâdd	مَادّ	Momâddatan	مُمَادّةً	Momâdd	مُمَادّ
4	Yomédd	يُمِدّ	Amadd	أَمَدّ	Amédd	أَمِدّ	Émdâdân	إِمْدَاداً	Momédd	مُمِدّ
5	Yètamâddad	يَتَمَدَّدْ	Tamaddad	تَمَدَّدَ	Tamaddad	تَمَدَّدْ	Tamaddodân	تَمَدُّداً	Motamaddéd	مُتَمَدِّدْ
6	Yètamâdd	يَتَمَادّ	Tamâdd	تَمَادّ	Tamâdd	تَمَادّ	Tamâdodân	تَمَادّاً	Motamâdd	مُتَمَادّ
7	Yènmadd	يَنْمَدّ	Énmadd	اِنْمَدّ	Énmadd	اِنْمَدّ	Énmédâdân	اِنْمِدَاداً	Monmédd	مُنْمِدّ
8	Yèmtadd	يَمْتَدّ	Émtadd	اِمْتَدّ	Émtadd	اِمْتَدّ	Émtédâdân	اِمْتِدَاداً	Momtédd	مُمْتَدّ
10	Yèstamédd	يَسْتَمِدّ	Éstamadd	اِسْتَمَدّ	Éstamédd	اِسْتَمِدّ	Éstémdâdân	اِسْتِمْدَاداً	Mostamédd	مُسْتَمِدّ

Grammaire arabe, page 85.

PARFAIT.

Singulier.

Modédto.	مُلِدْتُ	J'ai été étendu.
Modédt.	مُلِدْتَ	Tu as été étendu.
Modédty.	مُلِدْتِي	Tu as été étendue.
Modd.	مُدَّ	Il a été étendu.
Moddat.	مُدَّتْ	Elle a été étendue.

Pluriel.

Modédnâ.	مُلِدْنَا	Nous avons été étendus.
Modédtom.	مُلِدْتُمْ	Vous avez été étendus.
Moddôû.	مُدُّوا	Ils ont été étendus.

IMPÉRATIF.

PRÉSENT.

Singulier.

L'tomadd.	لِتُمَدَّ	Sois étendu.
L'tomaddy.	لِتُمَدِّي	Sois étendue.
L'yomadd.	لِيُمَدَّ	Qu'il soit étendu.

Et ainsi de suite.

PARTICIPE.

Mamdoùd.	مَمْدُودٌ	Étendu.
Mamdoudah.	مَمْدُودَةٌ	Étendue.

Les verbes *sourds* forment leurs dérivés de la manière suivante. (*Voyez* le N°. 9.)

22

Remarque.

On verra facilement que ces verbes dérivés se forment de la même façon que ceux de la première conjugaison quand on saura que l'on écrit :

				pour		
3.	Yomádd.	يُمَادّ	Yomádéd.		يُمَادَد	
	Mádd.	مَادّ	Mádad.		مَادَد	
	Mádd.	مَادّ	Mádéd.		مَادَد	
	Momáddatan.	مُمَادَّة	Momádadatan.		مُمَادَدَة	
	Momádd.	مُمَادّ	Momádéd.		مُمَادَد	
4.	Yomédd.	يُمِدّ	Yomdéd.		يُمْدَد	
	Ámadd.	أَمَدّ	Ámdad.		أَمْدَد	
	Ámédd.	أَمِدّ	Ámdéd.		أَمْدَد	
	Momédd.	مُمِدّ	Momdéd.		مُمْدَد	
6.	Yètamádd.	يَتَمَادّ	Yètamádad.		يَتَمَادَد	
	Tamádd.	تَمَادّ	Tamádad.		تَمَادَد	
	Tamádd.	تَمَادّ	Tamádad.		تَمَادَد	
	Motamádd.	مُتَمَادّ	Motamádéd.		مُتَمَادَد	
7.	Yènmadd.	يَنْمَدّ	Yènmadéd.		يَنْمَدَد	
	Énmadd.	أَنْمَدّ	Énmadad.		أَنْمَدَد	
	Énmadd.	أَنْمَدّ	Énmadéd.		أَنْمَدَد	
	Monmédd.	مُنْمَدّ	Monmadéd.		مُنْمَدَد	

Tableau des conjugaisons dérivées d'un verbe dont la première radicale est un Àlif hamzèh.

ORDRE.	FUTUR.		PARFAIT.		IMPÉRATIF.		INFINITIF.		PARTICIPE.	
1 Verbe prim.	Ydiér	يَاْنس	Aiar	اَنَس	Éyiér	اِيْنس	Airán	اَنْرا	Aaidr	اَْنس
2	Yoùaiiér	يوِّنز	Aiiar	اَنَّس	Aiiér	اَنّس	Tàiyrán	تَاْنيسا	Moùdiiér	موَّنس
3	Yoùdiér	يِواْنس	Aiar	اَّنَس	Atér	اَنّس	Moùdiaratan	موَّنَس	Moùdiér	موَّنس
4	Yoùiér	يوْنس	Aiar	اَنَّس	Aiér	اَّنس	Éyidrán	اْنَارا	Moùiér	يوْنس
5	Yètadiiar	يَنَاْنس	Tadiiar	نَاْنس	Tadiiar	نَاْنس	Tadiiorán	نَاْنرا	Moladiiér	اْنَاْنس
6	Yètdaiar	يَنَاْ نس	Tdaiar	نَاْنس	Tdaiér	نَاْنس	Tdaiorán	نَاْنرا	Motdaiér	مْنَاْنس
7	Yèndiér	يَنَاْنس	Éndiar	اْنَاْنس	Éndtér	اْنَاْنس	Ényidrán	اْنَيَارا	Mondiér	مْنَاْنس
8	Yèttaiér	نَّنس	Éttaiar	اَّنس	Éttaiér	اَّنس	Éttidrán	اْتَّارا	Mottaiér	مْنس
10	Yèstdiér	يَسْنَاْنس	Éstdiar	اْسْنَاْنس	Éstdiér	اْسْنَاْنس	Éstyidrán	اْسْنيَارا	Mostdiér	مْسْنَاْنس

Grammaire arabe, page 87.

			pour		
8.	Émtadd.	إمْتَدّ		Émtadad.	إمْتَدَدْ
	Yèmtadd.	يَمْتَدّ		Yèmtadéd.	يَمْتَدِدْ
	Émtadd.	إمْتَدّ		Émtadéd.	إمْتَدِدْ
	Momtédd.	مُمْتَدّ		Momtadéd.	مُمْتَدِدْ
10.	Yèstamédd.	يَسْتَمِدّ		Yèstamdéd.	يَسْتَمْدِدْ
	Éstamadd.	إسْتَمَدّ		Éstamdad.	إسْتَمْدَدْ
	Éstamédd.	إسْتَمِدّ		Éstamdéd.	إسْتَمْدِدْ
	Mostamédd.	مُسْتَمِدّ		Mostamdéd.	مُسْتَمْدِدْ

ARTICLE IV.

الفعل غير سالم،

Des verbes irréguliers.

§. Iᵉʳ.

الفعل المهموز،

Du verbe Hamzèh.

Le verbe *Hamzèh* est celui qui a un *Alif-hamzah* أ parmi ses lettres radicales, exemples :

Átar أثَرَ, il a préféré ; *Sál* سَأَلَ, il a été interrogé ; *Hand* هَنَأَ, il a donné.

Avant que le lecteur jette les yeux sur la conjugaison qui suit, nous le prévenons de parcourir les *Règles de permutation*, et principalement celles qui sont particulières à l'*Alif* ا. Lorsqu'il en aura pris une ample connoissance, il verra que ce verbe se conjugue aussi régulièrement que ceux de la première conjugaison.

Le tableau ci-joint offrira les conjugaisons dérivées du verbe *Hamzèh*. (*Voyez* nᵒ. 10.)

DU VERBE.

CONJUGAISON D'UN VERBE ACTIF,

DONT LA PREMIERE RADICALE EST UN *ÂLIF.* (1)

INDICATIF.

PRÉSENT *OU* FUTUR.

Singulier.

Aiér.	أُثِرْ	Je préfère.
Tâtér.	تَأْثِرْ	Tu préfères.
Tâtéry.	تَأْثِرِى	Tu préfères (féminin).
Yâtér.	يَأْثِرْ	Il préfère.
Tâtér.	تَأْثِرْ	Elle préfère.

Pluriel (2).

Nâtér.	نَأْثِرْ	Nous préférons.
Tâtéròû.	تَأْثِرُوا	Vous préférez.
Yâtéròû.	يَأْثِرُوا	Ils préfèrent.

---

(1) La seconde radicale, de même que les verbes réguliers, est quelquefois, au futur, surmontée d'un *Kèsrah,* et quelquefois d'un *Ďammah,* exemple : *Yâkol* بَأْكُلْ, il mange.

(2) Nous nous dispenserons dorénavant de mettre le *Duel :* on sait de quelle manière il se forme, ainsi l'on y suppléra facilement.

PARFAIT.

Singulier.

Átarto.	أَثَرْتُ	J'ai préféré.
Átart.	أَثَرْتَ	Tu as préféré.
Átarty.	أَثَرْتِي	Tu as préféré (féminin).
Áiar.	أَثَرَ	Il a préféré.
Átarèt.	أَثَرَتْ	Elle a préféré.

Pluriel.

Áiarná.	أَثَرْنَا	Nous avons préféré.
Átartom.	أَثَرْتُمْ	Vous avez préféré.
Átaròú.	أَثَرُوا	Ils ont préféré.

IMPÉRATIF.

PRÉSENT.

Singulier.

Éytér (1).	إِيثَرْ	Préfère.
Éytéry.	إِيثَرِي	Préfère (féminin).
L'ydter.	لِيَأْثَرْ	Qu'il préfère.

Pluriel.

| L'ndtér. | لِنَأْثَرْ | Préférons. |

____

(1) Pour أَأْثَرْ, d'après la seconde *Règle générale de permutation.*

Êyičròû.   اِبَثِرُوا   Préférez.

L'yčiéròû.   لِيَاثِرُوا   Qu'ils préfèrent.

INFINITIF.

PRÉSENT.

Aiṛân.   اَثْرًا   Préférer, préférence.

PARTICIPE DU PRÉSENT.

Aaiér (1).   أَثِر   Préférant.

Remarque.

Lorsqu'à l'impératif l'*Âlif* caractéristique doit être affecté d'un *Dammah* (2), l'*Âlif* radical se change en *Wâoû* (3), exemple :

Ôùmol اُوْمُلْ pour اُأْمُلْ , espère.

Exceptions. Akad أَخَذَ, il a pris; *Âkal* أَكَلَ, il a mangé; *Amar* أَمَرَ, il a ordonné; qui font :

Kod خُذْ, prends; *Kol* كُلْ, mange; *Mor* مُرْ, ordonne;

à moins qu'ils ne soient précédés des particules copulatives *Wè* وَ, et; *Fè* فَ, *idem*, exemple :

W'âmor وَأْمُرْ, ou *F'âmor* فَأْمُرْ, et ordonne.

---

(1) Pour أَثِر, d'après la cinquième *Règle particulière à l'Âlif.*

(2) Cela a lieu dans les verbes *Hamzèh*, dont l'avant-dernière radicale du futur prend un *Dammah*.

(3) D'après la première *Règle générale de permutation.*

PASSIF.

INDICATIF.

PRÉSENT *ou* FUTUR.

Singulier.

Oùtar.	أُوثَرُ	Je suis préféré.
Toùtar (1).	تُوثَرُ	Tu es préféré.

Et ainsi de suite.

PARFAIT.

Singulier.

Oïérto.	أُثِرْتُ	J'ai été préféré.
Oïért.	أُثِرْتَ	Tu as été préféré.

Et ainsi de suite.

PARTICIPE.

Màtoùr.	مَأْثُورٌ	Préféré.

Quant aux verbes *Hamzèh*, dont la seconde ou la troisième radicale est un *Álif-hamzah*, l'usage et la connoissance des *Règles de permutation* apprendront facilement la manière de les conjuguer.

§. I I.

الفعل المعتل

Du verbe Quiescent.

Le verbe *Quiescent* est celui dont une des radicales est un *Wâoù* و, ou un *Yâ* ى, exemples :

Wajad وَجَدَ, il a trouvé ; *Qawal* قَوَلَ, il a dit, غَزَوَ, il a attaqué.

----

(1) Au lieu de *Toùtar* تَأْثَرُ, d'après la seconde *Règle générale de permutation*, page 15.

Yaçar بَسَرَ, il a joué aux dés; *Sayar*, سَيَرَ, il a marché; *Ramä* رَمَى, il a jeté. Nous allons en parler suivant la place de ces lettres.

CONJUGAISON D'UN VERBE *QUIESCENT*,
DONT LA PREMIÈRE RADICALE EST UN *WÂOÙ* OU UN *YÁ*.

Lorsque la première radicale est un *Wâoù* و, la principale irrégularité du verbe consiste en ce que ce *Wâoù* و disparoît au futur actif de la forme primitive, quand l'avant-dernière radicale doit être affectée d'un *Kèsrah*, exemples :

Waëd وَعَدَ	Il a prédit.			*Yaëd* يَعِدُ			*Yawëd* يَوْعِدُ	
Warét وَرِثَ	Il a hérité.	Futur		*Yarét* يَرِثُ	Pour		*Yaùrét* يَوْرِثُ	comme يَضْرِبُ
Waméq وَسِقَ	Il a aimé.			*Yaméq* يَسِقُ			*Yaùméq* يَوْسِقُ	

La même chose a lieu à l'impératif, exemples : *Ěd* عِدْ prédis, au lieu de *Éoùěd* إِوْعِدْ; *Méq* سِقْ aime, au lieu de *Éoùméq* إِوْسِقْ.

Mais si l'avant-dernière radicale n'est point affectée d'un *Kèsrah* au futur, le verbe se conjugue régulièrement, exemple : *Wajah* وَجَهَ, il s'est tourné vers; futur, *Yaùjoh* يَوْجَهُ, il se tourne; *Wajal* وَجَلَ, il a craint; futur, *Yaùjal* (1) يَوْجَلُ, il craindra. Il y a quelques mots qui s'écartent de cette règle; mais comme ils sont assez rares, nous nous dispenserons de les indiquer au lecteur.

CONJUGAISON D'UN VERBE *QUIESCENT*,
DONT LA PREMIERE RADICALE EST UN *WÂOÙ*.
INDICATIF.
PRÉSENT *ou* FUTUR.

Singulier.

Åméq.	أَسِقُ	J'aime.
Taméq.	تَسِقُ	Tu aimes.

---

(1) Pour l'euphonie on peut aussi dire *Yâal* يَاجَلُ ou *Yayjal* يَيْجَلُ, ou enfin *Yyjal* يِيجَلُ. (*Voyez* les *Règles de permutation.*)

Taméqy.	تَمَّقِي	Tu aimes (féminin).
Yaméq.	يَمَّقْ	Il aime.

Pluriel.

Nèméq.	نَمَّقْ	Nous aimons.
Tèméqòû.	تَمَّقوا	Vous aimez.
Yèméqòû.	يَمَّقوا	Ils aiment.

P A R F A I T.

Singulier.

Waméqto.	وَسِقْتُ	J'ai aimé.
Waméqt.	وَسِقْتَ	Tu as aimé.
Waméqty.	وَسِقْتِي	Tu as aimé (féminin).
Waméq.	وَسِقْ	Il a aimé.

Pluriel.

Waméqnâ.	وَسِقْنَا	Nous avons aimé.
Waméqtom.	وَسِقْتُمْ	Vous avez aimé.
Waméqòû.	وَسِقوا	Ils ont aimé.

I M P É R A T I F.

P R É S E N T.

Singulier.

Méq.	مِقْ	Aime.
Méqy.	مِقِّي	Aime (féminin).
L'yèméq.	لِيَمَّقْ	Qu'il aime.

Pluriel.

L'nèméq.	لِنَمَق	Aimons.
Méqòû.	مقُوا	Aimez.
L'yèméqòû.	لِيَمقُوا	Qu'ils aiment.

INFINITIF.

Méqah.	مقَة	Aimer, amour.

PARTICIPE DU PRÉSENT.

Wâméq.	وَامَق	Aimant, amant.

Lorsque la première radicale est un *Ya* ى, le verbe se conjugue régulièrement, exemple :

CONJUGAISON D'UN VERBE

DONT LA PREMIERE RADICALE EST UN *Yâ*.

INDICATIF.

PRÉSENT.

Singulier.

'Aysér.	أَيِسِر	Je joue aux dés.
Taysér.	نَيِسِر	Tu joues aux dés.

Et ainsi de suite.

PARFAIT.

Singulier.

Yaçarto.	يَسَرْتُ	J'ai joué aux dés.
Yaçart.	يَسَرْت	Tu as joué aux dés.

Et ainsi de suite.

N°. XI.

Tableau des conjugaisons dérivées d'un verbe quiescent *dont la première radicale est un* Wâoù.

ORDRE	FUTUR.		PARFAIT.		IMPÉRATIF.		INFINITIF.		PARTICIPE.	
1 Verbe prim.	Yamèq	يَمِنُ	Waméq	وَسَنُ	Mèq	مِنُ	Mèqah	مِقَّةُ	Wâméq	وَامِنُ
2	Yowamméq	يُوَسَنُ	Wammaq	وَسَّنُ	Wamméq	وَسَنُ	Tauyqàn	نَيْفَا	Mowamméq	مُوَسَّنُ
3	Youàméq	يُوَامِنُ	Wâmaq	وَامَنُ	Wâméq	وَامِنُ	Moùâmagatan	مُوَامَسَقَة	Moùâmèq	مُوَامِنُ
4	Youèméq	يُوسَنُ	Aùmaq	أُوسَنُ	Aùméq	أُوسِنُ	Éymâqàn	اِمَاقًا	Moùèméq	مُوسِنُ
5	Yètawammaq	يَتَوَسَّنُ	Tawammaq	تَوَسَّنُ	Tawammaq	تَوَسَّنُ	Tawammoqàn	نَوَسَّقًا	Motawamméq	مُتَوَسَّنُ
6	Yètawâmaq	يَتَوَامَنُ	Tawâmaq	تَوَامَنُ	Tawâmaq	تَوَامَنُ	Tawâmoqàn	نَوَامُقًا	Motawâméq	مُتَوَامِنُ
8	Yèttaméq	يَتَّمِنُ	Éttamaq	اِتَّمَنُ	Éttaméq	اِتَّمِنُ	Éttémâqàn	اِتِمَاقًا	Mottaméq	مُتَّمِنُ
10	Yèstaùméq	يَسْتَوْسِنُ	Éstaùmaq	اِسْتَوْسَنُ	Éstaùméq	اِسْتَوْسِنُ	Éstaùmâyàn	اِسْتَوِسَاقًا	Mostaùméq	مُسْتَوْسِنُ

Grammaire arabe, page 95.

Tableau des conjugaisons dérivées d'un verbe quiescent *dont la première radicale est un* Yâ.

ORDRE.	FUTUR.		PARFAIT.		IMPÉRATIF.		INFINITIF.		PARTICIPE.	
1 Verbe prim.	Yaycér	يَبِسْ	Yaçar	يَبَسْ	Éycér	أُبِسْ	Yasr	يَبْس	Yâçér	يَابِسْ
2	Yayssar	يَبَّسْ	Yohassér	يُوَبِّسْ	Yayssér	يَبِّسْ	Tâçyrân	تَابِيسْرًا	Moyassér	مُبَيِّسْ
3	Yohâçér	يُوَابِسْ	Yâçar	يَابَسْ	Yâçér	يَابِسْ	Moyâçaratân	مُيَابَسَةً	Moyâçér	مُيَابِسْ
4	Yoùçér	يُوبِسْ	Éyçar	أَيبَسْ	Éyçér	أَيبِسْ	Éyçârâs	إِيبَارًا	Mohçér	مُوبِسْ
5	Yètayassar	يَتَبَّسْ	Tayassar	تَبَّسْ	Tayassar	تَبَّسْ	Tayassorâs	تَبَسُّرًا	Motayassér	مُتَبَّسْ
6	Yètayâçar	يَتَيَابَسْ	Tayâçar	تَيَابَسْ	Tayâçar	تَيَابَسْ	Tayâçorâs	تَيَابُسًا	Motayâçér	مُتَيَابِسْ
8	Yèttaçér	يَبَّسْ	Éttaçar	أَبَّسْ	Éttaçér	أَبَّسْ	Éttéçârâs	اتِّبَارًا	Mottaçér	مُبَّسْ
10	Yòstayçér	يَسْتَبِيسْ	Éstaycar	اسْتَبَيسْ	Éstayçér	اسْتَبِيسْ	Éstayçârâs	اسْتِبَارًا	Mostayçér	مُسْتَبِيسْ

Grammaire arabe, page 95.

IMPÉRATIF.

PRÉSENT.

Singulier.

Éyçér.	أَيْسِرْ	Joue aux dés.
Éçyéry.	أَيْسِرِى	Joue aux dés (féminin).
L'yaïçér.	لَيْيْسِرْ	Qu'il joue aux dés.

Et ainsi de suite.

INFINITIF.

PRÉSENT.

Yasr.	يَسْر	Jouer aux dés, le jeu de dés.

PARTICIPE DU PRÉSENT.

Yâçér.	يَاسِر	Jouant aux dés, joueur de dés.

Le tableau adjoint offrira les conjugaisons dérivées d'un verbe *quiescent*, dont la première radicale est un *Wâoù* و ou un *Yâ* ى (*Voyez* nº. 11).

CONJUGAISON D'UN VERBE ACTIF,

DONT LA SECONDE RADICALE EST UN *WÂOÙ*.

INDICATIF.

PRÉSENT *ou* FUTUR.

Singulier.

Aqoùl.	أَقُول	Je dis.
Tèqoùl.	نَقُول	Tu dis.
Tèqoùly.	نَقُولِي	Tu dis (féminin).
Yèqoùl.	يَقُول	Il dit.
Tèqoùl.	نَقُول	Elle dit.

(1) Les grammairiens arabes nomment ce verbe *Concave.*

Duel.

Tèqoùlân.	نَقُولَانْ	Vous *deux* dites.
Yèqoùlân.	يَقُولَانْ	Eux *deux* disent.
Tèqoùlân.	نَقُولَانْ	Elles *deux* disent.

Pluriel.

Nèqoùl.	نَقُولْ	Nous disons.
Tèqoùlòù.	نَقُولُوا	Vous dites.
Yèqoùlòù.	يَقُولُوا	Ils disent.

PARFAIT.

Singulier.

Qoulto.	قُلْتُ	J'ai dit.
Qoult.	قُلْتَ	Tu as dit.
Qoulty.	قُلْتِى	Tu as dit (féminin).
Qâl.	قَالَ	Il a dit.
Qalèt.	قَالَتْ	Elle a dit.

Duel.

| Qoultomâ. | قُلْتُمَا | Vous *deux* avez dit. |
| Qâlâ. | قَالَا | Eux *deux* ont dit. |

Pluriel.

Qoulnâ.	قُلْنَا	Nous avons dit.
Qoultom.	قُلْتُمْ	Vous avez dit.
Qâlòù.	قَالُوا	Ils ont dit.

IMPÉRATIF.

PRÉSENT.

Singulier.

Qoul.	قُلْ	Dis.
Qoùly.	قُولِي	Dis (féminin).

Et ainsi de suite.

INFINITIF.

PRÉSENT.

Qaùlàn.	قَوْلًا	Dire, le dire.

PARTICIPE.

PRÉSENT.

Qâyl.	قَايِلٌ	Disant

Nota. Le verbe *Kân* كَان, il a été, se conjugue de la même manière que ce verbe : comme il sert à conjuguer les autres verbes, nous allons en indiquer les trois temps qui servent comme auxiliaires.

CONJUGAISON DU VERBE AUXILIAIRE *ÉTRE.*

INDICATIF.

PRÉSENT *ou* FUTUR.

Singulier.

Akoùn.	أَكُونْ	Je suis.
Tèkoùn.	تَكُونْ	Tu es.

Et ainsi de suite.

PARFAIT.

Singulier.

Konto.	كُنْتُ	J'ai été.
Kont.	كُنْتَ	Tu as été.

Et ainsi de suite.

CONJUGAISON DU PASSIF D'UN VERBE ACTIF,

DONT LA SECONDE RADICALE EST UN *WÁOÙ*.

INDICATIF.

PRÉSENT *ou* FUTUR.

Singulier.

Óqál.	أُقَالُ	Je suis dit.
Toqál.	نُقَالُ	Tu es dit.
Toqály.	نُقَالِي	Tu es dite.
Yoqál.	يُقَالُ	Il est dit.
Toqál.	نُقَالُ	Elle est dite.

Et ainsi de suite.

PARFAIT.

Singulier.

Qélto.	قُلْتُ	J'ai été dit.
Qélt.	قَلْتَ	Tu as été dit.
Qélty.	قُلْتِي	Tu as été dite.
Qyl.	قِيلَ	Il a été dit.
Qylat.	قِيلَكْ	Elle a été dite.

Et ainsi de suite.

PARTICIPE.

Maqoùl.	مَقُولْ	Dit, qui est dit

CONJUGAISON D'UN VERBE ACTIF,

DONT LA SECONDE RADICALE EST UN *YÁ*.

INDICATIF.

PRÉSENT *ou* FUTUR.

Singulier.

Açyr.	أَسِيرُ	Je marche.
Tèçyr.	نَسِيرُ	Tu marches.
Tèçyry.	نَسِيرِى	Tu marches (féminin).
Yèçyr.	يَسِيرُ	Il marche.
Tèçyr.	نَسِيرُ	Elle marche.

Duel.

Tèçyrân.	نَسِيرَانْ	Vous *deux* marchez.
Yèçyrân.	يَسِيرَانْ	Eux *deux* marchent.

Pluriel.

Nèçyr.	نَسِيرُ	Nous marchons.
Tèçyròû.	نَسِيرُوا	Vous marchez.
Yèçyròû.	يَسِيرُوا	Ils marchent.

PARFAIT.

Singulier.

Sérto.	سِرْتُ	J'ai marché.
Sért.	سِرْتَ	Tu as marché.

Sérty.	سِرْتِي	Tu as marché (féminin).
Sár.	سَازَ	Il a marché.
Sárèt.	سَارَتْ	Elle a marché.

Duel.

Sértomâ.	سِرْتُمَأْ	Vous *deux* avez marché.
Sârâ.	سَارَا	Eux *deux* ont marché.

Pluriel.

Sérnâ.	سِرْنَا	Nous avons marché.
Sértom.	سِرْتُمْ	Vous avez marché.
Sáròû.	سَارُوا	Ils ont marché.

IMPÉRATIF.

PRÉSENT.

Singulier.

Sér.	سِرْ	Marche.
Séry.	سِرِي	Marche (féminin).

Et ainsi de suite.

INFINITIF.

PRÉSENT.

Sayrân.	سَيْرًا	Marcher, la marche.

Tableau des conjugaisons dérivées d'un verbe quiescent *dont la seconde radicale est un* Wâoù.

ORDRE.	ACTIF					PASSIF		
	FUTUR.	PARFAIT.	IMPARFAIT.	INFINITIF.	PARTICIPE.	FUTUR.	PARFAIT.	PARTICIPE.
1 (verbe prim.)	Yèqoûl يَقُول	Qâl قَال	Qol قُل	Qaûlàn قَولًا	Qâyl قَايِل	Yoqâl يُقَال	Qyl قِيل	Maqoûl مَقُول
2	Yoqawwèl يُقَوِّل	Qawwl قَوّل	Qawwèl قَوِّل	Taqwylàn تَقوِيلًا	Moqawwèl مُقَوِّل			
3	Yoqâwèl يُقَاوِل	Qâwal قَاوَل	Qâwèl قَاوِل	Moqâwalatàn مُقَاوَلَة	Moqâwèl مُقَاوِل			
4	Yoqyl يُقِيل	Aqâl أَقَال	Aqil أَقِل	Èqâlatàn إِقَالَة	Moqyl مُقِيل	Yoqâl يُقَال	Óqyl أُقِيل	Moqâl مُقَال
5	Yètaqawwal يَتَقَوّل	Taqawwal تَقَوّل	Taqawwal تَقَوّل	Taqawwolàn تَقَوّل	Motaqawwèl مُتَقَوِّل			
6	Yètaqâwal يَتَقَاوَل	Taqâwal تَقَاوَل	Taqâwèl تَقَاوِل	Taqâwolàn تَقَاوُل	Motaqâwal مُتَقَاوَل			
7	Yènqâl يَنْقَال	Enqâl إِنْقَال	Enqal إنْقَل	Enqyâlàn إِنْقِيَالًا	Monqâl مُنْقَال	Yonqâl يُنْقَان	Ónqyl أُنْقِيل	Monqâl مُنْقَال
8	Yèqtâl يَقْتَال	Eqtâl إِقْتَال	Eqtnl إقْتَل	Eqtyâlàn إِقْتِيَالًا	Moqtâl مُقْتَال	Yoqtâl يُقْتَال	Óqtyl أُقْتِيل	Moqtâl مُقْتَال
10	Yèstaqyl يَسْتَقِيل	Estaqyl اسْتَقِيل	Estaqil اسْتَقِل	Estiqâlatàn اسْتِقَالَة	Mostaqyl مُسْتَقِيل	Yostaqâl يُسْتَقَان	Óstoqyl أُسْتُقِيل	Mostaqâl مُسْتَقَال

Grammaire arabe, pag. 101.

Nº. X I I Bis.

Tableau des conjugaisons dérivées d'un verbe quiescent *dont la seconde radicale est un* Yâ.

ORDRE	ACTIF					PASSIF		
	FUTUR.	PARFAIT.	IMPÉRATIF.	INFINITIF.	PARTICIPE.	FUTUR.	PARFAIT.	PARTICIPE.
1 *Verbe prim.*	Yòçyr يَسِيرْ	Sâr سَارْ	Sér سِرْ	Syrân سَيْرًا	Sâyr سَائِشْ	Yoçdr يُسَارْ	Syr سِيرْ	Maçyr مَسِيرْ
2	Yoçayyr يُسَيِّرْ	Sáyyar سَيَّرْ	Sayyr سَيِّرْ	Taçyîrâx تَسْيِيرًا	Moçayyr مُسَيِّرْ			
3	Yoçâyr يُسَايْنْ	Sáyar سَايَرْ	Sâyr سَايِرْ	Moçâyaratâx مُسَايَرَةً	Moçâyr مُسَايْنْ			
4	Yoçyr يُسِيرْ	Açâr أَسَارْ	Açir أَسِرْ	Éçdratâx إِسَارَةً	Moçyr مُسِيرْ	Yoçdr يُسَارْ	Ôiyr أُسِيرْ	Moçdr مُسَارْ
5	Yétaçayyar يَتَسَيَّسْ	Taçayyar تَسَيَّرْ	Taçayyar تَسَيَّرْ	Taçayyordâx تَسَيُّرًا	Motaçayyr مُتَسَيِّرْ			
6	Yétasâyar يَتَسَايَنْ	Taçâyar تَسَايَرْ	Taçâyar تَسَايَرْ	Taçâyordâx تَسَايُرًا	Motaçâyr مُتَسَايِنْ			
7	Yénsâr يَنْسَارْ	Ensâr إِنْسَارْ	Ensar إِنْسَسْ	Ensyârâx إِنْسِيَارًا	Monsâr مُنْسَارْ	Yonsâr يُنْسَارْ	Ônsyr أُنْسِيرْ	Monsâr مُنْسَارْ
8	Yèstâr يَسْتَارْ	Éstâr إِسْتَارْ	Éstar إِسْتَسْ	Estyârâx إِسْتِيَارًا	Mostâr مُسْتَارْ	Yostâr يُسْتَارْ	Ôstyr أُسْتِيرْ	Mostâr مُسْتَارْ
10	Yèstaçyr يَسْتَسِيرْ	Estaçâr إِسْتَسَارْ	Estaçir إِسْتَسِرْ	Estéçâratâx إِسْتِسَارَةً	Mostaçyr مُسْتَسِيرْ	Yostaçâr يُسْتَسَارْ	Ôstoçyr أُسْتُسِيرْ	Mostaçâr مُسْتَسَارْ

Grammaire arabe, page 101.

CONJUGAISON DU PASSIF D'UN VERBE ACTIF,

DONT LA SECONDE RADICALE EST UN *YÁ*.

INDICATIF.

PRÉSENT.

Singulier.

Óçár.	أُسَازْ	Je suis marché.
Toçár.	نُسَرْ	Tu es marché.
Toçáry.	نُسَرِى	Tu es marchée.

Et ainsi de suite.

PARFAIT.

Singulier.

Sérto.	سِرْتُ	J'ai été marché.
Sért.	سِرْتَ	Tu as été marché.
Sérty.	سِرْتِى	Tu as été marchée.
Syr.	سِيرَ	Il a été marché.

Et ainsi de suite.

PARTICIPE.

Maçyr.	مَسِيرْ	Marché.

Nous allons donner dans le tableau ci-joint les conjugaisons dérivées des verbes dont la seconde radicale est un *Wáou* و ou un ى. (*Voyez* N°. 12)

Remarques.

Quelques verbes forment leurs dérivés d'une manière un peu différente. Le dictionnaire les fera connoître.

Nous remarquerons que lorsque le futur d'un verbe concave (1) se trouve placé après la

---

(1) Nous avons déja dit que ce sont les verbes qui ont pour seconde radicale un *Wáou* ou un *Yá*.

particule négative *Lèm* لَمْ non, la seconde radicale disparoît, et se trouve remplacée par un *point-voyelle* homogène. Exemples :

Lèm لَمْ				Pour *Lèm* لَمْ		
	Yèkoun	يَكَنَ		*Yèkoùn*	يَكُونْ	Il ne sera pas.
	Yèqoul	يَقَلْ		*Yèqoùl*	يَقُولْ	Il ne dira pas.
	Yèçir	يَسَرْ		*Yèçyr*	يَسِيرْ	Il ne marchera pas.
	Yèkaf	يَخَفْ		*Yèkáf*	يَخَافْ	Il ne craindra pas.

et de même aux autres personnes.

CONJUGAISON D'UN VERBE ACTIF,

DONT LA TROISIÈME RADICALE EST UN *WÁOÙ*.

INDICATIF.

PRÉSENT *OU* FUTUR.

Singulier.

Aghzoù.	أَغْزُو	J'attaque.
Taghzoù.	نَغْزُو	Tu attaques.
Taghzy.	نَغْزِي	Tu attaques (féminin).
Yaghzoù.	يَغْزُو	Il attaque.
Taghzoù.	نَغْزُو	Elle attaque.

Duel.

Taghzoùân.	نَغْزُوَانْ	Vous *deux* attaquez.
Yaghzoùân.	يَغْزُوَانْ	Eux *deux* attaquent.
Taghzoùân.	نَغْزُوَانْ	Elles *deux* attaquent.

Pluriel.

Naghzòu.	نَغْزُوا	Nous attaquons.
Taghzòu.	نَغْزُوا	Vous attaquez.
Yaghzòu.	يَغْزُوا	Ils attaquent.

PARFAIT.

Singulier.

Ghazaùto.	غَزَوْتُ	J'ai attaqué.
Ghazaùt.	غَزَوْتَ	Tu as attaqué.
Ghazaùty.	غَزَوْتِ	Tu as attaqué (féminin).
Ghazà.	غَزَا	Il a attaqué.
Ghazat.	غَزَتْ	Elle a attaqué.

Duel.

| Ghazaùtomà. | غَزَوْتُمَا | Vous *deux* avez attaqué. |
| Ghazawà. | غَزَوَا | Eux *deux* ont attaqué. |

Pluriel.

Ghazaùnà.	غَزَوْنَا	Nous avons attaqué.
Ghazaùtom.	غَزَوْتُمْ	Vous avez attaqué.
Ghazaòu.	غَزَوْا	Ils ont attaqué.

IMPÉRATIF.

PRÉSENT.

Singulier.

Ôghzo.	أُغْزُ	Attaque.
Ôghzy.	أُغْزِى	Attaque (féminin).

Pluriel.

Ôghzòû.	أُغْزُوا	Attaquez.

INFINITIF.

PRÉSENT.

Ghazwân.	غَزْوًا	Attaquer, l'attaque.

PARTICIPE.

PRÉSENT.

Ghâzi, etc.	غَازٍ	Attaquant, qui attaque.

CONJUGAISON DU PASSIF D'UN VERBE ACTIF,

DONT LA TROISIÈME RADICALE EST UN *WÂOÙ*.

INDICATIF.

PRÉSENT *ou* FUTUR.

Singulier.

Ôghzä.	أُغْزَى	Je suis attaqué.
Toghzä.	تُغْزَى	Tu es attaqué.
Toghzay.	تُغْزَيْ	Tu es attaquée.

Yoghzä.	يُغْزَى	Il est attaqué.
Toghzä.	تُغْزَى	Elle est attaquée.

Et ainsi de suite.

PARFAIT.

Singulier.

Ghozyto.	غُزِيتُ	J'ai été attaqué.
Ghozyt.	غُزِيتَ	Tu as été attaqué.
Ghozyty.	غُزِيتِى	Tu as été attaquée.
Ghozya.	غُزِىَ	Il a été attaqué.
Ghozyat.	غُزِيَتْ	Elle a été attaquée.

Et ainsi de suite.

PARTICIPE.

Maghzoûw, etc.	مَغْزُوّ	Attaqué.

CONJUGAISON D'UN VERBE ACTIF,

DONT LA TROISIÈME RADICALE EST UN *YA.*

INDICATIF.

PRÉSENT.

Singulier.

Army.	أَرْمِى	Je jette.
Tarmy.	تَرْمِى	Tu jettes.
Yarmy.	يَرْمِى	Il jette.
Tarmy.	تَرْمِى	Elle jette.

IMPÉRATIF.

Singulier.

Érmi.	أِرْمِ	Jette.
Érmy.	أِرْمِى	Jette (féminin).

Et ainsi de suite.

INFINITIF.

PRÉSENT.

Ramyân.	رَمْيًا	Jeter, jet.

PARTICIPE DU PRÉSENT.

Râm.	رَامٍ	Jetant, qui jette.

CONJUGAISON DU PASSIF D'UN VERBE ACTIF,

DONT LA TROISIEME RADICALE EST UN *YÁ*.

INDICATIF.

PRÉSENT.

Singulier.

Órmä.	أُرْمَى	Je suis jeté.
Tormä.	نُرْمَى	Tu es jeté.
Tormay.	نُرْمَِى	Tu es jetée.
Yormä.	يُرْمَى	Il est jeté.
Tormä.	نُرْمَى	Elle est jetée.

Et ainsi de suite.

PARFAIT.

Singulier.

Romyto.	رُمِيتُ	J'ai été jeté.
Romyt.	رُمِيتَ	Tu as été jeté.
Romyty.	رُمِيتِى	Tu as été jetée.
Romya.	رُمِيَ	Il a été jeté.
Romyat.	رُمِيَتْ	Elle a été jetée.

PARTICIPE.

Marmïy.	مَرْمِىّ	Jeté.

Remarques sur le futur.

1º. Lorsqu'au prétérit, l'avant-dernière lettre radicale est affectée d'un *fathah*, au futur la dernière lettre se change en *Wâoù* و si le verbe est terminé par cette lettre, et en *Yâ* ى si la dernière radicale est un *Yâ* ى, exemple :

Yaghzoù يَغْزُو, il attaque; *Yarmy* يَرْمِي, il jette;

excepté lorsque la seconde radicale est l'une des lettres gutturales; car alors le *point-voyelle* et la lettre finale du parfait demeurent au futur, exemple :

Râä رَعَى, il a paissé; *Yarää* يَرْعَى, il paît.

Si la seconde radicale est, au parfait, surmontée d'un *Dammah*, il demeure au futur, exemple :

Yasroù يَسْرُو, il a marché de nuit.

Si cette même radicale possède un *Kèsrah* au futur, le *point-voyelle* se change en *Fathah*, exemple :

Yarää يَرْضَى, il a pour agréable.

2º. Si le futur est précédé de l'une des particules suivantes,

Lam	لَمْ	Non.	*Èn*	أَنْ	Si.
Lammâ	لَمَّا	Quand.	*Mâ*	مَا	Ce que.

A-lam	أَلَمْ	En ce que non.	*Man.*	مَنْ	Celui qui.
A-lammá	أَلَمَّا	Est-ce quand.	*Mahmá*	مَهْمَا	Toutes les fois que.
L'	لِ	Que.	*Ánny*	أَنِّى	Quelque part que ce puisse être.
Lá	لَا	Non, ne.	*Éd-má*	إِذْمَا	Lorsque.
Áïy	أَىّ	Quiconque.	*Ayn*	أَيْنَ	Où.
Matá	مَتَى	Lorsque.	*Ayn-má*	أَيْنَمَا	Quelque part que ce puisse être.
Áïyán	أَيَّانْ	Idem.	*Kayf-má*	كَيْفَمَا	Comment. (1)

Et *Édá* إِذَا Lorsque, *chez les poëtes.*

il perd sa dernière radicale au singulier (excepté à la seconde personne féminine du singulier et à la première personne du pluriel), exemples :

Lam yaghzo.	لَمْ يَغْنُ	Il n'attaque point.
Lam yarmi.	لَمْ يَرْمِ	Il ne jette point.
Lam yarda.	لَمْ يَرْضَ	Il n'a point pour agréable.

Néanmoins on dit quelquefois aussi :

Lam yaghzoù.	لَمْ يَغْزُو
Lam yarmy.	لَمْ يَرْمِى
Lam yardä.	لَمْ يَرْضَى

Du parfait.

Ghazá غَزَا est pour *Ghazawa* غَزَوَ ; le *Wáoù* و se change en *Álif* quiescent d'après la troisième *Règle de permutation* particulière au *Wáoù* و.

Ramä رَمَى est pour *Ramaya* رَمَيَ ; le *Yá* ى devient *quiescent* comme l'*Álif*, d'après la troisième *Règle* particulière au *Yá*.

---

(1) On nomme ces particules *Jézmantes* الخَوَازِم.

TABLEAU des conjugaisons dérivées d'un verbe quiescent.

ORDRE	VERBE QUIESCENT							
	DONT LA DERNIÈRE RADICALE EST UN *Wáoù.*				DONT LA DERNIÈRE RADICALE EST UN *Yá.*			
	ACTIF.		PASSIF.		ACTIF.		PASSIF.	
	FUTUR.	PARFAIT.	FUTUR.	PARFAIT.	FUTUR.	PARFAIT.	FUTUR.	PARFAIT.
1 Verbe prim.	Yaghzou يَغْزُو	Ghazâ غَزَا	Yoghzä يُغْزَى	Ghozya غُزِيَ	Yarmy. يَرْمِي	Ramä رَمَى	Yormä يُرْمَى	Romya رُمِيَ
2	Yoghazzy يُغَزِّي	Ghazzä غَزَّى	Yoghazzä يُغَزَّى	Ghozzya غُزِّيَ	Yorammy. يُرَمِّي	Rommä رَمَّى	Yorammä يُرَمَّى	Rommya رُمِّيَ
3	Yoghâzy يُغَازِي	Ghâzâ غَازَا	Yoghâzä يُغَازَى	Ghôzya غُوزِيَ	Yorâmy. يُرَامِي	Râmä رَامَى	Yorâmä يُرَامَى	Rokmya رُومِيَ
4	Yoghzy يُغْزِي	Aghzä أَغْزَى	Yoghzä يُغْزَى	Oghzya أُغْزِيَ	Yormy. يُرْمِي	Armä أَرْمَى	Yormä يُرْمَى	Ôrmya أُرْمِيَ
5	Yètaghazzä يَتَغَزَّى	Taghazzä تَغَزَّى	Yotaghazzä يُتَغَزَّى	Toghozzya تُغُزِّيَ	Yètèrammä يَتَرَمَّى	Tèrammä. تَرَمَّى	Yotarammä يُتَرَمَّى	Tarommya. تُرُمِّيَ
8	Yaghtazy يَغْتَزِي	Eghtazä اِغْتَزَى	Yoghtazä يُغْتَزَى	Ôghtozya. اُغْتُزِيَ	Yartamy يَرْتَمِي	Ertamä اِرْتَمَى	Yortamä يُرْتَمَى	Ôrtomya. اُرْتُمِيَ
10	Yèstaghzy يَسْتَغْزِي	Estaghzä اِسْتَغْزَى	Yostagzä يُسْتَغْزَى	Ôstoghzya اُسْتُغْزِيَ	Yèstarmy يَسْتَرْمِي	Estarmy اِسْتَرْمَى	Yostarmä يُسْتَرْمَى	Ôstormya اُسْتُرْمِيَ

Grammaire arabe, pag. 109.

De l'impératif.

L'impératif se forme en préfixant l'*Álif* caractéristique au futur , en retranchant sa dernière radicale.

Du participe.

Au participe, on retranche la dernière radicale, à moins qu'il ne soit précédé de l'article *al* ال , exemples :

Ál-gházy.	اَلْغَازِي	L'attaquant.
Ar-rámy.	اَلرَّامِي	Le jetant.

Le tableau ci-joint présentera les conjugaisons dérivées. (*Voyez* n°. 13.)

§. I I I.

الافعال التّاقصات ،

Des verbes doublement irréguliers.

Les verbes *doublement irréguliers* se conjuguent de même que les *verbes irréguliers* : On les divise en deux classes : La *première* comprend ceux qui sont en même temps *Hamzèh* et *quiescens* ; il y en a de quatre espèces.

1°. Dont la seconde radicale est, en même temps, *Hamzèh* et *quiescente*, comme *Áb* (1) اَب , retourner. Il se conjugue comme *Áiar* اَنَر et *Qál* قَالْ (*Voyez* pages 88 et suiv., et 95 et suiv.), exemples :

PARFAIT.	FUTUR.	IMPÉRATIF.	PARTICIPE.	INFINITIF.
Ab اَب.	*Yaoùb* يَوُوبْ.	*Ób* اُبْ.	*Ayb* اَيْبْ.	*Aùbán* اَوْبًا.

2°. Dont la troisième radicale est *Hamzèh*, et la seconde *quiescente* comme *Sáa* سَاع ,

---

(1) Pour *Áàb* اَاَب.

attrister ; *Jâa* جَاءَ, venir. Il se conjugue comme *Qâl* قَالَ et *Hanâ* هَنَأَ (*Voyez* pages 95 et suiv.), et comme *Sâr* سَارَ et *Hanâ* هَنَأَ (*Voyez* pages 99 et suiv.), exemples :

PARFAIT.	FUTUR.	IMPÉRATIF.	PARTICIPE.	INFINITIF.
Sad سَاءَ.	*Yèçod* يَسُوءُ.	*Soù* سُوءْ.	*Sâiy* سَايِئٌ.	*Sawân* سَوْءٌ.
		O U		
Jâa جَاءَ.	*Yèjy* يَجِيءُ.	*Jy* جِيءْ.	*Jây* جَايِئٌ.	*Majyân* جَيْئًا.

3o. Dont la première *radicale* est *Hamzèh*, et la dernière *quiescente*, comme *Atä* أَتَى, venir ; il se conjugue comme *Âiar* أَنَرَ et *Ramä* رَمَى (*Voyez* pages 88 et suiv., et 105 et suiv.), exemples :

PARFAIT.	FUTUR.	IMPÉRATIF.	PARTICIPE.	INFINITIF.
Atä أَتَى.	*Yâty* يَأْتِي.	*Éyt* اِئْتِ.	*Ât* آتٍ.	*Étyân* اِتْيَانًا.

Nota. On dit aussi *Téh* تِهْ à l'impératif.

4o. Dont la seconde radicale est *Hamzèh*, et la troisième *quiescente*, comme *Nää* نَأَى, se retirer ; il se conjugue comme *Sâl* سَأَلَ et *Ramä* رَمَى (*Voyez* page 105), exemples :

PARFAIT.	FUTUR.	IMPÉRATIF.	PARTICIPE.	INFINITIF.
Nää نَأَى.	*Yènâä* يَنْأَى.	*Énâ* اِنْأَ.	*Näi* نَاءٍ.	*Näy* نَأْيٌ.

Nota. Le *Fatḥah* de l'avant-dernière radicale demeure au futur et à l'impératif, parce qu'alors l'*Alif* est regardé comme lettre gutturale.

L'usage veut que le verbe *Rää* رَأَى voir, se conjugue d'une autre manière : comme on le rencontre souvent dans les auteurs, nous allons le mettre sous les yeux du lecteur.

CONJUGAISON DU VERBE DOUBLEMENT IRRÉGULIER

Rää رَأَى, voir.

INDICATIF.

PRÉSENT.

Singulier.

Arä.	أَرَى	Je vois.
Tèrä.	نَرَى	Tu vois.
Tèray.	نَرَى	Tu vois (féminin).
Yèrä.	يَرَى	Il voit.
Tèrä.	نَرَى	Elle voit.

Pluriel.

Nèrä.	نَرَى	Nous voyons.
Tèraòû.	نَرَوْا	Vous voyez.
Yèraòû.	يَرَوْا	Ils voient.

Au lieu de *Ârää* أَرْأَى, *Tèrää* نَرْأَى, etc.

PARFAIT.

Singulier.

Rãyto.	رَأَيْتُ	J'ai vu.
Rayt.	رَأَيْتَ	Tu as vu.
Rãyty.	رَأَيْتِ	Tu as vu (féminin).

Rää.   رَأَى   Il a vu.

Raât.   رَأَتْ   Elle a vu.

Et ainsi de suite.

IMPÉRATIF.

PRÉSENT.

Singulier.

Ra ou *Rah.*   رَهْ ou رَ   Vois.

Ray.   رَيْ   Vois (féminin).

Raoû.   رَوْا   Voyez.

On dit aussi régulièrement *Érä* اِرْأَ , *Ériy* اِرْأِى , etc.

PARTICIPE DU PRÉSENT.

Râi.   رَآءِ   Voyant, etc.

INFINITIF.

PRÉSENT.

Râyân.   رَأْيًا   Voir, vue.

L'usage apprendra le reste.

La *seconde classe* contient les verbes qui sont doublement *quiescents*. Les arabes les nomment *Lèfyf* لِفِيف , c'est-à-dire mêlé. Il y en a de deux espèces ; la première est nommée *Lèfyf-mafroùq* لِفِيف مَفْرُوق , c'est-à-dire mêlé-séparé ; la seconde *Lèfyf-maqroùn* لِفِيق مقرون , mêlé-joint.

1°. لِفِيف مَفْرُوق

Le verbe *Lèfyf-mafroùq* est celui qui est *quiescent* par sa première et par sa dernière radicale, comme *Waqä* وَقَى , garder ; *Wajya* وَجِىَ , avoir mal à la corne du pied (en parlant d'un cheval). *Waqä* وَقَّ se conjugue comme *Waméq* وَسَقَ et *Ramä* رَمَى (*Voyez* pages 92 et suiv., et 105 et suiv.), et *Wajya* وَجِيَ comme *Wajéla* وَجِلَ et *Raḋya* رَضِيَ (*Voyez* pages 92 et 107), exemples :

PARFAIT.	FUTUR.	IMPÉRATIF.	PARTICIPE.
Waqä وَقَّ.	*Yaqy* يَقَى.	*Qé* ou *Qéh* قِهْ ou قِ.	*Wâqi* وَاقٍ.
		O U	
Wajya وَجِى.	*Yawjä* يَوْجَى.	*Éyj* إِيجْ.	*Wâji* وَاجٍ.

Nota. Aux autres personnes, le *Yâ* ى de l'impératif doit s'écrire.

2°. 6 لَفِيف مَقْرُون

Le verbe *Lèfyf-maqroûn* est celui qui est *quiescent* par sa seconde et par sa troisième radicale, comme *Chawä* شَوَى, rôtir; *Qawya* قَوِيَ, être fort et robuste; *Hayya* حَيِيَ, vivre. *Chawä* شَوَى se conjugue comme *Ramä* رَمَى; *Qawya* قَوِيَ et *Hayya* حَيِيَ comme *Raḋya* رَضِيَ, exemples :

PARFAIT.	FUTUR.	IMPÉRATIF.	PARTICIPE.	INFINITIF.
Chawä شَوَى.	*Yèchwy* يَشْوِى.	*Échwi* اِشْوِ.	*Châwi* شَاوٍ.	*Chaïyân* شَيًّا. (1)
Qawya قَوِيَ.	*Yèqwä* يَقْوَى.	*Éqwa* اِقْوَ.	*Qâwi* قَاوٍ.	*Qowwètan* قُوَّةً.
Hayya حَيِيَ.	*Yahyâ* يَحْيَا.	*Éliya* اِحْيَ.	*Hây* حَاىٍ.	*Hayàtan* حَيَوةً.

Remarques.

Nous ne nous étendrons point sur la raison qui fait que ces verbes perdent quelques-unes de leurs radicales, afin de ne point grossir ce volume; en parcourant les *Règles de*

______

(1) Pour *Chawyân* شَوْيًا, d'après la troisième *Règle de permutation*, commune au *Wâoù* و et au *Yâ* ى. (*Voyez* page 20).

permutation, on sera étonné de voir combien la langue arabe est *régulière*, même dans les choses qui paroissent les plus *irrégulières*.

On dit plus vulgairement *Hayya* حَيَّ que *Hayya* حَيِيَ, et au futur *Yèhayy* يَحِيّ, au lieu de *Yahyá* يَحْيَا. On emploie aussi plus souvent *Hayy* حَيّ, au lieu du participe *Hây* حَاِي.

§. IV.

Des verbes triplement irréguliers.

Les verbes *triplement irréguliers* sont en petit nombre, ils sont en même temps *Hamzèh* et *Lèfyf-mafroùq*, comme *Awä* أَوَى, se retirer; ou *Hamzèh* et *Lèfyf-maqroùn*, comme *Wâä* وَأَى, promettre.

Les uns se conjuguent comme *Átar* أَثَرَ et *Chawä* شَوَى (*Voyez* pages 88 et suiv., et 103), les autres comme *Waqä* وَقَى et *Sâl* سَأَلَ (*Voyez* page 113), exemples :

PARFAIT.	FUTUR.	IMPÉRATIF.	PARTICIPE.	INFINITIF.
Awä أَوَى.	*Yâwy* يَأْوِي.	*Eyw* اِيْوِ.	*Awi* آوِ.	*Aïyân* أَبَّا.
Wâä وَأَى.	*Yây* يَأْي.	*É* et *Éh* اِ et اِه.	*Wâi* وَأِ.	*Wâyân* وَأَبَّا.

CHAPITRE IV. (1)

DES AUTRES PARTIES DU DISCOURS.

ARTICLE PREMIER.

ابتس فكلوٮ

Des particules conjonctives.

Les particules *conjonctives* sont celles qui ne sont formées que d'une seule lettre ; Elles doivent toujours être préfixées aux noms, et sont au nombre de huit, savoir ; *A* أ, *B'* بِ, *T'* تَ, *S'* س, *Fè* فَ, *Kè* كَ, *Lé* لِ, *Wè* و.

§. Ier.

الالڡٮ

Â.

Â أ est la marque, 1°, de l'interrogation, exemples : *A mât ?* أَمَات, est-ce qu'il est mort ? *A mén tèdèkkoury jyrân bé Dy-Salam ?* أ سن تِذِكرى جيران بذى سلم, est-ce à cause de la mémoire des voisins de Doù-Salam ? *A ênt ?* أَنت, est-ce toi ? *A fyh ?* أفيه, y a-t-il ? *A dakal Hâféz ?* أُدخل حافظ, est-ce que Hâféz est entré ?

2°. On l'emploie aussi pour appeler quelqu'un, qui n'est point éloigné, exemple : *A Yoùsouf* أيوسف eh ! Joseph.

§. I I.

البَآءٮ

B' et *Bé.*

Bé ب signifie 1°. *Dans*, exemple : *Bél-mèsjad* بالمسجد, dans la mosquée ; *Jèlèsto b'èl-bayt* جلست بالبَيت, je me suis assis dans la maison.

---

(1) Désormais nous n'écrirons les *points-voyelles* qu'autant qu'ils apporteront plus de clarté.

2°. *Avec*, exemple : *Kètèbto bé-qalam-ak* كتبت بقلمك, j'ai écrit avec ta plume;
Atòû b'ès-sayf, اتوا بالسيف, ils sont venus avec l'épée ; c'est-à-dire, *ils ont apporté l'épée*.
Dèhèbòû b'èl-bint ذهبوا بالبنت, ils sont partis avec la jeune fille.

3°. *A cause, pour*, exemple : *Faălto kèdâ bé-dokoùl-ak êlä 'l-harym*, فعلت كذا
بدخولك الى الحريم, j'ai agi ainsi pour te faire entrer dans le sérail.

4°. *Outre, au-delà*, exemple : *Mararto bé-Zayd* مررت بزيد, j'ai outre-passé Zayd.

5°. On s'en sert aussi pour jurer, exemples : *B'âb-y wè ômm-y* بابي و امّى, par mon père
et ma mère ! *B'éllah* بالله, par Dieu ! *Bé-léhyat èr-rèçoùl* بلحية الرسول, par la barbe du
prophète !

6°. Enfin cette particule est souvent redondante, exemple : *Hal Zayd b'qâym ?* هل زيد
بقائم, est-ce que Zayd est debout ? *Allah b'qadyr* الله بقدير, Dieu tout puissant.

§. I I I.

الثآء،

T'.

T' ت n'est employé que comme formule de jurement, exemple : *T'Allah* تالله,
par Dieu !

§. I V.

السين،

S'.

S' س se préfixe (comme nous l'avons vu) à la première lettre du présent des verbes,
et lui donne le sens du futur, exemple : *S'âălèm* ساعلم, je saurai, *etc.* (*Voyez* page 68.)

§. V.

الفآء،

Fè.

Fè ف signifie tour à tour *et, or, mais, de façon que*, etc.; on l'emploie aussi à la place
de virgules ; nous verrons ses nombreuses significations dans les *Traductions interlinéaires*
qui suivent cette grammaire.

§. V I.

الكاف 6

Kè et *K'*.

Kè ك signifie 1°. *Comme, de même que,* exemples : *Zayd k'èl-ĕçad* زيد كالاسد, Zayd est (courageux) comme le lion ; *Kè-qaùl-ak* كقولك de même que si tu disais.

2°. Elle est souvent pléonasme, exemple : *Lays kè-mèil-ho chy* ليس كمثله شى, rien ne lui est comparable.

§. V I I.

اللام 6

Lé (1).

Lé ل 1°. C'est la marque du datif, exemples : *Qol lé-moĕllèm-ak* قل لمعلّمك, dis à ton maître ; *Qĕl-ly* قال لى, il m'a dit.

2°. Elle désigne la possession (2), exemples : *Dĕ 'l-mĕl lé-Zayd* ذاالمال لزيد, cet argent *appartient* à Zayd ; *Dy 'l-bint l'y* ذى البنت لى, cette esclave est à moi.

3°. Elle signifie la propriété, exemple : *És-sarj l'èl-hosĕn* السرج للحصان, la selle est au cheval.

4°. *Pour, à cause de, afin de,* exemples : *Jèlèdto Zayd lé-t-tĕdyb* جلدت زيد للتّاديب j'ai fouctté Zayd afin de le faire travailler ; *Ăddabt-ho lé-kèdéb-ho* عدّبته لكذبه, je l'ai châtié à cause de son mensonge.

5°. Quelquefois on l'emploie dans le sens de *An* عن, exemple : *Qĕl èllèdyn kafarŏŭ lé-llèdyn ămanŏŭ* قال اللّذين كفروا للّذين امنوا, ceux qui ont été incrédules ont dit *de* ceux qui ont cru (en Dieu).

6°. Elle sert pour jurer, exemple : *L'É-llah* للّه, par Dieu!

7°. Elle est souvent pléonasme, exemple : *Énn Ăllah l'yohébb èl-moùmènyn* إنّ الله ليحبّ الموٴمنين, car Dieu aime les fidèles.

8°. Quand on le préfixe au prétérit, et qu'on le surmonte d'un *Fathah*, ce prétérit se change en optatif, etc.

---

(1) Elle gouverne le génitif.

(2) Dans ce sens, elle est synonyme de *B'tĕä* بتاع.

٢

§. VIII.

الواو ٬

Wè et *W'*.

Wè و 1°. Particule copulative, *Et* , *or* , et une foule d'autres expressions que l'usage apprendra.

2°. On s'en sert pour jurer, exemple : *W' Âllah* والله , par Dieu !

3°. Elle a quelquefois le même sens que *Mă* مع , exemple : *Jâ êl-mèlik w'êl-jyoùch* جاء الملك والجيوش . le roi est venu *avec* l'armée.

ARTICLE II.

الحروف ٬

Des Adverbes.

§. Ier.

Formation des Adverbes.

Les Arabes forment leurs adverbes,

1°. En employant les noms adjectifs à l'accusatif (1), exemples :

Haçanân.	حسنًا	Bien.	*Haçan.*	حسن	Bon.
Charrân.	شرًّا	Mal.	*Charr.*	شّ	Mauvais.
Hakymân.	حكيمًا	Sagement.	*Hakym.*	حكيم	Sage.
Băydân.	بعيدًا	Loin.	*Băyd.*	بعيد	Éloigné.
Éwwèlân.	اوّلًا	D'abord.	*Éwwèl.*	اوّل	Premier.
Kâréjân.	خارجًا	Dehors.	*Kâréj.*	خارج	Extérieur.
Dâkélân.	داخلًا	Dedans.	*Dâkèl.*	داخل	Intérieur.

(1) On se rappelle que nous avons dit que, dans l'arabe littéral, l'accusatif se marque par un *Âlif* avec un *Fathah* ا۟ *tanoùyn*. On l'emploie aussi quelquefois dans le vulgaire.

Nota. Si le mot finit par un *Hé ponctué* ة on ne met point d'*Alif*, mais seulement la *nunnation* ً.

2º. En préfixant aux noms l'article *Al* ال, exemples :

Él-yaùm.	اليوم	Aujourd'hui.	*Yaùm.*	يوم	Jour.
Él-ân.	الان	A présent.	*An.*	آن	temps.

3º. En leur préfixant une préposition, exemple :

Élä dâkél الى داخل, au-dedans.

L'usage apprendra les autres manières de former les adverbes.

§. I I.

Liste des Adverbes arabes.

ظروف المكان ،

A D V E R B E S   D E   L I E U.

Éyn, fèyn, wèyn, hayt.	اين ، فين ، واين ، حيث	Où ?
Mén éyn, mén hayt.	من اين ، من حيث	D'où ?
Élä éyn, élä hayt.	الى اين ، الى حيث	Jusqu'où ? Vers où ?
Hayt-mâ, Ânny.	حيث ما ، انّى	En quelque lieu que ce puisse être.
Hond, hènè, hahond.	هنا ، هاهنا	Ici.
Mén-hènd, mén hènè.	من هنا	D'ici.
Hondk, hènâk, hondlék.	هناك ، هنالك	Là.
Mén-hènâk.	من هناك	De-là.
Élä-hènè.	الى هنا	Jusqu'ici.
Élä-hènâk.	الى هناك	Jusque-là, etc.

ظروف الزمان

A D V E R B E S   D E   T E M P S.

Matä, Émté.	منى	Quand ?
Lammä.	لمّا	Lorsque.
Élân (1).	الان	Maintenant.
Aydän.	ايضًا	Encore.
Qad.	قد	Déja.
Tomm, băd-dalék.	ثمّ ٬ بعد ذلك	Ensuite.
Éd, édä, éiyän.	إذ ٬ إذا ٬ إذما ٬ إبّان	Sitôt que, dès que.
Yaùm, ĥeyn.	يوم ٬ حين	Alors.
Däymän.	دائمًا	Toujours.
Qaï, léqad, faqad, âbdän.	قط ٬ لقد ٬ فقد ٬ ابدًا	Jamais.
Băd.	بعد	Après.
Mén-băd-mä.	من بعدما	Après que.
Qabl.	قبل	Avant.
Mén-qabl.	من قبل	Par avance.
Qabl-hadä.	قبل هذا	Avant cela.
Băd-hadä.	بعد هذا	Après cela.
Hattä, ĥattä-édä, ĥattä-än, élä-än.	حتّى ٬ حتّى اذا ٬ حتّى ان ٬ الى ان	Jusqu'à ce que.

---

(1) En Yémén on dit *Dé 'l-ĥéyn.* ذالحين

Bǎd-mâ.	بعدما	Après que.
Qabl-mâ.	قبل ما	Avant que.
Mén-êlân.	من الان	Dorénavant.

حروف المرتبه 6

ADVERBES D'ORDRE.

Éwèlân, Ébtédân, moqaddèmân.	اولًا 6 انتداءً 6 مقدمًا	Premièrement.
Tânyân.	ثانيًا	Secondement.
Aâqébatân.	عاقبةً	Enfin.

حروف الوقوع 6

ADVERBES D'ÉVÉNEMENT.

| Alä 'lghaflah. | على الغفلة | A l'improviste. |
| B'ghayr ĕlm. | بغير علم | Involontairement. |

حروف التشبيه

ADVERBES DE SIMILITUDE.

Kè, Zèy, mèil.	ك 6 زى 6 مثل	Comme.
Kèmâ.	كما	De même que.
Mèil-mâ.	مثلما	Ainsi que.

حروف القدر 6

ADVERBES DE QUANTITÉ.

Kètyr.	كثير	Beaucoup.
Qalyl.	قليل	Peu.
Choùyah.	شوية	Un peu.

حروف التّحقيق،

ADVERBES AFFIRMATIFS.

Éy, Éioûah (1).	اى، اوه	Oui.
W'állah.	والله	Assurément.
Kèdá, kèdé (2).	كذا	Ainsi.
Énn.	إنّ	Certes.
Taḥqyqán.	تحقيقًا	Vraiment.

حروف النفى،

ADVERBES NÉGATIFS.

Lá.	لا	Non.
Má.	ما	Ne.
Lá w'állah.	لا والله	Point du tout.
Lan.	لن	Nullement.
Lays.	ليس	Il n'est point.

حروف الاستثناء،

ADVERBES POUR EXCEPTER.

Éllá.	إلّا	Si ce n'est.
Ghayr.	غير	Sans, in...

---

(1) En Barbarie on dit *Naâm* et *anaâm* نعم.

(2) En Yèmen, *Hèkdá* هكذا.

حروف الاشارة ۽

ADVERBES DÉMONSTRATIFS.

Éd, hâ, hoûdâ, hâhoûdâ, hadâ.   اذ۽ها۽هوذا۽ها هوذا۽هذا   Voici.

حروف المسالة ۽

ADVERBES INTERROGATIFS.

Â, hal, robb.	أ۽ هل ۽ رّب	Est-ce? Est-ce que ?
Kèyf, Zèy.	كيف۽ زى	Comment ?
L'êych. (1)	لايش	Pourquoi ?
Éych.	ايش	Quoi ?
Mâ.	ما	Que ?
Kam, b'kam.	كم۽ بكم	Combien ? etc.

حروف النداء ۽

ADVERBES POUR EXHORTER.

Âyâ.	ايا	Courage !
Barâk, barâk.	براك وبراك	Hardi !
Bak bak.	بك بك	Ferme !
Mèlèïh.	مليح	Bien !

(1) Pour لاّى شى, mot à mot, *pour quelle chose.*

حروف التعجب،

ADVERBES D'ADMIRATION.

Má chá Állah!	ما شاء الله،	Oh! bravo!
Yá b'él-âmân.	يابالامان	Ah!
Gharyb, gharyb.	غريب غريب	Miracle!
Äjèbah.	عجبة	Cela est merveilleux.

حروف التّمنى،

ADVERBES DE DESIR.

Layt, yá-layt.	ليت، يا ليت	Plût à Dieu!

حروف الترجّى و الشرط،

ADVERBES D'ESPOIR.

Laáil.	لعلّ	Peut-être.
Laù, ên.	لو، إن	Si.

حروف الاتّصال،

ADVERBES POUR ASSEMBLER.

Băd-hòm-băd, sawá.	بعضهم بعض، سوّا	Ensemble.
Qarybân, b'élqarb.	قريبًا، بالقرب	Proche.

حروف التفاريق،

ADVERBE POUR SÉPARER.

Báydân.	بعيدًا	Loin.
B'él-tèfâryq.	بالتفاريق،	Séparément.

ARTICLE III.

متمكن مبنى

Des Prépositions.

Les prépositions sont des mots invariables que l'on met toujours devant les noms. Voici seulement les principales :

Mén , ăn.	من 6 عن	De , par.
Élä	إلى	Vers.
Ălä.	على	Sur.
Fy.	فـ	Dans.
Faùq.	فوق	Au dessus.
Taht.	تحت	Au dessous.
Ĕnd.	عند	Chez.
Qoddăm.	قدّام	Devant.
Warä.	ورا	Derrière.
Mén warä.	من ورا	Par derrière.
L'äjl.	لاجل	Pour.
Bayn ou *Bèyn.*	بين	Entre.
Bèdl.	بدل	Pour
Mă.	مع	Avec.
Bélä.	بلا	Sans.

ARTICLE IV.

العطف

Des conjonctions.

Les conjonctions sont des mots invariables qui servent à lier entre eux les divers membres d'une phrase. Les voici :

Wè, fè.	و , ف	Et.
Tomm.	ثمّ	Puis.
Aù, âm.	أو , أمّ	Ou, ou bien.
Ammâ.	أمّا	Mais.
Lakin.	لكن	Cependant.
Bèl.	بل	Néanmoins.

ARTICLE V.

Des interjections.

Comme il y a une très-grande quantité d'interjections, nous laissons à l'usage et au dictionnaire le soin de les faire connoître. Dans les livres, on trouve le plus souvent :

Wayl.	ويل	Hélas !
Él-wayl.	الويل	Ah !

TROISIÈME PARTIE.

النّحو،

DE LA SYNTAXE.

~~~~~~~~~~~~~~~

CHAPITRE PREMIER.

DES NOMS.

ARTICLE PREMIER.

Des différentes manières de parler.

En arabe, on tutoye indifféremment les supérieurs comme les inférieurs, et l'on dit : *Kayf êntè* كيف أَنْتَ ، comment te portes tu ? *F'êntè qad qahart qasmân mén êl-ârḍ* فأنت قد قهرت قسمًا من الارض ، Tu as déja soumis une partie de la terre! Néanmoins, lorsque l'on veut parler plus élégamment, on dit : *Kayf éntom* كيف انتم comment vous portez-vous ? à quoi l'on répond de même, par le pluriel, *Taybyn* طيبين biens.

Lorsque l'on écrit à un prince, il est aussi plus élégant de ne point le tutoyer, exemple : *Él-măroùd l'ĕlm-kom êch-chèryf houè ênnè-h qabl tárykah, solïân* المعروض لعلمكم الشّريف هو انّه قبل تاريخه سلطان ، ce que nous écrivons à votre majesté illustre est que précédemment, le roi.... De même lorsque l'on présente une requête aux *Chayks*, on dit : *Mâ qoùlkom, dâm faùl·kom...* ما قولكم دام فضلكم ، quelle est votre opinion, puisse dieu faire durer votre grandeur....

Les titres d'honneur que l'on donne à ceux à qui l'on écrit sont : *Haḍrèt-kom* حضرتكم ، votre majesté; *Jénâb-kom* جنابكم ، votre personne illustre; *âyohâ êl-êmyr êl-jèdyl chèrf-ho* اَيّها الامير الجذيل شرفه ، très-haut et très-puissant seigneur; *Haḍret ʾazyz êl-méqâm* الجناب المهاب الاعظم ، حضرت عزيز المقام ، sa grandeur; *Él-jénâb êl-mèhâb êl-âzam*
~~~~~~~~~~~~~~~

son altesse ; *Ăzym êl-ŏzamä* عظيم العظماء, le plus grand de tous les grands; *Elm-kom êl-kèrym* علمكم ألكريم, votre science libérale, etc.

A R T I C L E I I.

Des noms substantifs et adjectifs.

En arabe, comme dans les autres langues, l'adjectif s'accorde avec son substantif, le relatif avec l'antécédent et le verbe avec son nominatif. Cependant il est bon d'observer que

1º. L'adjectif se place généralement après son substantif, exemples : *Fè wasalòú ëlä qaśr mèchyd fy waśï êl-bèrâry,* فوصلوا الى قصر مشيد فى وسط البرارى, et ils arrivèrent à un *palais bâti* au milieu des déserts; *Fè nazal dâkél êl-qaśr fè-wajad fy-h sèbä bènát bokkar* فنزل داخل القصر فوجد فيه سبع بنات بكّر, il entra dans l'intérieur du palais, et y trouva sept jeunes *filles vierges. Fè dakal êl-bayt fè wajad fy-há ômm-ho qäëdah wañèd-há* فدخل البيت فوجد فيها أمّه قاعدة وحدها, Il entra dans la maison, et y trouva sa *mère assise* toute seule.

2º. Le pluriel inanimé (1) se construit élégamment avec le singulier féminin, exemple : *Jènnât tèjry mén tañt-há 'l-ânhâr* جنّات تجرى من تختها الانهار, des jardins sous lesquels coulent des fleuves, mot à mot, *des jardins* sous laquelle coule des fleuves. Remarquez les singuliers féminins *Há* ها et *Tèjry* تجرى construits avec les pluriels inanimés *Jènnât* جنات et *Ânhâr* الانهار.

3º. Le nominatif suit immédiatement le verbe, au lieu de le précéder, exemple : *Wè êd qál Moùçä lé-qaùm-ho* و إذ قال موسى لقومه, et lorsque Moyse dit à son peuple; mot à mot, *et lorsque dit Moyse à,* etc. Si le verbe doit être suivi de la particule *Lé* ل, à; et du pronom, on les place entre le verbe et le nominatif, exemple : *Qál l'y êl-ñakym* قال لى الحكيم, le médecin m'a dit; mot à mot, *a dit à moi le médecin. Qál l'ho êl-wèlèd* قال له الولد, l'enfant lui dit; mot à mot, *dit à lui l'enfant.*

4º. On place souvent le verbe *au singulier* devant son nominatif *pluriel*, si ce nominatif exprime des choses animées, exemples : *Qál ên-nâs* قال النّاس, les hommes ont dit; mot à mot, *a dit les hommes. Yèqoùl êl-ñokamâ* يقول الحكّا, les sages disent; mot à mot, *dit les sages.* Si le verbe ne précède point son nominatif il faut qu'il s'accorde avec lui, exemple : *Ên-nâs qalòú oùè yèqoùlòú* النّاس قالوا و يقولوا, les hommes ont dit et disent.

---

(1) C'est-à-dire le pluriel de mots qui n'expriment point une chose qui ait vie.

5°. Lorsque deux noms, dont l'un est substantif et l'autre adjectif, appartiennent au même sujet, ils doivent se rapporter entre eux, et si le substantif prend l'article *Al* ال, l'adjectif doit le prendre aussi, exemples : *Kétâb âzym* كتاب عظيم, un grand livre; *Marâh koùyçah* سمراة كويسة, une jolie femme; *Jâryah âdybah* جارية أديبة, une demoiselle bien élevée; *Él-kétâb êl-âzym* الكتاب العظيم, le grand livre ; *Él-marâh êl-koùyçah* المراة الكويسة, la jolie femme; *Él-jâryat êl-âdybah* الجارية الاديبة, la demoiselle bien élevée; *Ébrahym êl-âmyn* ابرهيم الامين, Abraham le fidèle; *Aboùyé* (1) *'l-meukèrrèm ârsal êlä-yè êâ 'l-m'èktoùb* أبى المكرّم ارسل إلى ذا المكتوب mon très-honoré père m'a envoyé cette lettre. S'ils ne dépendent point du même sujet, ils ne se rapportent point entre eux, exemples : *Allah qadyr* الله قدير, Dieu *est* grand; *Hadâ kétâb* هذا كتاب, cela *est* un livre.

6°. Lorsqu'un nom appellatif est joint à un adjectif pour former un nom propre, il perd l'article *Al* ال, exemples : *Bayt-êl-moqaddès* بيت المقدّس, la maison sainte, c'est-à-dire Jérusalem; *Bâb-ès-saghyr* باب الصغير, la Petite porte, *nom d'une porte de Damas;* *Âroùs-êch-châm* عروس الشام, l'épouse de la Syrie, *Ascalan* (عسقلان).

7°. Lorsque deux substantifs se suivent, le second doit être mis au génitif avec l'article *Al* ال, exemples : *Yèd êl-ênsân* يد الانسان une main d'homme; on dit, en retranchant l'article, *Kâs dèhèb* كاس ذهب un vase d'or; *Koll ênsân* (2) كلّ إنسان, l'université des hommes, c'est-à-dire, *tous les hommes.*

Exception. Le nom de mesure et de poids gouverne la chose mesurée ou pesée à l'accusatif, exemples : *Qafyz châyrân* قفيز شعيرًا, un boisseau d'orge; *Raïl zaytân* رطل زيتًا, une livre d'olives.

ARTICLE III.

Des noms de nombre.

Les nombres cardinaux, par rapport à leurs régimes, sont considérés comme substantifs. Ceux depuis *trois* jusqu'à *dix*, et ceux au-dessus de *quatre-vingt-dix-neuf* gouvernent, comme les autres substantifs, la chose nombrée au génitif; mais ceux au-dessous de *dix* veulent qu'elle soit au pluriel, et ceux au-dessus de *quatre-vingt-dix-neuf* la régissent au singulier, exemples : *Tèlât jâryât* ثلاث جاريات, trois demoiselles; *Érbaâh rèjâl* أربعة رجال, quatre hommes, et *Miäh rajeul* مأية رجل, cent hommes; *Âlf frank* الف فرنك, mille francs.

---

(1) On prononce ainsi dans le vulgaire.

(2) كلّ est substantif.

Depuis *dix* jusqu'à *cent* les noms cardinaux gouvernent (comme les noms de poids et de mesures) l'accusatif singulier, exemple : *Kamsat-ăchar dérhèmăn* خمسة عشر درهمًا, quinze drachmes ; *Échroùn dybăn* عشرون ذيبًا, vingt loups, etc.

Quant à la concordance, les nombres cardinaux sont adjectifs, c'est-à-dire, qu'ils s'accordent en genre avec leur substantif.

Remarques.

Wăhèd واحد, un, se place toujours après la chose nombrée, exemples : *Rajeul wăhèd* رجل واحد, un homme ; *Marăh wahèdah* مراة وحدة, une femme ; *Najjar wăhèd* نجار واحد, un charpentier ; *Boùlisah wahèdah* بولصة وحدة, une lettre de change.

On se sert de *Wahèd* وحد, auquel on ajoute les affixes, pour exprimer *seul*, exemples :

Ănă wahèd-y	انا وحدى	Moi seul, ou je suis seul.
Ĕnt wahèd-ak	انت وحدك	Toi seul, tu es seul.
Hoùè wahèd-ho	هو وحده	Lui seul, il est seul, etc.

Dakalèt êl-hammăm fè wajad bint-hă qăĕdah wahèd-hă دخلت الحمام فوجد بنتها قاعدة وحدها, elle entra dans le bain, et y trouva sa fille seule ; *Fè săfar êl-mona'jăm wè qăăd êl-wèlèd wahèd-ho* فسافر المنجّم و قعد الولد وحده, l'astrologue partit, et l'enfant resta seul.

<center>~~~~~~</center>

CHAPITRE II.

DES VERBES.

Les verbes suivans gouvernent le *sujet* au nominatif et l'*attribut* à l'accusatif ;

Kăn.	كان	Il a été.
Amsä.	امسى	Il a fait nuit.
Ăsbah.	اصبح	Il a fait jour.
Ădhä.	اضحى	Poindre, *en parlant du jour.*
Żall.	ظلّ	Il a fait nuit.

Bât.	بات	*Idem.*
Sâr.	صار	Il a été, il est devenu.
Lays.	ليس	Il n'a pas été.
Mâ zâl.	ما زال	Il n'a pas cessé.
Mâ ânfakk.	ما أنفكّ	*Idem.*
Mâ barah.	ما برح	*Idem.*
Mâ fatyä.	ما فتئ	*Idem.*
Mâ dâm.	ما دام	Tant qu'il dura.
Sammä.	سمّى	Il a été nommé.

Exemples.

Kân Zayd qâymân كان زيد قائمًا, Zayd a été debout; *Zayd sâr ghanyân* زيد صار غنيًّا, Zayd est devenu riche; *Lays Amroù ââlémân* ليس عمرو عالمًا, Amroù n'a pas été savant; *Ébn-ho yoçammä Mohammèdân* ابنه يسمّى محمّدًا, son fils se nomme Mahomet. Quelquefois, lorsque le sujet est précédé de *Lâ* لا et de *Mâ* ما, non, le verbe se retranche, mais l'*attribut* demeure à l'accusatif.

La plupart des verbes actifs gouvernent l'accusatif, plusieurs aussi régissent le génitif par le secours des particules *Bé* ب, *Lé* ل, *Ăn* عن, *Ălä* على, *Fy* في, *Mén* من, *Élä* إلى. C'est à l'usage et au dictionnaire qu'il appartient de les faire connoître.

Il y a de certains verbes qui ne peuvent s'employer sans prendre après eux une ou plusieurs prépositions, même lorsqu'ils ne sont point suivis d'un nom, exemple : *Lâ âqdér ălä ân âqoùl* لا أقدر على أن أقول je ne puis dire, mot à mot, *je ne puis sûr que je dis.*

L'instrument s'exprime par le génitif avec la particule *Bé* ب, exemple : *Kétèbt bé-qalam* كتبت بقلم, tu as écrit avec une plume.

Le *mouvement vers* l'objet se rend par *Élä* إلى et *Fy* في, exemple : *Râh ălä 'l-qasr* راح الى القصر, il est allé vers le château.

Le mouvement contraire s'exprime par *Ăn* عن et *Mén* من, exemple : *Karaj mén èl-âùdah* خرج من الاودة, il est sorti de la chambre.

Nota. Il est plus élégant de retrancher la préposition lorsque le verbe exprime l'action de venir, et alors *l'objet* se met à l'accusatif, exemples : *Jâ-ny* جاءني, il est venu *vers* moi; *Âtayto-k* انيتك, je suis venu vers toi; au lieu de *Jâ éläyè* جاء الى et *Âtayto élay-k* انيت اليك.

Le gérondif en *do* des latins, que nous rendons par le participe du présent précédé de *en*, s'exprime en arabe par l'accusatif du participe du présent, exemples : *Yâkol wâqéfân* يأكل واقفًا, il mange *en* se tenant debout; *Jâ râkéḍân* جاء راكضًا, il est revenu en galoppant; *Sarak nâymân* صرخ نائمًا, il a crié *en* dormant.

Le gérondif en *dum* des latins, que nous exprimons par l'infinitif précédé de *pour*, *afin de*, etc. se rend, en arabe, par le nom d'action (l'infinitif) mis à l'accusatif, exemples : *Darabt-ho tâdybân* ضربته تأديبًا, je l'ai battu pour le faire travailler.

Ce que les latins expriment par *quoad*, *ratione* et *respectu*, et les français par *du côté de*, *quant à*, se rend en arabe par le nom mis à l'accusatif, exemples : *Ṭâb Ésḥâq nafsân* طاب اسحاق نفسًا, Isaac est bon du côté de l'ame (*Bonus est Isaac quoad animam*); *Lâ mât yéçoùǒ élähyatan bèl mât nâçoùtân* لا مات يسوع الاهية بل مات ناسوتًا, Jésus-Christ n'est point mort *quant à* sa nature divine, mais il est mort quant à sa nature humaine, c'est-à-dire, *comme Dieu il n'est point mort, mais il est mort comme homme.*

Il est fort élégant, en arabe, de faire suivre un verbe de son propre infinitif (1), mis à l'accusatif, exemples : *Darabt-ho ḍarbân* ضربته ضربًا, je l'ai frappé en le frappant, mot-à-mot, *je t'ai frappé d'un coup*; *Fè tâjèb ǎjébân ǎzymân* فتعجب عجبًا عظيمًا, et il fut étonné d'un grand étonnement; *Fè kâf kaùfân chèdydân* فخاف خوفًا شديدًا, et il eut peur d'un peur très-forte, etc.

L'infinitif s'exprime, 1º. par le nom d'action, exemple : *Âryd ḍarbân* أُريد ضربًا, je veux frapper, mot-à-mot, *je veux le frappage, l'action de frapper.*

2º. Par le nom d'action précédé d'une préposition, etc.; *Lâ âqdér ǎlä éḍ-ḍarb* لا اقدر على الضرب je ne puis frapper; mot à mot, *je n'ai pas (de) pouvoir sur le frappage, sur l'action de frapper.*

---

(1) Quelquefois on emploie un autre infinitif qui a la même signification, exemple : *Qomto oǹqoùfân* قمت وقوفًا, je me suis levé en me levant. Cet infinitif est une espèce d'adverbe.

3º. Par le futur précédé de *An* أن, que, exemple : *Áryd ǎn ěsmǎ* أُريد أَن أسمع, je veux entendre ; mot à mot, *je veux que j'entendrai*.

4º. Par le futur seul, exemple : *Áryd êchrèb êd-dokǎn* أريد اشرب اللّتخان, je veux fumer du tabac ; mot à mot, *je veux, je boirai de la fumée*.

CHAPITRE III.

DES PARTICULES.

Les particules copulatives joignent toujours deux noms qui sont tous deux aux mêmes cas.

Les prépositions, tant conjonctives que disjonctives, gouvernent le génitif, exemples : *Bé-bayt* ببيت, dans une maison ; *Fy bayt* في بيت, *idem* ; *Taht ǎynèyn* تحت عينين, sur les yeux, etc.

Exceptions. Éllǎ إلّا, *Ǎdǎ* عدا, *ĥáchá* حاشا, *Ḱalǎ* خلا, à l'exception de ; car on dit également : *Qǎm êl-qaùm Ḱalǎ Zayd*, ou *Ḱalǎ Zaydǎn* قام القوم خلا زيد ou خلا زيدًا, le peuple se leva à l'exception de Zayd, etc.

Remarques.

On exprime, par le participe précédé de *Ghayr* غير, les mots négatifs que nous composons avec le secours de *in* et *im*, exemples :

Ghayr mokammal	غير مكمل	Imparfait.
Ghayr mokammalah.	غير مكمّله	Imparfaite.
Ghayr mèfhoùm.	غير مفهوم	Incompréhensible.
Ghayr mǎqoùl.	غير معقول	Inconnu.
Ghayr maqoùl.	غير مقول	Inédit.
Ghayr nażyf.	غير نظيف	Impure.
Ghayr maḥdoùd.	غير محدود	Interminable, etc.

34

Nous bornerons ici nos observations sur le mécanisme de la construction arabe ; nous allons dans un recueil de phrases tâcher de présenter au lecteur les façons de parler les plus difficiles à exprimer.

On pourra aussi faire plusieurs remarques utiles en lisant avec attention les *traductions interlinéaires* qui seront renfermées dans ce volume.

RECUEIL DE PHRASES.

Mén zèmân ês-sébä élä hadd êch-chéykoùkah.	من زمان الصّبا الى حدّ الشّيخوخة،	Depuis la jeunesse jusqu'à la vieillesse.
Mén ér-râs élä 'l-qadam.	من الرّاس الى القدم،	Depuis la tête jusqu'aux pieds.
Ôzyl wazyfat âhèdân.	أزيل وظيفه احدّا،	Oter à quelqu'un sa charge.
Sèllèm-ho mén ènd-y.	سلّمه من عندى،	Saluez-le de ma part.
Mâ baqâ l'ho haqq mâ yètleb.	ما بقاله حقّ ما يطلب،	Il n'a plus rien à prétendre.
Anâ dàto fy wasî él-bèrâry.	انا ضعت فى وسط البرارى،	Je me suis égaré au milieu des déserts.
Laù chy qalyl kân mât.	لو شى قليل كان مات،	Peu s'en fallut qu'il ne mourût.
Anâ konto dâymân hâdér.	انا كنت دايما حاضر،	J'étois toujours présent.
L'ho kamstâchr sènèt élly râh.	له خمسة عشر سنة الذى راح،	Il y a quinze ans qu'il est parti.
Wè laù ènnè-ho kân, anâ râyh tèkoùn ïayb.	ولو انّه كان انا رايح تكون طيب،	Quoi qu'il en soit, je m'en vais, portez-vous bien.
Éttasér! Étèqallä!	انسّر، انقلّع،	Va te promener!
Dèh 's-soùrah b'tèchâbèh-k.	ذه الصورة بتشابهك،	Ce portrait vous ressemble.
Mâ ésïä érjâ éd lam âqtol-ho.	ما اسطع ارجع اذ لم اقتله،	Je ne puis m'empêcher de le tuer.
Hoùè tarak dè 'ch-choghl b'él-kollyah.	هو ترك ذا الشّغل بالكلية،	Il avoit totalement abandonné cette affaire.
Yojâzy-k âllah. Allah yokâfy-k.	يجازيك الله، الله يكافيك،	Dieu vous le rende.
Ahâlan él-êymân él-haqyqy.	احضن الايمان الحقيقى،	Embrasser la vraie religion.

Jà waswas-ny.	جاء وسوسنى 6	Il m'est venu parler à l'oreille.
Qarébnà l'él-mèdynah.	قربنا للمدينة 6	Nous nous sommes approchés de la ville.
Jyb-ly èd-daù.	جيب لى الضّو 6	Apporte-moi de la lumière.
Mà sàr l'ho qoboùl ènd és-solïàn.	ماصارله قبول عند السّطان 6	Il n'a pas eu accès chez le roi.
Faïl-ak dläyè b'hadà.	فضلك علىّ هذا 6	Je vous suis redevable de ce bienfait.
Éhky l'y b'él-ômoùr él-màkoùçah élly jèrat dlay-k.	احكى لى بالامور المعكوسة الّذى جرت عليك 6	Racontez-moi les malheurs qui vous sont arrivés.
Éych hoù élly mà hamalt ént.	ايش هو الذى ماحملت انت 6	Que n'avez-vous pas souffert?
Hoùè tèhaddar l'él-koroùj.	هو تحضّر للخروج 6	Il s'est préparé à sortir.
Hoùè dhsan l'él-foqarà.	هو احسن للفقراء 6	Il a secouru les pauvres.
Atòù dhkoù lè-k àn-nà chy kadéb.	أتوا احكولك عنّا شى كذب 6	On vous a rapporté des faussetés de nous.
Là tèdoùk-ny hal-qadèr.	لا تدوخنى هالقدر 6	Cessez de m'importuner.
Wasal l'ènd-nà sahyh sàlém.	وصل لعندنا صحيح سالم 6	Il est arrivé chez nous sain et sauf.
Mà b'tètqayyèd.	ما بتتقيّد 6	Ne vous y attachez pas.
És-sàd làhaz-ny.	السّعد لاحظنى 6	La fortune me favorise.
Ént b'tawfy-ny.	انت بتوفينى 6	Vous me le payerez.
Hoù éstahsan tèdbyr-ho ou chaùr-ho.	هو استحسن تدبيرن ou شورة 6	Il a approuvé son conseil.
Hoùè chàïér.	هو شاطر 6	Il est industrieux.
B'él-waqt élly ràyt-ho habayt-ho.	بالوقت الذى رايته حببته 6	Aussitôt que je l'ai vu, je l'ai aimé.
Éych b'tàmèl éntè?	ايش بتعمل انت 6	Que faites-vous?

Éych hâl-èk. Kayf hâl-èk zèiy-èk. Kayf kéyf-ak?	ايش حالك ، كيف حـالك ، زبك ، كيف كيفك ،	Comment vous portez-vous ?
Ént mén êl-qasmah?	انت من القسمة ،	Êtes-vous sur votre départ?
Hadam ouè karab êil-dyä.	هدم وخرب الضيع ،	Il a ravagé les campagnes.
B'hafoz jèmyè Éhsân-ak élly fadltòii b'y.	يحفظ جميع احسانك الذى فعلكتم بى ،	Je n'oublierai jamais les bienfaits que j'ai reçus de vous.
Lèm b'nèçä âbdâu êl-jèmâyl élly ămèltòil l'âjl-y.	لم بنسى ابدًا الجمايل التى عملتم لاجلى ،	Je reconnoîtrai vos bienfaits à mon égard.
B'yèmkén yètahajèm wè yă-mèl-ho?	بيمكن يتهجم و يعمله ،	Aura-t-il la hardiesse de le faire ?
Hadâ mâ houè ĕlâmah mè-léyhah.	هذا ما هو علامة مليحة ،	Ce n'est pas un bon signe.
Amsèk êd-dyb mén Édân-ho.	امسك الديب من اذانه ،	Tenir le loup par les oreilles.
Ánâ sèmăt-ho qâl hâchâ haybèt-ak.	انا سمعته قال حاشا هيبتك ،	Je l'ai entendu dire, sauf le respect que je vous dois.
Én-kân éntè b'tèqadèr.	إنكان انت بتقدر ،	Si vous le pouvez.
Âllah yăyn-ak.	ألله بعينك ،	Dieu vous assiste.
Koll wâhèd b'yăych älä ăâdèt-ho.	كل واحد بيعيش على عادته ،	Chacun vit à sa mode.
Ánâ mabsoûi. Kéyf-y jâyah.	انا مبسوط ، كيفى جابة ،	Je suis gai.
Wâhèd mén-nâ maghchoùch.	واحد منّا مغشوتش ،	L'un de nous se trompe.
Houè âsfar mén êl-kaùf.	هو اصفر من الخوف ،	Il a pâli de crainte.
Darabto ïabân älä réjly-yè.	ضربت طبان على رجلى ،	J'ai fait beaucoup de chemin à pied.
Hom énăqadòii bé-mohèbbah ăzymah.	هم انعقدوا بمحبّة عظيمة ،	Ils sont liés d'une étroite amitié.

Lam åqdar åämèl-ho chy.	لم اقدر اعمله شى ٦	Je ne le puis faire.
Lam yèlzèm êl-åshåb qéllat êl-årkån lé-båad-hom båad.	لم يلزم الاصحاب قلّة الاركان لبعضهم بعض ٦	Les amis ne doivent pas se défier les uns des autres.
Qaïaå rås-ho b'åarbah wa-hédah.	قطع راسه بضربة وحدة ٦	Il lui a coupé la tête d'un seul coup.
Mén haåå êtåmél êl-båqy.	من هذا انامل الباق ٦	D'après cela jugez du reste.
Åkaå åkoù-y mä-ho rafyq.	اخذ اخى معه رفيق ٦	Il a pris mon frère pour compagnon.
Må b'qadèr b'tåwwad älä hawå haåéh 'l-bélåd.	ما بقدر بتعوّد على هوا هذ البلاد ٦	Je n'ai pu m'accoutumer à l'air de ce pays.
Haåå må baqå choqhl-y.	هذا ما بقا شغلى ٦	Cela ne me regarde pas.
Kèyf êntè hasant tèi'hajjèm oùè tåty l'hènè?	كيف حسنت تتجّم و ناتى لهنا ٦	Comment avez-vous eu la hardiesse de venir?
Må b'yèmkén yèkoùn mèli-kayn bé-mèmlikah wahé-dah.	ما بيمكن يكون ملكين بمملكة وحة ٦	Il ne peut y avoir deux rois dans un royaume.
Ållah yèïoùl ömr-ak.	الله يطول عمرك ٦	Dieu vous donne une longue vie.
Kèyf ênt maçåd!	كيف انت مسعد ٦	Que vous êtes heureux !
Éynå maoùåå b'yèçå hal-qa-dèr kalåyq?	اينا موضع بيسع هلقدر خلايق ٦	Quel lieu pourra contenir une si grande multitude d'ames ?
Åkaå hal-qådèr nås êl-åkåbér w'åhaïï-hom b'êl-åçyr wè 'l-qayd.	اخذ هلقدر ناس الاكابر و لحطهم بالاسير والقيد ٦	Il a pris plusieurs personnes distinguées, et les a char-gées de fer.
Jalab kåtéry wè mohèbbat-y.	جلب خاطرى وحبّتى ٦	Il s'est attiré mon amitié.
Anå ååyf b'koll jaçad-y.	انا ضعيف بكلّ جسدى ٦	Je suis pris de tout le corps.

Râçy b'yèoùjă-ny.	رأسى بيوجعنى 6	J'ai mal à la tête.
Hadâ mâ hoùè tâbétah.	هذا ما هو ثابتة 6	Cela n'est pas sûr.
Kamman ènnè-h ămal-ho.	خمن أنه عمله 6	Supposez qu'il l'ait fait.
Lâ tămèl dê.	لا تعمل ذا 6	Ne faites point cela.
Lâ tămèl chy l'âjl kâtèr-y?	لاتعمل شى لاجل خاطرى 6	Ne ferez-vous rien pour l'amour de moi ?
Dyr bâl-èk tètèhâmel.	دير بالك تتهامل 6	Prenez garde de négliger.
B'tèmènnâ ân èlly ăkadt-ho yaqlèb ălay-k b'èl-ăks.	بتمنّا ان الذى اخذته يقلب عليك بالعكس 6	Je desire que ce que vous avez pris ne vous profite point.
B'tèmènnâ ânn-ak lam tèt-hènâ âbdân.	بتمنّا انك لم تتهنا ابدًا 6	Je souhaite que vous n'en jouissiez pas.
Mâ fy-ch tèklyf bayn èl-mohèbbyn wè 'l-âshâb.	مافى شى نكليفى بين المحبّين و الاصحاب 6	Entre amis il n'y a pas de cérémonie.
Hoùè dâymân mofièkér.	هو دايمًا مفتكر 6	Il est tout pensif.
Éynâ loùn hosân-ak?	اينا لون حصانك 6	De quelle couleur est votre cheval ?
Lèm ly qâbelyah ăkol sèmèk.	لم لى قابلية اكل سمك 6	Je ne mange pas volontiers du poisson.
Ăkad-ny mă-ho rafyq ês-safr.	اخذنى معه رفيق السفر 6	Il m'a pris pour son compagnon de voyage.
L'ây sèbèb nahn qatănâ 'l-mèkâtébah mâ bayn-nâ?	لاى سبب نحن قطعنا المكاتبة مابيننا 6	Pourquoi avons-nous rompu le commerce de lettres ?
Kalyto dê 'ch-choghl ălä érâdèt-ak.	خليت ذا الشّغل إرادنك 6	J'ai laissé cette affaire à votre arbitre.
Éynâ jèmyl ènt ămèlt-ho mă-y?	اينا جميل انت عملته معى 6	Quel bien m'avez-vous fait ?

Ént má b'tèfettèch éllá ălä maksab-ak.	انـــت مـــا بتفتـــش الّا على مكسبك ،	Vous ne regardez que votre profit.
Aná lam áchghal éllá l'ăjl nèfă-k.	انا لم اشغل الّا لاجل نفعك ،	Je ne travaille que pour votre bien.
Rakab-ny és-soùdah.	ركبنى السّودة ،	Il m'a mis de mauvaise humeur.
Já láqá l'ná.	جا لاقا لنا ،	Il s'est présenté devant nous.
Aná b'ráfèq-ak bé-safrat-ak.	انا برافقك بسفرتك ،	Je vous accompagnerai dans votre voyage.
Hattä ánn-y ărraf-ak. Hattä bèyyèn lè-k él-haqyqah.	حتّى أنّى عرّفك ، حتّى بين لك الحتيقة ،	Pour vous faire connoître la vérité.
Állah yayssér.	الله بيسّر ،	Dieu veuille !
Hadá choghl-y.	هذا شغلى ،	Ceci me regarde.
Hadá b'tắă-y.	هذا بتاعى ،	Cela m'appartient.
Ádkalòú b'ná 'n-náliyah.	ادخلوا بنا التّاحية ،	Retirons-nous à part.
Étbắ hawá nafs-ho.	انبع هوا نفسه ،	Suivre ses passions.
Hoùè éjá l'hènè.	هو اجا هنا ،	Il est venu ici.
Hattä námèl él-hèçáb.	حتّى نعمل الحساب ،	Faisons le compte.
Mén koll beudd án-ná m'nè-roùh.	من كلّ بدّ اننا منروح ،	Nous irons, sans faute.
Óqòd ălä káiér-ak.	اقعد على خاطرك ،	Asseyez-vous commodément.
Hadá rajeul sáléh.	هذا رجل صالح ،	C'est un homme de bonne foi.
Ámèlto dé 'ch-chy bé-chaùr-ak.	عملت ذا الشّى بشورك ،	J'ai fait cela par ton conseil.
Má b'rèdá b'hadá éch-chy.	ما برضا لهذا الشّى ،	Je ne consens point à cela.

Hadâ mâ yâjèb-ny chy.	هذا ما يعجبني شى ٥	Cela ne me plait pas.
'Akadt-ho b'tâb kèbyr.	اخذته بتعب كبير ٥	Je l'ai eu avec grande peine.
Hadâ mèklèf âlay-yé dérâhèm kèìyr.	هذا مكلف علّي دراهم كثير ٥	Cela me coûte beaucoup d'argent.
Hadâ kélâf êl-âàdèt êl-qadymah.	هذا خالف العادة القديمة ٥	Cela est contraire à l'ancienne coutume.
Wosoùl-y mâ jalab àorour âbdân.	وصولى ما جلب ضرر ابتآ ٥	Mon arrivée n'a causé aucun dommage.
Ghâyb-y mén hènê jalab l'y àorour kèìyr.	غايبى من هنا جلب لى ضرر كثير ٥	Mon absence d'ici m'a causé beaucoup de dommage.
Léçân-ak êl-mèychoùm jalab lè-k âks kèìyr.	لسانك الميشوم جالب لك عكس كثير ٥	Votre méchante langue vous attirera beaucoup de malheurs.
Lâ tèjry ââdah jèdydah.	لا تجرى عادة جديدة ٥	N'introduisez pas de nouvelle mode.
Hadéh mâ baqèt êl-âàdah.	هذه ما بقت العادة ٥	Ce n'est pas la coutume.
Dyr bâl-ak l'hâl-èk.	دير بالك خالك ٥	Prenez garde à vous.
Ént mâ b'tòkaff léçân-ak ân êl-kaḍéb?	انت ما بتكف لسانك عن الكذب ٥	Ne cesserez-vous jamais de mentir?
Tèlèff jèmyê molk-ho, ou mâ yèmlèk.	تلف جميع ملكه ou ما يملك ٥	Il a consumé tous ses biens.
Râfaq-ny êlü ênd bayt-y.	رافقنى الى عند بيتى ٥	Il m'a accompagné jusqu'à la maison.
Aâmâl-ak lèm b'tèwâfaq âqoùâl-ak.	اعمالك لم بتوافق اقوالك ٥	Vos actions ne s'accordent point avec vos paroles.
Ént mâ b'tèqadèr tètâàchar mâ âlièdân.	انت ما بتقدر تتعاشر مع احدًا ٥	Vous ne pouvez vous accorder avec personne.
Tabâyê-nâ b'tèchâbah.	طبعاينا بتشابه ٥	Nos mœurs se ressemblent.

36

Sâmaħ-hom l'âjl kâièry.	ساحهم لاجل خاطرى ،	Pardonnez-leur pour l'amour de moi.
Él-mâl él-ħalâl lèm b'yèâlyĕ ou lèm yèdhak âbdân.	المــال الحلال لم بيضيع او يدهك ابدًا ،	Le bien qu'on a acquis par des voies justes ne se perd jamais.
Hadèh 'l-mosâhèbah l'âjl-ak.	هذ المصاحبه لاجلك ،	C'est à vous que j'adresse ce discours.
Rawwâħ mén ghayr-mâ wadâ-ny.	راح من غير ما ودعنى ،	Il est parti sans me dire adieu.
Éħtaqar-ny.	احتقرنى ،	Il m'a méprisé.
Haïï âskar âlä 'l-moslymyn wè ânkaçar.	حطّ عسكر على المسليمين و انكسر ،	Il a mis sur pied une armée contre les turks, et les a vaincus.
Mâ âhèdân b'yoûâdéd-ak.	ما احدًا بيضاددك ،	Personne ne vous contredit.
Wè ên-kân b'yâty b'êl-âks.	وانكان بياتى بالعكس ،	S'il en arrive autrement.
Éslaħ âklâq-ak.	اصلح اخلاقك ،	Corrigez vos mœurs.
Hadâ ênâmèl.	هذا انعمل ،	C'en est fait.
Tèwâdâ ou âsbar l'êlqaïâ.	تواضع او اصبر للتضا ،	Se soumettre aux destins.
Hoûè éstaħâ wè kâf.	هو استحا وخاف ،	Il est devenu confus et s'est troublé.
Hadâ ûadd êl-moħèbbah.	هذا ضدّ المحبة ،	Cela est contraire à l'amitié.
Âkal mâl êl-ghayr.	اكل مال الغير ،	Il a mangé le bien d'autrui.
B'yâmâ ou b'yèçaman mén mâl êl-ghayr.	بيعنا بيسمن من مال الغير ،	Il s'engraisse des malheurs d'autrui.
B'tèbâk êyn mâ raħt ou ħayt tèroûħ êroûħ mâ-k.	بتبعك اين ما رحت حيث تروح اروح معك ،	Je vous suivrai par-tout où vous irez.
Hoûè êktyâr âkiar mén-ny.	هو اختيار اكثر سنّى ،	Il est plus âgé que moi.

Ént b'tèqys ên-nâs kèyf mâ b'tèryd.	انت بتنقيس النّاس كيف ما بتريد ،	Vous mesurez tout le monde à votre aulne.
Énn-ho mâ b'yèkrèj mén él-bayt mâ b'yâraf éych b'yèšyr barrâr.	انّه ما بيخرج من البيت ما بيعرف ايش بيصير برّا ،	Comme il ne sort point de la maison, il ignore ce qui se passe au dehors.
Éych lè-k choghl ént mâ-ho?	ايش لك شغل انت معه ،	Qu'avez-vous affaire avec lui?
Samâto b'yèqoùloû ân âch-ghâl-ho qaoùy mǎkoùçah.	سمعت بيقولوا ان اشغاله قوى معكوسة ،	J'ai entendu dire que ses affaires alloient bien mal.
Ânâ b'sabab l'ho b'halqadèr ômoùr hattä ênn-ho yèn-dam ǎlä jèmyě mâ fǎl.	انا بسبب له هلقدر أمور حتّى انّه يندم على جميع ما فعل ،	Je lui susciterai de si belles affaires, qu'il se repentira de tout ce qu'il a fait.
Échtaghal ént b'choghl-ak wè lâ tèqârach âchghâl ghayr-ak.	اشتغل انت بشغلك ولا تقارش اشغال غيرك ،	Mêlez-vous de vos affaires, sans fourrer votre nez dans celles d'autrui.
Ânâ ǎǒwèz chaùr-ak.	انا عاوز شورك ،	J'ai besoin de vos conseils.
Én-kân ânâ karajto dérâ-hèm-y l'ǒy sèbèb éntb'tèt, qârach?	إنكان . انا خرجت دراهمى لاى سبب انت بتتقارش ،	Si je fais des dépenses, de quoi vous mêlez-vous?
Tèbâyèn l'y b'hadâ 'ch-choghl éych qadèr éntè b' tèhobb-ny ch.	تباين لى لهذا الشّغل ايش قدر انت بتحبّنى شى ،	Je reconnois dans cette affaire combien vous m'aimez.
Ânâ nèsto hattä ên-ny jaréb-ak.	انا نصت حتّى انّى جربك ،	J'ai dissimulé afin de vous éprouver.
Ént b'tèndam kèmâ nadémto ânâ.	انت بتندم كما ندمت انا ،	Vous vous en repentirez com-me moi.
Laù ên hadâ 'ch-chy b' yèšyr l'y konto qaoùy ânbasaïto.	لو ان هذا الشّى بيصير لى كنت قوى انبسطت ،	Si cela fût arrivé, j'en aurais ressenti beaucoup de plaisir.
Kaçar âktar mâ kaçab.	خسر اكثر ما كسب ،	Il a perdu plus qu'il n'a gagné.

Hadâ ăyb ălay-k.	هذا عيب عليك ٥	Cela est honteux pour vous.
Hoûè ăă-ho êï-ăăqayn.	هو عطاه الطاقين ٥	Il lui a donné le double.
Hadâ qaoùy hayn ĕnn-hom yaqtelòù rajeul hal-qadèr ăăqél.	هذا قوى حين انهم يقتلوا رجل هلقدر عاقل ٥	C'est dommage de faire périr un si honnête homme.
Hoûè b'yèhobb-ho b'jonoùn.	هو بيحبّه جنون ٥	Il l'aime à la folie.
Anâ b'kâfy êă-ăoroùr êl-mojâb lèk.	انا بكافى الضرر المجاب لك ٥	Je réparerai les dommages que vous éprouverez.
Èntè l'nâ êl-yaùm.	انت لنا اليوم ٥	Vous êtes à nous aujourd'hui.
Mèn êl zòm-ak tămèl-ho.	من الزمك تعمله ٥	Quelle nécessité de le faire?
Moăwwad yènăm êlä nosf ĕn-nèhâr.	معوّد ينام الى نصف النهار ٥	Il a coutume de dormir jusqu'à midi.
Mâ haçanto năm êl-layl ou mâ raqadto chy.	ما حسنت نام الليل وما رقدت شى ٥	Je n'ai pas dormi toute la nuit.
Anâ sèmăt-ho b'yèmarmar.	انا سمعته بيمرمر ٥	Je l'ai entendu murmurer.
Mén chèddah mâ ălikâ kaçar l'y râç-y.	من شدّة ما احكا كسر لى راسى ٥	A force de parler, il m'a rompu la tête.
Bé-kăïèr-y sâfar băd-ghadah ou ănâ qasd-y nèçâfar.	خاطرى سافر بعد غدّ ou انا قصدى نسافر ٥	J'ai envie de partir après-demain.
Hadâ 'ĭ-ăăf bâryè ăqăr êd-dounyâ.	هذا الضعف بارى اقطار الدنيا ٥	Cette maladie domine partout.
Aăraă ălä ăllah ăăzèt-ho.	اعرض على الله عازنه ٥	Il a exposé à Dieu ses nécessités.
Élly b'yăïy b'êl-ăjl b'yăïy marratayn.	الذى بيعطى بالعجل بيعطى مرّتين ٥	Qui donne vîte, donne deux fois.
Èn-kân b'yèăă chy b'iqlab-ho mènn-ak.	اذكان بيضع شى بطلبه متّك ٥	S'il se perd quelque chose, je m'en prendrai à vous.

Él-jèmyl élly b'tămèl-ho mă-ho b'sarraf énn-ho l'ájl-y.	الجميل الذى بتعمله معه بصرف انه لاجلى ،	En l'obligeant vous m'obligerez aussi.
Hadă sèbèb hèlăk-y.	هذا سبب هلاكى ،	Voilà la cause de mes malheurs.
Laù énn-ho mă yèroùĥ konto b'ăraf éych b'ămèl.	لو انّه ما يروح كنت بعرف ابيش بعمل ،	S'il n'y eût été, je savais ce que j'avais à faire.
Beudd-ho yèkoùn mèjnoùn ĥattă énn-ho yèsarrak b'ghayr sèbèb.	بك يكون مجنون حتّى انّه يصرّخ بغير سبب ،	C'est être fou que de crier sans raison.
B'yèqăd tèlăiah Săăăt ĥattă yămèl chy.	بيقعد ثلاثة ساعات حتّى يعمل شى ،	Il est trois heures à faire une chose.
Mă b'yèftèkèr éllă b'él-kèb-bah.	ما بيفتكر الّا بالخبّة ،	Il ne pense qu'à la malice.
Érmă éd-danb ălă 'l-ăker.	أرمى الذنب على الاخر ،	Rejeter la faute sur un autre.
Jonoùn-ho b'yèçăf-ho b'él-éětédăl ălă kabbat-ho.	جنونه بيسعفه بالاعتدال على خبّته ،	La folie sert d'excuse à sa méchanceté.
Hoùè tèqăăd b'hadă 'ch-choghl.	هو تقاعد لهذا الشّغل ،	Il s'est chargé de cette affaire.
Mă hoùè ghany.	ما هو غنى ،	Il n'est point riche.
Masmas fom-ak.	مصمص فمك ،	Rincez-vous la bouche.
Mă yèlfèz mèlăyĥ él-léçăn él-äraby.	ما يلفظ مليح اللسان العربى ،	Il ne prononce pas bien l'arabe.
'Akiar mén én-năs montafa-qyn fy hadă.	اكثر من النّاس منتفقين فى هذا ،	Le commun du peuple s'accorde en cela.
B'kam échtarayt-ho?	بكم اشتريته ،	Combien avez-vous acheté cela?

'Aoùdáná-k ou má Allah ou Állah má-k ou káïer-ak ou Állah éhitafz-ak.	اودعـك ou مـع الله ou الله ou معك ou خاطرك ou الله اِحتفظك ،	Adieu.
Fassar hadá b'fèsáhat ázymah.	فسّر هذا بفصاحة عظيمة ،	Il a expliqué cela d'une manière admirable.
Syrat-ak ênd-y maqboùlah.	سيرتك عندى مقبولة ،	Votre conduite m'est agréable.
Má b'yèdry.	ما بيدرى ،	Il ne s'en aperçoit pas.
Éhtamám-ak yèkoun fy hadá.	اِهتمامك بيكون فى هذا ،	Mets toute ton application à cela.
Jánab-ny.	جانبنى ،	Approche-toi de moi.
Hadá má yáddy ălä ăql-y.	هذا ما يعدّى على عقلى ،	Je ne saurois approuver cela.
Sár l'ho bakt má sár l'áhèd mén qabl-ho.	صار له بخت ما صار لاحّد من قبله ،	La fortune t'a favorisé comme jamais elle n'a favorisé un autre.
Má b'yáraf fy tètbyl êl-ákl.	ما بيعرف فى تنبيل الاكل ،	Il ne sait pas assaisonner les viandes.
Éstakbar ăn hadá 'l-kabr.	استخبر عن هذا الخبر ،	Assure-toi de cette nouvelle.
L'y zèmán ênn y éstánná-k.	لى زمان انّى اِستنّاك ،	Il y a long-temps que je vous attends.
... l-y.	قف لى ،	Attends-moi.
Ănd ămalt kèïyr ménn-ak wè ênt baïïalt ăml-y.	انا املت كثير متك و انت بطّلت املى ،	J'attendois beaucoup de toi et tu m'as trompé.
Ăná wáqéf ălèy-k mén sáátayn.	انا واقف عليك من ساعتين ،	Il y a deux heures que je t'attends.
Lá toùákéd-ny.	لا تواخذنى ،	Je vous demande pardon.
Ăămèl dé b'êl-éhtamám.	اعمل ذا بالاهتمام ،	Faites cela avec attention.

Tarattab ên-nâr.	ترتّب النّار ،	Attise le feu.
Ênt jâwant-ny tèjoùyn chè-dyd.	انت جاوتنى تجوين شديد ،	Tu m'as bien attrapé.j
Täïy-ny hadâ salaf.	نعطينى هذا سلف ،	Payez-moi d'avance.
Nazr-ak mâ b'yèfoùt ênf-ak.	نظرك ما بيفوت انفك ،	Tu ne vois pas plus loin que le bout de ton nez.
Mâ ǎlay chy (vulgairement *mâ ǎlèi-ch*) ou *mâ fy-ch ǒorour.*	ما عليه شى ou ما فى شى ضرر ،	Il n'importe.
Mâ fy-h bâs.	ما فيه بــاس ،	Il n'y a point de mal.
Hadâ yèjy fy yèd-y hèyn waqt êchtèhy.	هذا يجى فى يدى حين وقت اشتهى ،	J'aurai cela quand je voudrai.
Ǎlä qad mâ âboù-k jéyd ǒlä qad dalék ênt chèryr.	على قد ما ابوك جيد على قد ذلك انت شرير ،	Tu es méchant autant que ton père est bon.
B'êl-lǎb qolto hadâ bǎǒ êl-âoùqât.	باللعب قلت هــذا بعـض الاوقات ،	J'ai quelquefois dit cela pour badiner.
Jayto, yâ syd-y, hattä ôqab-bél yèǒy-kom.	جيـت يا سيـدى حتّى اقبّـل يد يكم ،	Je suis venu, monsieur, pour vous baiser les mains.
B'êchrèb bé sèrr-ak.	باشرب بسرّك ،	A votre santé.
Êsqy-ny.	إسقينى ،	Donnez-moi à boire.
Êl-warqah tènéchch, ou *yè-kraq êl-warqah.*	الورقة تنش uo يخرق الورقه ،	Le papier boit.
Mòyah taghly.	مويّة تغلى ،	L'eau bout.
Charah l'y 'l-hêkâyah mén âwwal-hâ êlä âkérat-hâ.	شرح لى الحكاية من اوّلهــا الى اخرىها ،،	Il m'a expliqué la chose de bout en bout.

Nâs mèlâh.	ناس ملاح ٦	Ce sont de braves gens.
Kân dalék ălä ăss éd-dèhèr ou ălä qadem éd-dèhèr ou ălä wajh éd-dèhèr.	كان ذلك على اس الدهر ou على قدم الدهر ou على وجه الدهر ٦	Ce fut dans le commencement des siècles passés.
Ăkad-ny b'danb ghayr-y.	اخذ نى بذنب غيرى ٦	Il m'a repris pour une faute que je n'avais pas commise.
Doqto én-nèbyd.	ذقت التبيد ٦	J'ai goûté le vin.
Tèchâoùroù fy-h.	تشاوروا فيه ٦	Ils délibèrent.
Ént k'ănâ.	انت كانا ٦	Tu es comme moi.
Hoùè âăzz ĕnd-y mén boùboù ăyn-y.	هو اعزّ عندى من بوبو عينى ٦	Il m'est plus cher que la prunelle de mes yeux.
Hoùè fy boùboù 'l-mèjèd.	هو فى بوبو المجد ٦	Il est au comble des grandeurs.
Hoùè boùboù dèhèr-ho.	هو بوبو دهره ٦	Il est l'ornement de son siècle.
Barrăn wè bahrăn.	برّا وبحرا ٦	Par terre et par mer.
Lèbèsto édny l'ho.	لبست إذنى له ٦	Je n'ai pas voulu l'écouter.
Mâ âfăl-ho mâ énn és·sèmâ najem.	ما افعله ما ان السمآ نجم ٦	Je le ferai quand il y aura plus d'étoiles dans le ciel.
Ayâ-k tèfăl-ho.	اياك تفعله ٦	Garde-toi de faire cela.
Ăkalto 'l·ăych b'és-sèmèn.	اكلت العيش بالسمن ٦	J'ai mangé du pain avec du beurre.
Dèhèb dam-ho.	ذهب دمه ٦	Son sang coula.
Lâ yèkïèr bé băl-y.	لا يخطر ببالى ٦	Il ne m'est pas venu à l'esprit.
Boùyă l'ho b'él-kélâfah.	بويع له بالخلافة ٦	Il a été proclamé roi.

Chèy bayn bayn.	شى بين بين ٦	Une chose entre deux.
Mât ḣaqq ênf-ho.	مات حق أنفه ٦	Il est mort de sa belle mort.
Ăămèl-ho ălä raghm ênf-ho.	أعمله على رغم أنفه ٦	Je le ferai à sa barbe et à son nez.
Kam sènèh fy ŏmr-ak?	كم سنة فى عمرك ٦	Quel âge avez-vous?
Sâăh fy kam?	ساعة فى كم ٦	Quelle heure est-il?
Kèièrt ălay-yè êḣsânah.	كثرت على الإحسانة ٦	Vous m'avez comblé de bien-faits.
Marât-y waladèt êl-barăḣ.	مراتى ولدت البارح ٦	Ma femme est accouchée hier.
Jyb l'y hadâ qabl êz-zohr bé-ièlâti sâăt.	جيب لى هذا قبل الظّهر بثلات ساعات ٦	Apportez-moi cela trois heures avant midi.
Hadâ yaùmy l'nâ ou yaùdéḣ l'nâ ou yèfassar l'nâ ăn....	هذا يومى لنا ou يوضح لنا ou يفسّر لنا ان ٦	Cela nous apprends que...
Ĕnd wosoùl êl-mèktoùb.	عند وصول المكتوب ٦	A l'arrivée de cette lettre.
Éych lè-k tèdawwar hal-qadar fy dê 's-sandoùq?	ايش لك تدوّر هلقدرى هذا الصّندوق ٦	Q'avez-vous à tant chercher dans ce coffre?
L'ho qymat ĕnd-y.	له قيمت عندى ٦	Je fais beaucoup de cas de lui.
Konnâ fy ḣéçâb-ho.	كنّا فى حسابه ٦	Nous étions sur son chapitre.
Kèm sènèh qădt êniè fy Halèb?	كم سنة قعدت انت فى حلب ٦	Combien de temps as-tu demeuré à Alep?
B'meqays-ho mâ tăraf chy.	بمقايسه ما تعرف شى ٦	En comparaison de lui, tu ne sais rien.
Ên kân yèjy lé-kân jâ.	إن كان يجى لكان جاء ٦	S'il avoit dû venir, il serait arrivé.
Dâr-y bé-mytâ dâr-ho.	دارى بيّتا داره ٦	Sa maison est à côté de la mienne.

Ăkad-ho bé-dab-ho.	اخذه بذنبه،	Il l'a repris à cause de son mensonge.
Hèmòŭ b'ho wè tèchâoŭròŭ fy-h.	همّوا به وتشاوروا فيه،	Ils s'en inquiètent et en délibèrent.
L'ak êl-b'da.	لك البدء،	C'est à toi de commencer.
Jayt-ak êd qâm Zayd, ou êd Zayd qâym, ou êd Zayd yèqoùm.	جيتك اذ قام زيد ou اذ زيد قايم ou اذ زيد يقوم،	Je suis arrivé vers toi au moment où Zayd se levait.
Éydèn.	ايذن،	Permettez.
Arazèt êl-âsâbĕ mén êl-bèrd.	ارزت الاصابع من البرد،	Ses doigts sont resserrés les uns contre les autres par le froid.

TRADUCTIONS

INTERLINÉAIRES.

أَمْثَالُ لُقْمَانَ الْحَكِيمِ

١

أَسَدٌ وَثَوْرَانِ ،

أَسَدٌ مِنْ خَرَجَ عَلَى ثَوْرَيْنِ فَاجْتَمَعَا جَمِيعًا وَكَانَا يَنْطَحَانِ بِقُرُونِهَا وَلَا يُمْكِنُهُ مِنَ الدُّخُولِ بَيْنَهَا فَانْفَرَدَ وَيَأْخُذُ يَخْدَعُهَا وَأَوْعَدَهَا أَلَّا يُعَارِضَهَا وَإِنْ يَتَخَلَّى أَحَدُهَا عَنْ صَاحِبِهِ فَتَخَلَّى أَحَدُهَا وَافْتَرَسَهَا جَمِيعًا ،

هَذَا مَعْنَاهُ ،

أَنَّ مَدِينَتَيْنِ إِذَا اتَّفَقُوا عَلَى رَأْيٍ وَاحِدٍ أَهْلُهَا فَإِنَّهُ لَا تَمَكَّنَ مِنْهَا عَدُوَاتٌ فَإِذَا افْتَرَقَا هَلَكَا جَمِيعًا ،

~~~~~~~~

I.

Le Lion et les deux Taureaux.

Un lion s'étant un jour jeté sur deux taureaux, ils se resserrèrent et le frappèrent de leurs cornes : ne pouvant parvenir à les vaincre, il résolut d'user de ruse ; c'est pourquoi il leur promit de ne les plus tourmenter, s'ils voulaient se séparer. Alors l'un d'eux se sépara de son compagnon, et le lion les dévora l'un après l'autre.

Sens moral.

Lorsque les habitans de deux villes s'accordent sur un même point, et se prêtent mutuellement secours, leurs ennemis font contre elles de vains efforts ; mais dès qu'ils sont séparés par la discorde, elles sont bientôt ruinées toutes deux.
~~~~~~~~

FABLE PREMIÈRE.

Âçad wè   Ṫaùrân.
(Le) Lion et (les) deux Taureaux.

Âçad   marrah   karaj [1] *ălä iaùrayn* [2] *,   f' êjtèmăâ* [3]   *jèmyăăn, wè kânâ* [4]
Un lion   une fois   se jeta sur deux taureaux ,   mais ils se resserrèrent   ensemble ,   et ils (le)

yènïahàn [5] *bé-qoroùn-homâ* [6] *, wè   lâ   yomkén* [7] *-ho mén   êd-dokoùl bèyn-homâ :*
frappèrent   avec leurs cornes ,   et (il) ne lui fut (pas) possible de (trouver) le passage entre eux deux :

f' ânfarad [8] *wè yâkod* [9]   *yèkâă-homâ,   wè âùăd-homâ* [10] *âl-lâ* [11]   *yŏâréd* [12] -
il s'éloigna ,   et commença à employer la ruse contre eux deux , et il leur promit qu'(il) ne les tourmenterait

homâ w'ên yètakallä [13] *âhèd-homâ   ăn sâhèb-ho* [14]*. Fé takallä âhèd-homâ, wè*
pas ,   si   se séparait (l') un des deux   de son compagnon. Alors s'éloigna l'un des deux , et (le lion)

êftaras [15] *-homâ jèmyăăn.*
dévora eux-deux entièrement.

Hadâ mănâ- [16] *ho :*
Cela   veut dire :

Ann mèdynatayn [17] *êdâ êttèfaqòù* [18] *ălä   rây wâhèd âhl-homâ, f'ênnè-h* [19] *lâ tomkén*
Que   deux villes   quand s'accordent   sur (une) opinion seule leurs habitans , certes que   ne peuvent

    mén-homâ   ădoùât [20] *, wè êdâ   êftaraqâ* [21] *halakâ* [22] *jèmyăăn.*
(rien) contre eux   des ennemis , mais lorsqu' ils se désunissent , ils périssent entièrement.

---

[1]) *Mot à mot, sortit.*

[2]) *Accusatif du duel de* ثَوْر.

[3]) *3ᵉ. pers. masc., au duel du parfait de* أِجْتَمَع, *à la 8ᵉ. conjug. dérivée de* جَمَع.

[4]) *3ᵉ. pers. masc., au duel du parf. de l'ind. de* كان.

[5].) *3ᵉ pers. masc., au duel du futur de l'ind. de* نَطَح.

[6]) *Pronom possessif de la 3ᵉ. pers. masc., au duel.*

[7]) *3ᵉ. pers. sing. masc. du futur de l'ind. de* أَسْكَن, *à la 4ᵉ conj. dérivée de* سَكَن.

[8]) *3ᵉ. pers. sing. masc. du parf. de l'ind. de* أنفرد, *à la 4ᵉ. conj. dériv. de* فرد.

[9]) *3ᵉ. pers. sing. masc. du futur de l'ind. de* أَخَذ.

[10]) *3ᵉ. pers. masc. du parf. de l'ind. de* أوعد, *à la 4ᵉ. conj. dériv. de* وعد.

[11]) *pour* أن لا *que ne.*

[12]) *3ᵉ. pers. sing. masc. du futur de l'ind. de* عارض, *à la 3ᵉ. conj. dériv. de* عرض.

[13]) *3ᵉ. pers. sing. masc. du futur de l'ind. de* تخلّى, *à la 5ᵉ. conjug. dériv. de* خلّى.

٢

غزال ٦

ايل يعنى غزال متّن عطش فاتى الى عين ماء يشرب فنظر خياله فى الماء فحزن لدقّة قوايمه
يسرّ و ابتهج لعظم قرونه و كبرها و فى الحال خرج عليه الصيّادون فاهرب منهم فامّا
و فى السهل فلم يدركوه فلمّا دخل فى الجبل و عبرين الشجر فلحقوه الصيّادون وقتلوه
قال عند مونه الويل لى أنا المسكين الّذى ازدريت فيه هو خلّصنى و الّذى رجونه اهلكنى ٦

I I.

La Gazelle (*).

Une gazelle étant allée à une source pour se désaltérer, aperçut son image sur la surface de
l'eau ; elle ne put s'empêcher de gémir sur la maigreur de ses jambes, et elle s'énorgueillit de
la magnificence de ses cornes. Tout-à-coup une troupe de chasseurs se met à sa poursuite,
la gazelle s'élance dans la plaine, et leur échappe ; mais à peine est-elle entrée dans la
montagne que ses cornes s'embarrassent dans les arbres, et les chasseurs l'atteignent. « Malheu-
» reuse, dit-elle en expirant, j'ai méprisé ce qui pouvait me sauver, et c'est ce qui flattait
» mon orgueil qui m'a perdue. »

---

[14]) *Pronom posses.* (affixe) *de la* 3e. *pers. sing. masc.*

[15]) 3e. *pers. sing. masc. du parf. de* أفترس, *à la*
8e. *conjug. dériv. de* فرس.

[16]) *Mot à mot*, cela *la* signification *de* lui.

[17]) *Accusat. du duel de* مدينة. *La construction est*
Éda âhl mèdynatayn èttafaqòû alà wâhéd rây, etc.

اذاهل مدينتين أنفقوا على واحد راى ٦

[18]) 3e. *pers. mascul. au pluriel du parf. de* أتّفق, *à*
la 8e. *conj. dériv. de* وفق.

[19]) *composé de* أنّ ه *et certes que lui.*

[20]) *Pluriel de* علوة ; *fém. de* علوّ.

[21]) 3e. *pers masc. au duel du parf. de* أفترق, *à la*
8e. *conj. dériv. de* فرق.

[22]) 3e. *pers. masc. au duel du parfait de* هلك.

(*) La Gazelle (en latin *Dorcas*) est un petit animal qui ressemble beaucoup à un chevreuil, pour la forme du
corps ; elle a en général les yeux noirs, grands, très-vifs, et en même temps si tendres, que les Orientaux en ont fait
un proverbe, en comparant les yeux d'une femme à ceux de la gazelle. Elles ont pour la plupart les jambes plus
fines et plus déliées que le chevreuil, le poil aussi court, plus touffu ; leurs jambes de devant sont moins longues
que celles de derrière, ce qui leur donne, comme au lièvre, plus de facilité pour courir en montant qu'en descendant ;
leur légèreté est au moins égale à celle du chevreuil, mais celui-ci bondit et saute plutôt qu'il ne court, au lieu que
les gazelles courent uniformément plutôt qu'elles ne bondissent ; leurs cornes ont environ un pied de longueur,

FABLE II.

Ghazâl.
(La) Gazelle.

Éïyal (yŏny ghazâl) marrah ăïach, fè ătä élä ăyn mâ yèchrèb, fè nażar
Un Éïyal (c'est-à-dire une gazelle) une fois eut soif, et alla vers une source d'eau pour boire, et elle vit

kayâl-ho fy 'lmâ. Fè ḣazén lé déqqah qawâym-ho wè sarr wè êbtahaj [1]
son image dans l'eau. Alors elle s'affligea à cause de la maigreur de ses jambes et elle se réjouit et s'énorgueillit

lé êzm qoroùn-ho wè kébr-hâ. Wè fy 'l-ḣâl [2] *karaj ălay-h*
à cause de la grandeur de ses cornes et (à cause) de leur magnificence. Mais tout-à-coup sortirent contre elle

és-saïyâdoùn, fè ânhazam [3] *mén-hom fè ămmâ hoùè fy 's-sèhl* [4] *fè lèm ç odrékoù* [5]*-ho*
les chasseurs ; elle échappa à eux et tant qu' elle fut dans la plaine, (ils) ne l'atteignirent

fè lammâ dakal fy 'l-jèbèl wè ăbar bayn éch-chèjr fè laḣaqoù - ho
(point) mais quand elle entra dans la montagne et (que) elle traversa parmi les arbres alors la prirent

és-saïyâdoùn, wè qataloù-ho. Fè qâl ănd maùt-ho : « Él-wayl l'y ! ănâ
les chasseurs, et ils la tuèrent. Et elle dit à (l'instant de) sa mort : « Malheur à moi ! je suis

» *'l-mèskyn, élly êzdorayto* [6] *fy-h hoùè kallaṣ-* [7] *ny, wè élly rajaùt-ho*
» une infortunée, ce que j'ai méprisé lui il m'a sauvée tandis que ce que j'ai espéré (en) lui

» *ăhlak* [8]*-ny.* »
» m'a perdu. »

---

et se recourbent vers la pointe. La plupart sont fauves sur le dos, blanches sous le ventre, avec une bande brune qui sépare ces deux couleurs au bas des flancs ; leur queue, plus ou moins grande, est toujours garnie de poils assez longs et noirâtres ; leurs oreilles sont droites, longues, assez ouvertes dans le milieu, et se terminent en pointes. Toutes ont le pied fourchu, et conformé à peu près comme celui des moutons (toutes, mâles et femelles, ont des cornes permanentes comme les chèvres ; les cornes des femelles sont seulement plus minces et plus courtes que celles des mâles. On distingue treize espèces parmi ces animaux. (Voyez l'*Histoire nat. de Buffon*, tom. V, p. 258.)

[1] *3e. pers. sing. masc. du parf de l'ind., à la* 8e. *conj. dérivée de* جحش.

[2] *Mot à mot*, sur l'instant, sur-le-champ.

[3] *3e. pers. sing. masc. du parfait de l'ind., à la* 6e. *conj. dériv. de* هرم.

[4] *Mot à mot :* Mais lui dans la plaine.

[5] *3e. pers. plur. masc. du fut. de l'ind. de* أدرك *à la* 4e. *conj. dériv. de* درك.

[6] *Pour* زنرينت, 1e. *pers. sing. masc. du parfait de l'ind. de* أزدري *pour* أزرى, *à la* 8e. *conj. de* زرى ; *le* Dâl د *remplace le* Tè ت *caractéristique de la* 8e. *conjug., parce que la première rad. est un Zê* ز. (Voyez *page* 80.)

[7] *Composé de* خلص *et* ني ; خلص 3°. *personne sing. masc. du parf. de l'ind. à la* 2e. *conjug. dériv. de* خلص. ني *accus. sing. de la* 1re. *pers. du pron. person.* (Voyez *page* 46.)

[8] *3e. pers. sing. masc. du présent de l'ind. à la* 4e. *conjug. dériv. de* هلك.

٣

غزال ،

غـزال مـنّ مـرض فـكان اصحابه مـن الوحوش يـاتى الـيـه و يـودعـه و يـرعى
ما حوله مـن الحشيش و العشب فلمّا فاق من مـرضه التمس شيًـا لياكله فلم يـجـد
فهلك جوعًا ،

هذا معناه

مـن كثر اهله كثرت حزنه ،

I I I.

La Gazelle.

Une gazelle étant tombée malade, ses compagnes parmi les animaux vinrent la voir et
lui offrir leurs services : mais à mesure qu'elles venaient elles broutaient l'herbe, et mangeaient
le grain qui était autour d'elle, de sorte que lorsqu'elle fut convalescetne, elle chercha
inutilement de quoi manger, et périt.

Sens moral.

En multipliant sa suite on multiplie ses chagrins.

FABLE III.

Ghazâl.
La Gazelle.

Ghazâl marrah maréä ʿ fè kân [1]   *âshâb-ho mén êl-wohoùch yâty êlay-h, wè*
Une gazelle un jour tomba malade et   ses camarades d'entre les animaux vinrent   vers elle   et

yoùdă- [2] *ho, wè yèrăä mă   haùl-ho mén êl-hachych wè 'l-öchb, fè*
la gardèrent, mais ils broutèrent ce que (il y avait) autour d'elle   d'   herbe   et de grains, de sorte que

lammă fâq mén mard-ho âltamas [3] *chèyăn l' yăkol-ho, fè lèm yajéd* [4]   *fè*
lorsqu' elle releva de sa maladie elle chercha quelque chose pour le manger, mais *elle* ne trouva (rien)   et

halak jaùăăn.
mourut   de faim.

Hadă mănă-ho :
Cela veut dire :

Man kaior âhl-ho katorèt ähzân-ho.
(Que) celui qui augmente sa suite augmente ses chagrins.

---

[1] *Dépend de* بياتی *et de* يودعه — كان وكان نات *,*
6 يودعه *, c'est-à-dire, venaient et le gardaient. (Voyez page 68, lig.* 1er.*) Dans les auteurs, il n'est pas rare de trouver le verbe* كن *séparé du futur, auquel on le joint pour former l'imparf.*

[2] *3°. pers. sing. masc. du fut. de l'ind. de* اودع *, à la* 4e. *conj. dériv. de* ودع.

[3] *3e. pers. sing. masc. du parf. de l'ind., à la* 8e. *conjug. dériv. de* لمس.

[4] *3°. pers. sing. masc. du fut. de l'ind. de* وجد *, verbe quiesc., dont la* 1re. *rad. est un* Wàoù. (Voy. p. 91.)

ع

اسد و ثعلب

اسد متى اشتدّ عليه حرّ الشمس فدخل الى بعض المغاير يتظلّل بها فلمّا ربض اتى اليه جردون يمشى على ظهره فوثب قائمًا فنظر يمينًا و يسارًا وهو خائف مرعوب فنظره الثعلب فتضحّك عليه فقال له الاسد ليس من الجردون خوف اثّما اكبر على احتقارى،

هذا معناه

انت الهوان على العاقل اشدّ من الموت،

I V.

Le Lion et le Renard.

Un jour, un lion, ne pouvant supporter la chaleur du soleil, se mit à l'abri dans une caverne. Mais après qu'il se fut couché sur la terre, un lézard vint courir sur son dos; le lion se leva en rugissant, et commença à regarder à droite et à gauche. Un renard s'étant mis à rire en le voyant ainsi en colère, le lion lui dit : « Ce n'est point la crainte d'un » lézard qui me fait agir de la sorte, mais je ne puis supporter le mépris que l'on a » pour moi. »

Sens moral.

Pour le sage, le mépris est plus cruel que la mort.

FABLE IV.

Áçad wè Tâlèb.
Le Lion et le Renard.

Áçad   marrah   áchtadd[1]   *ălay-h harr êch-chams , fè dakal*
(Il arriva à) un lion (qu') un jour se fit sentir avec violence sur lui la chaleur   du soleil , alors il entra

lä băaď el-maghâyr yèt'zallal[2]   *b'hâ , fè-lammâ rabaď âtä êlay-h jérdaùn*
dans une certaine   grotte   pour se mettre à l'ombre dans elle , et quand il fut couché vint vers lui un lézard

yèmchy ălä zahr-ho , fè   watab qâymân[3] *fè nazar yèmynân wè yèçârân*
qui) se promena sur   son dos   alors (le lion) se leva debout   et regarda à droite   et à gauche

wè houè   kâyf   mèrŏùb. Fè nazar-ho êt-tălèb fè tèdlaḧḧak[4] *ălay-h ; fè qâl*
il (était) plein de crainte (et) effrayé. Or l'aperçut le renard et il se moqua   de lui , mais dit

ho 'l-âçad : «   Lays mén êl-jérdaùn   kaùf-y , ên-nèmâ ôkabbér[5] *ălä*
lui le lion : « (ce) n'est pas du   lézard   (que vient) ma crainte , mais certes je m'afflige   sur

êḧtéqâr-y[6].
le mépris (que l'on a pour) moi.

Hadâ mănâ-ho :
Cela   veut dire :

Énn êl-hawân ălä êl-ăâqél âchadd[7] *mén êl-maùt.*
Que   le mépris sur   le sage   pèse plus   que   la mort.

---

[1]) 3e. *pers. sing. masc. du parfait de l'ind., à la
. conjug. dérivée de* شدّ *, verbe* sourd.

[2]) 3e. *pers. sing. masc. du futur de l'indicatif de*
تظلّ *, à la* 5e. *conj. dériv. de* ظلّ *, verbe* sourd.

[3]) *Voyez pag.* 132 *, lig.* 4.

[4]) 3e. *pers. sing. masc. du fut. de l'ind., à la* 5e.
conj. dériv. de ضحك.

[5]) 1re. *pers. sing. masc. du fut. de l'indic. de* كبّر ,
à la seconde conj. dériv. de كبس.

[6]) *Nom d'action, de* أحتقس *, à la* 8e. *conj. dériv.
de* حقس.

[7]) *Superlatif de* شليل *, (racine* شلّ.)

اسد وثور،

اسد من ارادَ يفترس ثورًا فلم يجسر عليه لشدّته فمضى اليه ليحتال عليه قاىلاً اعلم انّى قد ذكحت حروفًا سمينًا اشتهى ان ناكل عندى فى هذه الليله خبزًا فاجابه الى ذلك فلمّا وصل الى الموضع و نظره اذاقد استعدَّ الاسد حطبًا كثيرًا و خلاقين كبارًا فولى الثور هاربًا فلمّا عاين ذلك فقال له الاسد لماذا وليت بعد مجيك الى هاهنا قال له الثور لانى علمت انّ هذا الاستعداد لما هو اكبر من الحروف،

هذا معناه،

انت ما سبيل العاقل ان يصدّق عدوّه و لا يانُس اليه،

V.

Le Lion et le Taureau.

Un lion voulait un jour dévorer un taureau, mais n'osant l'attaquer, à cause de sa force, il résolut d'employer la ruse contre lui ; c'est pourquoi il alla à sa rencontre, et lui dit : « Sache que j'ai pris un agneau fort gras, et je desire que tu vienne cette nuit » m'aider à le manger ». Le taureau ayant accepté l'invitation, ils s'acheminèrent vers le lieu du festin. Lorsqu'ils y furent arrivés, le taureau qui s'aperçut que le lion avait préparé de grandes marmites et beaucoup de bois sec, prit la fuite. « Ami, lui dit le lion, » pourquoi donc après être venu jusqu'ici, t'enfuis-tu comme si tu redoutais quelque chose ? » « C'est, répondit le taureau, parce que je sais que tout cet appareil est pour quelque » chose de plus grand qu'un agneau. »

Sens moral.

Le sage ne doit pas se fier aux protestations de son ennemi, ni se familiariser avec lui.

FABLE V.

Áçad wè   Taùr.
(Le) Lion et (le) Taureau.

Áçad marrah ărăd yèftarès [1] *iaùrăɴ, fè lèm yèjsor   ălay-h   lé*
Un lion une fois voulut   dévorer   un taureau, mais il n' osa   (rien entreprendre) contre lui à cause de

chéddat-ho : fè maïä êlay-h l' yahtăl [2] *ălay-h, qăylăɴ : « Éĕlam ênn-ny qad dabahto*
sa force :   or il alla vers lui afin de tromper   lui,   en disant : « Sache   que j'   ai   tué

» *karoùfăɴ sèmynăɴ, ăchtahy* [3] *ăn   tăkol   ênd-y fy hadèh 'l-laylah kobzăɴ* [4]. *Fè*
» un agneau bien gras, je desire   que tu manges chez moi dans cette   nuit   du pain.   Alors (le

»   *ăjăb ho* [5]   *êlä dalék, fè lammă wasal êlä 'l-maùăd   wè nazar-ho;*
» taureau) lui répondit (qu'il consentait)   à   cela, mais lorsque il arriva au   lieu (du festin) il l'examina ;

êdă qad êstaădd [6] *êl-ăçad ḣaïabăɴ kèiyrăɴ wè Kalăqyn* [7] *kobărăɴ. Fè walä êi-*
voilà que d'avance avait préparé le lion   du bois sec en quantité et des marmites immenses. Alors s'en alla le

iaùr hárébăɴ. Fè lammă ăăyèn [8] *dalék, fè qăl l'ho êl-ăçad : « Lé mădă walayt băd*
taureau en fuyant. Et quand il vit   cela,   dit à lui le lion : «   Pourquoi t'enfuis - tu après

» *mèjy-k* [9] *êlä hăhenă? » Qăl l'ho êi-iaùr : « L'ênn-y ălémto ânn   hadă 'l-êstédăd* [10]
» être venu jusqu' ici ? »   Répondit à lui le taureau : « Parce que j'ai compris que (tout) cet   apprêt

»   *lé-mă houè ăkbar* [11] *mén êl-karoùf. »*
» (est) pour ce qui est plus grand   qu' un agneau. »

Hadă mănă-ho :
Cela veut dire :

Ánn   mă sèbyl   êl-ăăqél ăn yosaddéq [12]   *ădow-ho, wè   lă*
Que (n'est) pas la route (que doit suivre) le sage   que il ajoute foi   (à ce que dit) son ennemi, et (qu'il) ne

ɔănes   êlay-h.
(doit pas) se familiariser   avec lui.

---

[1]) 3e. *pers. sing. masc. du fut. de l'ind. de* اَفتنرس, *à la* 8e. *conj. dériv. de* فرس.

[2]) 3e. *pers sing. masc. du fut. de l'ind. de* احتال, *à la* 8e. *conj. dériv. de* حال.

[3]) 1re. *pers. sing. mascul. du futur de l'indic. de* اشتهى, *à la* 8e. *conj. dériv. de* شهى.

[4]) *Expression arabe assez semblable à la nôtre, venez chez moi manger la soupe, car chez nous cette phrase signifie : venez dîner avec moi.*

[5]) 3e. *pers. sing. masc. du parf. de l'indic., à la* 4e. *conj. dériv. de* جاب.

[6]) 3e. *pers. sing. masc. du parf. de l'ind., à la* 10e. *conj. dériv. de* عد.

[7]) *Plur. de* خلقين. *Erpenius, dans sa traduction latine des fables de* Loqmân, *traduit ce mot par* ollas, *et dit en note :* Quam ego vocem alibi non memini me legere, unde nec satis certò scio quid significet : sed suspicor id esse quod dixi. Utique singulare ejus

٦

أسد وثعلب،

لسد مّن شاخ وضعف وطر يقدر على شىء من الوحوش فاراد ان يحتال لنفسه فى المعيشة
فتمارض والقى نفسه فى بعض المغاير وكان كلما اتاه شىء من الوحوش ليودعه افترسه فى داخل
المغارة واكله فاتى التعلب اليه فوقف على باب المغارة مسلّمًا عليه قايلاً له كيف حالك يا سيّد
الوحوش فقال له الاسد لماذا لا تدخل يا ابو الحسن فقال له التعلب يا سيّد قد كنت عزلتُ على
ذلك غير انّى ارا عندك اثار اقدام كثيرة قد دخلوا و لا ارا ان خرج منهم و لا واحد،

هذا معناه

انّ ما سبيل الانسان ان يهجم على امر الّا حتّى يميّزه،

<div style="text-align:center">~~~~~~~~~~~~</div>

V I.

Le Lion et le Renard.

Un lion ne pouvant plus aller à la chasse à cause de ses infirmités, voulut que la ruse chez lui
suppléât à la force ; il se jeta donc dans une caverne, et feignit d'être malade. Les animaux
vinrent l'un après l'autre lui faire leur visite de condoléance, et à mesure qu'ils entraient dans la
caverne le lion les dévorait : le renard y vint à son tour, mais il eut soin de se tenir à la porte
de la caverne, d'où il dit au lion : « Comment vous portez-vous, illustre roi des animaux ? »
« Pourquoi, répondit le lion, n'entrez-vous point ? » — « Monseigneur, reprit le renard, c'est
» que j'aperçois sur le sable les traces des pas de ceux qui sont entrés, et je n'en vois aucune
» de ceux qui sont sortis. »

Sens moral.

Réfléchissez avant que de rien entreprendre.

خَلْقِين, *Kalqyn*, nempe græc. χαλκεῖον, ahenum.
Erpenius ne se trompe pas quand il croit que ce mot si-
gnifie une chaudière, *car quoiqu'on ne le trouve dans*
aucun dictionnaire, il est usité dans l'arabe moderne.
    [8]) 3e. *pers. masc. sing. du parf. de l'ind.*, à la 3e.
conj. dériv. de عان.

9) *Nom d'action de* جاء, (*Voyez page* 110.)
10) *Nom d'action, de* أستعنّ. (*Vide suprà, note* 6.)
11) *Comparatif. de* كبير.
12) 3e. *pers. sing. masc. du fut. de l'ind. de* صتّق,
à la 2e. *conj. dériv. de* صدق.

FABLE VI.

Áçad wè Tălèb.
(Le) Lion et (le) Renard.

Áçad marrah chăk̆ wè dăef wè lèm yaqdér ălä chèy mén êl-woh̆oùch.
Un lion jadis devint vieux et devint faible de sorte qu'il ne pouvait (plus rien) au sujet des animaux.

Fé ărăd ăn yah̆tăl lé-nafs-ho fy 'l-măychah, fè tèmărèd̆, ₍w⁵₎
Alors il eut envie d'user de ruse pour lui-même touchant la proie, et il fit semblant d'être malade, puis

ălqă nafs-ho fy băad̆ êl-maghăyr, wè kăn koll-mă ătă-ho chy mén êl-woh̆oùch
il se coucha dans une certaine grotte et tous ceux (qui) le venoient (voir) d'entre les animaux

l'yoùdĕ-ho, ăftaras-ho, fy dăkél êl-maghărah, wè ăkal-ho. Fé ătä êt-iălèb élay-h
pour le garder, il les dévorait dans l'intérieur de la grotte, et il les mangeait. Enfin vient le renard vers lui

fè waqaf ălä băb êl-maghărah, meuçallémăn élay-h qăylăn l'ho : « Kèyf h̆ál-èk,
mais il s'arrêta à la porte de la grotte, pour saluer lui en disant à lui : «Comment (va) ta santé,

» yă sèyd êl-woh̆oùch? » Fé qăl l'ho êl-ăçad : « Lé madă lă tèdkol, yă ăboù 'l-h̆eusn? »
» ô prince des animaux? » Or dit à lui le lion : « Pour quoi n'entres-tu (pas) ô père de la bonté? »

Fè qăl l'ho 'i-iălèb : « Yă sèyd! qad konto ăwwalto ălä dalĕk, ghayr ênn-ny ără
Et répondit à lui le renard : «. O seigneur ! déja j'aurais été assez confiant pour cela, mais je vois

» ĕnd-ak ătăr ăqdăm kètyrah qad dakalòŭ, wè lă ără ăn karaj mén-
» chez toi les traces de pieds en grand nombre (qui) sont entrés, et (je) ne vois (pas) que soit sorti d'entre-

» hom wè lă wăh̆èd. »
» eux [même pas] un seul. »

Hadă mănă-ho :
Cela signifie :

Ănn mă sèbyl êl-ênsăn ăn yahjem ălä ămr êllă h̆attä yomaïyz-ho.
Que (n'est) pas la route de l'homme qu'il s'engage dans une affaire, si ce n'est quand il l'a examinée (avec attention.)

Nota. Désormais nous n'indiquerons plus que la *racine*.

¹) *Racine* عيش.

²) *Rac.* مرض.

³) *Rac.* لقي.

⁴) *Rac.* سلب.

⁵) *Rac.* عول.

⁶) *Rac.* بازل.

٧

اسد و انسان ،

اسد مرّ وجد انسانًا على الطريق فجعلا يتشاجران بالكلام على القوّة و
شدّة الباس الاسد يطيب فى شدّته و باسه فنظر الانسان على حايط صورة
رجل و هو يخنق الاسد فضحك الانسان فقال له الاسد لوكان السباع مصوّرين
مثل بني آدم لم يقدر الانسان يخنق سبعًا بل كان السّبع يخنق الانسان ،

هذا معناه

انّ ما يزكّى الانسان بشهادة اهل بيته ،

V I I.

Le Lion et l'Homme.

Un lion ayant rencontré un homme sur une grande route, ils commencèrent à
raisonner sur leurs forces réciproques. Le lion prétendait que ses semblables l'em-
portaient en courage sur les hommes, lorsque son compagnon de voyage sourit en
apercevant sur un mur une peinture qui représentait un homme terrassant un lion : Le
lion lui dit : « Si les lions étaient peintres, comme le sont les fils d'Adam, certes
» leurs peintures représenteraient l'homme terrassé par le lion. »

Sens moral.

Ne jugez pas d'un homme d'après le témoignage de ses proches.

FABLE VII.

Ênsân wè *Âçad.*
(L') Homme et (le) Lion.

Âçad marrah wajad ênsânăn ălä 'ï-ïaryq, fè   jaălă   yètèchajèrăn [1] *b'êl-*
Un lion une fois rencontra un homme sur le chemin, et ils commencèrent tous deux à se disputer (*duel*) en

kèlâm   ălä 'l-qowwah wè chèddat êl-bâs ; êl-âçad yèïyb fy chèddat-ho wè bâs-ho ,
paroles au sujet de la force   et de la grandeur du courage ; le lion fit valoir   sa vigueur et son courage ,

fè nazar êl-ênsân ălä   hâyï soùrat rajeul wè houè yakneq êl-âçad , fè dahak
mais apperçut l'homme sur une muraille la figure d'un homme   qui   étranglait *un* lion , alors sourit

êl-ênsân, fè qâl l'ho 'l-Âçad : « Laù kân ês-sébâă mosawwéryn [2] *, méil bèny Âdam* [3] *,*
l'homme ,   et dit à lui le lion : «   Si   étoient les lions   peintres ,   comme les fils d'Adam ,

» lèm yaqdér   êl-ênsân yakneq sèbóăn bèl   kân ês-sèbŏ   yakneq êl-ênsân. »
» ne pourrait (pas) l'homme étrangler un lion mais (ce) serait · le lion (qui) étranglerait l'homme. »

Hadâ mănâ-ho :
Cela   signifie :

Ăn mă   yozakkä [4] *'l-ênsân bé   chèhâdat   âhl   bayt-ho.*
Que ne (doit pas) être jugé   l'homme d'après le témoignage des habitans de sa maison.

---

[1] *Racine* شكر.

[2] *Rac.* صور.

[3] *Les hommes.*

[4] *Rac.* زكى.

42

٨

غزال واسد،

غزال متّن من خوفه من الصيادين أهزم الى مغارة فدخل اليه الاسد فافترسه فقال فى نفسه الويل لى أنا الشقى لانّ هربت من الناس و وقعت فى يد من هو أشدّ منهم بأسًا،

هذا معناه

من يفرّ من خوف يسير يقع فى بلاء عظيم،

<hr>

V I I I.

La Gazelle et le Lion.

Une gazelle voulant un jour échapper à des chasseurs qui la poursuivaient, entra dans une caverne, mais un lion l'y ayant surprise, la dévora. « Malheureuse que je suis, » s'écria la gazelle en expirant, j'ai voulu me dérober aux poursuites des hommes, et » je suis tombée au pouvoir d'un ennemi bien plus redoutable. »

Sens moral.

Souvent celui qui fuit un léger péril tombe dans un autre bien plus dangereux.

F A B L E V I I I.

Ghazâl wè   Âçad.
(La) Gazelle et (le) Lion.

Ghazâl marrah mén   kaùf-   ho   mén ês-saïyâdoùn, ênhazam[1] êlä maghârah, fè
Une gazelle une fois. par (la) crainte (qu') elle (eut) des   chasseurs,   s'enfuit vers une caverne , mais

dakal êlay-h êl-âçad fè êftaras-ho, fè   qâl fy nafs-ho : « Êl-wayl l'y, ânâ 'ch-chaqïy !
entra vers elle   le lion *qui* la dévora , alors (la gazelle) dit en elle-même : « Malheur à moi, je suis une malheureuse!

« *l'ênny harabto   mén ên-nâs , wè waqâto   fy   yèd   man   hoùè âchadd[2] mén-hom*
» car j'ai voulu échapper aux hommes, et je suis tombée dans les mains de celui qui est   plus fort   qu'eux

» *bâçân. »*
» par (son) courage. »

Hadâ mânâ-ho :
Cela   signifie :

Man yèférr mén kaùf yècyr[3] yèqâ[4]   fy   bèlâ   âzym.
(que) Celui qui fuit pour une crainte légère tombe (souvent) dans un malheur (plus) grand.

---

[1] *Racine* هزم.

[2] *Rac.* شدّ.

[3] *Rac.* يسر.

[4] *Rac.* وقع.

٩

غزال وثعلب ،

غزال من عطش جاء الى عين ماء يشرب وكان الماء فى حبّ عميق ثمّ انّه لمّا رام على الطّلوع لم يقدر فنظر الثعلب فقال له يا اخى اسيت فى فعيلك اذ لم تميّز طلوعك قبل نزولك ،

هذا معناه

الّذى ينزل الى اسفل البحر ولا يعرف يعوم حتى الى فوق وجهه الماء ،

I X.

La Gazelle et le Renard.

Un jour une gazelle voulant se désaltérer, vint boire à une source dont l'eau se trouvait dans un bassin profond, de sorte que lorsqu'elle y fut descendue elle n'en put sortir. Un renard qui l'apperçut lui dit : « Ma sœur, tu as agis imprudemment lorsque tu es descendue » dans ce bassin avant de savoir comment tu pourrais en sortir. »

Sens moral.

Cette fable représente celui qui descend au fond de la mer, et qui ne peut nager dès que l'eau lui couvre le visage.

FABLE IX.

Gazâl wè Tâlèb.
(La) Gazelle et (le) Renard.

Ghazâl marrah ătach fè jâa êlä ăyn mâ yèchrèb; wè kân êl-mâ fy hobb ămyq,
Une gazelle un jour eut soif et alla à une source d'eau pour boire; or était l'eau dans une citerne profonde,

tomm énnè-h lammâ râm ălä 'ï-ïoloŭŏ[1] lèm yaqdér. Fè nażar êt-
après (y être descendu) voilà que quand elle s'efforça de remonter (elle) ne (le) put (pas). Alors (l') apperçut le

iălèb, fè qâl l'ho: « Yâ âkouy[2], âçayt fy fêl-ak, êd lèm tomaïyz[3]
renard qui lui dit: « O ma sœur, tu as mal agis dans ton action, puisque (tu) n'as (pas su) aviser (au moyen

» ïoloŭă-k[4] qabl mozoùl-ak. »
» (de) remonter avant de descendre. »

Hadâ mănâ-ho :
Cela représente :

Élly yènzél êlä âsfal êl-bahr, wè lâ yăréf ydoùm hattä êlä faùq
Celui qui descend au fond de la mer, et (qui) ne sait (pas même) nager lorsqu' (est) au dessus

wajh-ho 'l-mâ.
de son visage l'eau.

---

[1]) *Racine* طلع.

[2]) *Mot à mot*, mon frère, *parce que, en arabe,* le mot gazelle *est masculin*. On prononce dans le vulgaire Âkouy *pour* Âky.

[3]) *Rac.* ميز.

[4]) *Mot à mot*, tu pas avisé à ton *remontage* avant ta descente.

~~~~~~

<div dir="rtl">

١٠

ارانب و ثعالب،

التسور منّ وقع بينهم و بين الارانب حرب فمضوا الارانب الى التعالب يسومون
منهم الخلف و المعاضة على التسور فقالوا لهم لو لا عرفناكم و نعلم لمن تحاربون
لفعلنا ذلك،

هذا معناه

انّ سبيل الانسان الا يحارب لمن هو اشدّ بأسًا منه،

</div>

~~~~~~~~~~~~~~~~~~~~~~

X.

Les Lièvres et les Renards.

La guerre s'étant déclarée jadis entre les lièvres et les aigles, les premiers allèrent
trouver les renards, et les prièrent de leur prêter appui et d'épouser leur querelle : mais
ceux-ci leur répondirent : « Nous acquiescerions volontiers à votre demande, si nous ne
» connaissions votre poltronnerie, et le courage de ceux contre lesquels vous combattez. »

Sens moral.

L'homme ne doit point combattre contre celui qui est plus courageux que lui.

FABLE X.

Ârânéb¹ wè   Tăăléb.
(Les) Lièvres et (les) Renards.

Ên-noçoùr, marrah, waqă bayn-hom wé bayn êl-ârânéb ħarb,   fè maăbă êl-ârânéb
Les aigles, une fois, s'éleva entre eux et entre les lièvres une guerre, alors allèrent les lièvres

êlä êt-iăăléb yèçoùmbă² mén-hom êl-kalf wè 'l-măăăadat³ ălä 'n-noçoùr, fè
vers les renards pour demander à eux la résistance et l'appui contre les aigles, mais (les renards)

qălbă l'hom : « Laù lă ărafnă-kom, wè nălèm lé - man toħăré-
répondirent à eux : » Si (nous) ne vous avions connus, et (si) nous (ne) savions contre qui vous com-

» bòùă, lè făl-nă ăalék. »
» battez, certes nous aurions fait cela. »

Hadă mănă-ho :
Cela veut dire :

Ânn sèbyl ăl-ênsăn ăllă⁵ yoħăréb lé-man hoùè ăchadd băçăx
Que le devoir de l'homme (est) qu' (il) ne fasse (pas) la guerre contre celui qui *est* plus fort en courage

mén-ho.
que lui.

---

¹) *Racine* زنب.

²) *Rac.* سلم.

³) *Rac.* عضد.

⁴) *Rac.* حرب.

⁵) *Rac.* لا أن.

‏١١

‏ارنب ولبوة ،

‏ارنب مرّة عبر على لبوة قايلًا انا انتج فى كلّ سنه اولادًا كثيرة و انتِ امّ تلدين
‏فى كلّ عمرك واحدًا او اثنين فقالت له اللبوة صدقت غير انّا وانْ كان واحدًا
‏فهو سبعة ٦

‏هذا معناه

‏انّ ولدًا واحدًا مباركًا خير من اولاد كثيرة عاجزين ٦

X I.

Le Lièvre et la Lionne.

   Un lièvre, un jour, ayant rencontré une lionne, lui dit : « Chaque année je mets bas
» un grand nombre de petits, tandis que toi, jamais pendant la vie entière, tu ne donnes
» le jour qu'à un ou à deux tout au plus. » — « Cela est vrai, dit la lionne, mais le
» mien en vaut sept des tiens. »

Sens moral.

   Un enfant né d'une famille estimable, vaut mieux que plusieurs enfans de basse extraction.

FABLE XI.

Árnab wè   Lèboùah.
(Le) Lièvre et (la) Lionne.

Árnab marrah ǎbar ǎlä lèboùah qáylǎɴ : « Ánǎ   ántoꞕ   fy   koll sènah âoùlâd[1]
Un lièvre un jour   alla   vers une lionne en disant : «   Je   mets bas   dans *chaque* année des petits

» *kèꞇyrah ,   wè   ênꞇè ênn-mǎ   ꞇèldyn*[2]   *fy koll ĕumr-ak wǎꞕèdǎɴ âù êinèyn.»*
» en grande quantité, tandis que toi   certes tu (n') enfantes dans toute la vie (qu') un seul ou   deux. »

Fè qálèꞇ l'ho êl-lèboùah : «   Saddaqꞇ[3], *ghayr ên-nǎ*[4], *w'ên kǎn wǎꞕédǎɴ ,*
Mais répondit à lui   la lionne : « (Je conviens) que tu as dit vrai, mais   certes *le mien*, si   il est   unique,

» *fè hoùè   sèbǎh*[5]. »
» *certes* il   (en vaut) sept. »

Hadd mǎnâ-ho :
Cela   veut dire :

Ann wèlèdǎɴ wǎꞕédǎɴ mobârèkǎɴ[6],   *kayr   mén âoùlâd   kèꞇyrah   dǎjězyn*[7].
Qu' un enfant   unique   digne de considération, vaut mieux que des enfans en grand nombre méprisables.

---

[1]) *Racine* ولد.

[2]) *Vulgairement* تلدى, *2° pers. sing. fém. du présent de l'indicatif de* ولد.

[3]) *Racine* صدق.

[4]) *Pour* اِنَّ انا.

[5]) *Peut-être au lieu de* سَبْعَة *sept, doit-on lire* سَبُعَة, *une lionne. Alors on traduirait ainsi :* Tu as dit vrai, mais s'il est unique, au moins est-ce une lionne.

[6]) *Racine* برك.

[7]) *Rac.* حجز.

~~~~~~

١٢

امراة و دجاجه ٬

امراة كان لها دجاجة تبيض فى كلّ يوم بيضة فضّة فقالت الامراة فى نفسها ان
ايا كثرت علفها تبيض بيضتين فكلّما كثّر علفها تشقّت حوصلتها فماتت ٬

هذا معناه

ان ناسا كثيرًا بسبب ربح كثير يهلكون راسى مالهم ٬

~~~~~~~~~~~~~~~

X I I.

La Femme et la Poule.

Une femme avait une poule qui, chaque jour, pondait un œuf d'argent : « Si j'augmente sa
» nourriture, se dit cette femme, sans doute elle pondra deux œufs. » Elle l'augmenta
donc, mais la poule s'étant rompu le jabot, périt.

Sens moral.

Souvent, dans l'espérance d'un gain considérable, on perd la totalité de son bien.

FABLE XII.

Maráh wè   Déjájah [1].
(La) Femme et (la) Poule.

Maráh kán l'há [2] *dèjájah   tèbyď* [3] *fy   koll yaùm baydah féďďah* [4] *, fè qálèt êl-*
Une femme était à elle une poule (qui) pondait dans *chaque* jour   un œuf   d'argent,   et   dit   la

maráh fy nafs-há : « Én áná kaïtarto ălaf-há tèbéyď baydatayn. » Fè lammá   koïtér
femme en elle-même : « Si   je   multiplie sa ration elle pondra deux œufs. » Mais quand fut augmenté

ălaf-há, tèchaqqèt [5] *hauśalèt* [6] *-há fè   mátèt.*
sa ration, se rompit   son jabot   et elle mourut.

Hadá măná-ho :
Cela veut dire :

Ánn   náçăn   kèïyrăn,   bé sèbèb [7] *rébh   kèïyr,   yohlékòú   rás   mál-hom.*
Que des hommes en grande quantité, à   cause d'un gain considérable,   perdent le capital de leur bien.

---

[1]) *Racine* دَجّ.

[2]) *C'est-à-dire* avait.

[3]) *Racine* بَاضِ.

[4]) *Racine* فَضّ.

[5]) *Rac.* شَقّ.

[6]) *Rac.* حَصَل.

[7]) *C'est-à-dire* dans l'espérance.

١٣

بعوضة و ثور

بوضة يعنى ناموسة وقفت على قرن ثور فظنّت انّها ثقلت عليه فقالت له ان كنت قد ثقلت عليك اعلمنى حتّى اطير عنك فقال الثور يا هذا ما شعرت لمن نزلت و لا ادرى لمن ضررت ،

هذا معناه ،

من يطلب ان يجعل له ذكرًا ومجدًا و هو ضعيف حقير ،

X I I I.

Le Moucheron et le Taureau.

Un moucheron s'arrêta sur la corne d'un taureau, et pensant que peut-être il était trop lourd, il lui dit : «Si tu me trouves trop pesant, il faut m'en avertir, afin que je m'envole » de dessus ta corne » Le taureau lui répondit : « je ne sais seulement pas en quel endroit » tu es descendu, encore moins à qui tu peux nuire. »

Sens moral.

Cette fable représente un homme de rien qui veut se faire valoir aux yeux des autres.

FABLE XIII.

Băoùdăh wè   Taùr.
(Le) Moucheron et (le) Taureau.

Băoùdăh (yŏny năm'oùçah[1]) *waqafèt ălü qarn   taùr,   fè   żènnèt*[2] *énn-hă*
Un baoùdah (c'est-à-dire un moucheron) s'arrêta   sur *la* corne d'un taureau, et (comme) il pensa   qu'il

iaqolèt   ălay-h, fè qălèt l'ho : « Én konto qad iaqolto ălay-k ăălém-ny[3]*, hattä*
pesait (beaucoup) sur lui, il   dit à lui : «   Si   j'ai (trop) pesé   sur toi apprends (le) moi, afin que

» *ăïyr   ănn-èk. »   Fè   qăl   êt-iaùr : « Yă hadă*[4]*,   mă chărto lé-man*
» je m'envole de (dessus) toi. » Alors répondit le taureau : « O   *toi*,   (je) ne   sais   sur qui

» *nazalty*[5]*, wè   lă ădry*[6] *lé-man ăararty*[7]*. »*
» tu es descendu, et (je) ne   sais   à qui   tu as nui. »

Hadă mănă-ho :
Cela   représente :

Man yèïleb ăn yèjăl[8] *l'ho   ăékrăn   wè   majdăn   wè   hoùè ăăyf*[9]   *ħaqyr*[10]*.*
Celui qui veut   .... faire à lui une réputation et une renommée tandis qu' il   faible (et) méprisable.

---

[1]) *Racine* سمت.

[2]) *Rac.* ظنّ.

[3]) *Rac.* علم.

[4]) *Mot à mot*, ô cela !

[5]) 2°. *pers. sing. fém. du parfait de l'indic. de* نزل.

[6]) *Racine* دري.

[7]) *Rac.* ضرّ.

[8]) *Mot à mot*, placer.

[9]) *Rac.* ضعف.

[10]) *Rac.* حقّر.

١٤

انسان و الموت ،

انسان منّ حمل جُرزة حطب فثقلنت عليه فلّما اعيا و ضجر من حملها رمى بها

من كتفه ودعا على روحه بالموت فشخص له قائلًا هو ذا انا لماذا دعوتنى فقال له الانسان

دعوتك لترفع هذه جرزة الحطب على كتفى ،

هذا معناه

ان العالم بأسن يُحبّ الحياة الدونيا و ما يميّل من الضّعف و الشّقاء ،

<hr>

X I V.

L'Homme et la Mort.

Un jour un homme qui portait un fagot de bois sec, venant à succomber sous sa charge,
et pouvant à peine respirer, il la jetta à terre et appella la mort à son aide ; tout à coup
elle paraît devant lui : « Me voilà, dit-elle, pourquoi m'as-tu appellée ? »—« C'est, répondit
« l'homme, pour que tu m'aides à remettre ce fagot sur mon épaule. »

Sens moral.

Les chagrins et la misère ne peuvent dégoûter l'homme de la vie.

FABLE XIV.

Énsân wè l'-Maùt.
(L') Homme et la Mort.

Énsân   marrah   ħamal   jorzah   ħaïab   fè   iaqolèt   ălay-h , fè   lammâ   ăăyâ¹ wè
Un homme   un jour   portait   un fagot   de bois *qui*   pesait   sur lui ,   et   *comme*   il était las et (qu'il)

* đajar   mèn   ħaml-ho   ramä   b'hâ   ăn   kètf-ho , wè·   dăâ   ălä   roùħ-ho   b'   êl-maùt,*
était fatigué   de son fardeau , il jetta   lui   de dessus son épaule , puis il appella sur   son âme   ... la mort ,

fè   chakaṡ   l'ho   qâylăɴ : » Haùdâ ânâ , lé-mâđâ   dăoùt²-ny ? » Fè   qâl   l'ho
alors (la mort) se présenta à lui en disant : «   Voilà   moi , pour quoi m'as-tu appellée ? » Mais   dit   à elle

'l-ênsân : « Dăoùt-ek   lé   tèrfă   hadêh   jorzat   êl-ħaïab   ălä   kètf-y. »
l'homme : « Je t'ai appellé pour que tu lèves   ce   fagot   de bois   sur   mon épaule. »

Hadâ mănâ-ho :
Cela veut dire :

'Ann   êl-ăâlèm   b'ăsr-ho   yoħébb   êl-ħayât   êd-dounyâ , wè   mâ   yèmall   mén   êă-ăŏf
Que   le monde   en entier   aime   la vie   mondaine ,   et   ne (s'en)   lasse (pas) par les infirmités

wè 'ch-chaqâ.
et   la misère.

---

¹) *Racine* عىل.   ²) *Racine* جىا.

١٠

بستانّی ٠

بستانّی یومًا کان یُنقّی البقل فقیل له لماذا البقل البرّی بهّی المنظر وهو غیر مخدوم

قال البستانّی نُرّبّیه أُمّه و هذا نُرّبّیه امرأة ابیه ٠

هذا معناه

أنّ نُرّبّی الأُمّ للاولاد افضل من نُرّبّی امرأة الاب ٠

X V.

Le Jardinier.

Un jour qu'un jardinier ôtait les mauvaises herbes qui entouraient ses légumes, quelqu'un lui dit : « D'où vient que l'herbe sauvage est celle dont l'aspect est le plus beau ? » Le jardinier répondit : « Elle est nourrie par sa mère, tandis que l'autre l'est par sa marâtre. »

Sens moral.

Les soins d'une mère sont bien différents de ceux d'une marâtre.

FABLE XV.

Bostánïy.
(Le) Jardinier.

Bostánïy yaùmáx kân yonaqqy [1]   *êl-baql, fè qyl l'ho :*
Un jardinier   un jour   nettoyait   (c'est-à-dire ôtait la mauvaise herbe) les légumes , alors on dit à lui :

« *Lé-mádá 'l-baql êl-barrïy* [2]   *bèhïy* [3] *êl-manzar wè houè ghayr makdoùm* [4]*?* »
« Pourquoi   l'herbe   sauvage   (est-elle) la plus belle   à l'œil   quoique elle (ne soit) pas   cultivée ? »

Qál êl-bostánïy : « Morabby [5]*-ho ômm-ho wè hádá tarabby-ho maráh áby* [6]*-h. »*
Répondit le jardinier : «   La nourrit   sa mère *tandis que* celle-là   la nourrit   sa marâtre. »

Hadá máná-ho :
Cela   signifie :

Ánn tèrabby [7] *'l-ômm l'êl-doùlád* [8]   *áfdal mén tarabby marát êl-áb.*
Que la nourriture de la mère pour les enfans (est) préférable   à   la nourriture de la belle-mère.

---

[1] *Racine* نقى.

[2] *Rac.* برّ.

[3] D'un bel aspect.

[4] *Racine* خدم.

[5] *Racine* ربى.

[6] *Mot à mot*, la femme de son père.

[7] La nutrition , l'action de nourrir.

[8] *Racine* ولد.

١٦

إنسان وخِنزير ٦

انسان مرّة حمل على بهيمة كبشًا و عنزًا و خنزيرًا و توجّه الى المدينة لبيع الجميع
فالكبش و العنز فلم يكونوا يضربان على البهيمة ولمّا الخنزير فانّه كان يعترض دائمًا
ولا يهدى فقال له الانسان يا اشرّ الوحوش لماذا الكبش و التيس سكوت لا يضربان
وأنت لا تهدى و لا تستقرّ قال له الخنزير كلّ واحد يعلم نفسه انا اعلم ان الكبش
لصوفه و العنز يُطلب للبنها و انا الشقيّ لا صوف لى ولا لبن انا عند وصولى الى المدينة
أُرسل الى المسلخ لا محاله ٦

XVI.

L'homme et le Porc.

Un jour un homme portait sur un cheval un bouc, une chèvre et un porc qu'il allait
vendre à la ville; le bouc et la chèvre ne bougeaient point, mais le porc ne cessait de se
débattre sur le dos du cheval : « Mauvaise bête, lui dit l'homme, regarde le bouc et la
» chèvre, ils ne remuent seulement pas, tandis que toi tu ne peux te tenir en repos. » —
« Chacun, repartit le porc, connait son état; le bouc et la chèvre savent qu'on les
» recherche à cause de leur laine et de leur lait : mais moi, pauvre diable, qui n'ai ni
» laine ni lait, je n'ignore pas qu'aussitôt que je serai arrivé à la ville on me conduira à
» la boucherie. »

FABLE XVI.

Énsán wè   Ḱanzyr.
(L') Homme et (le) Porc.

Énsán marrah ḱamal ălä bahymah kabchăn wè ănzán wè ḱanzyrán, wè tèwajjah [1]
Un homme une fois portait sur un cheval un bouc et une chèvre et un porc, et il allait

èlä 'l-mèdynah lè yèbyĕ 'l-jèmyĕ. Fè 'l-kabch w' èl-ănz fè lèm yèkoùnòú yèdrébán [2]
à la ville pour vendre le tout. Le bouc et la chèvre ... ne se débattaient

ălä 'l-bahymah, w'ămmă 'l-kanzyr f'ênn-ho kán yoărréd [3] *dáymăn* [4], wè
(pas) sur le cheval, mais le porc certes qu'il se tournait de tous côtés continuellement, et

lá yahdä. Fè qál l'ho 'l-ênsán : « Yá ácharr èl-wohoùch, lé-mádă 'l-kabch
(il) ne s'appaisait (pas). Alors dit à lui l'homme : « O le plus mauvais des animaux, pourquoi le bouc

» *wè 't-tays sakoùt lá yèdrébán, wè êniè lá t'hadä wè*
» et la chèvre (sont-ils) silencieux (et) ne se débattent (ils pas), tandis que toi (tu) ne t'appaises (pas) et

» *lá tèstaqérr* [5]? » *Qál l'ho 'l-kanzyr : « Koll-wăhéd yălèm nafs-ho ; ăná ăălèm*
» (tu) n'es (pas) tranquille ? » Répondit à lui le porc : « Chacun connaît lui-même ; je sais

» *ănn êl-kabch lé soùf-ho wè 'l-ănz yoĭlĕb lé lébèn-há, wè*
» que le bouc (est recherché) à cause de sa laine et (que) la chèvre est recherché pour son lait, tandis que

» *ăná, 'ch-chaqïy, lá soùf l'y wè lá lébèn, ăná, ĕnd wosoùl-y êlä 'l-mèdynah,*
» moi, pauvre malheureux, point de laine à moi ni de lait, moi, à mon arrivée à la ville,

» *ôrsèl êlä 'l-maslaḱ* [6], *lá mèhălah.* »
» je serai conduit à la boucherie, (il) n' (y a pas) de doute. »

---

[1]) *Racine* وجه.

[2]) *Rac.* ضرب.

[3]) *Rac.* عرض.

[4]) *Racine* دأم.

[5]) *Rac.* قرّ.

[6]) *Rac.* سلك. (Voyez page 36, §. II.)

^^

IV

ذيب ٦

ذئب مرّ اختطف خنوصًا صغيرًا و فيما هو ذاهب به لقيه الاسد فأخذ منه فقال الذيب

فى نفسه اعتجب كيف شئ اغتصبته لايثبت مع ٦

هذا معناه ٦

انّ ما يُكسب من الظلم لا يُقيم مع صاحبه وإن هو قام معه فلا يتهنّى به ٦

~~~~~~~~~~~~~~

X V I I.

Le Loup.

Un loup, un jour, déroba un petit cochon , mais dans le moment qu'il fuyait avec sa proie, un lion l'ayant apperçu la lui enleva. « J'admire, dit en lui-même le loup, j'admire comment » l'on m'a privé de ce que j'avais acquis par violence. »

Sens moral.

Ce que l'on a acquis par des voies injustes ne demeure pas entre les mains de celui qui s'en est rendu maître, et s'il y demeure il n'en jouit pas.
~~~~~~~~~~~~~~

FABLE XVII.

Ḋyb.
(Le) Loup.

Ḋyb marrah ểktaïaf[1] kénnoùsản ṡaghyrản, wể fy   -   mẩ hoùể ḋẩḧéb[2] b'ho,
Un loup un jour   enleva   un cochon   petit,   mais dans (le moment) que il   s'en allait avec lui,

laqya-ho 'l-ẩçad fể ẩkaḋ-ho mén-ho. Fể qẩl ểd-ḋyb fy nafs-ho : « Ếểtajểb kayf
le rencontra le lion (qui) le prit   à lui. Alors dit le loup en lui-même : « J'admire comment

» chểy   ểghtaṡabt[3]-ho lẩ yểìbet   mẩ-y. »
» une chose (que)   j'ai dérobée   ne   reste (pas) avec moi, c'est-à-dire à moi. »

Hadẩ mănẩ-ho :
Cela   signifie :

Ẩnn mẩ   yoksab mén êẕ-ẕolm lẩ yoqym[4]   mẩ ṡẩḧéb-ho, w'ên hoùể qẩm mẩ-ho,
Que ce qui a été acquis par l'oppression ne demeure (pas) à son possesseur, et si   il demeure à lui,

fể   lẩ yểtahannä[5]   b-ho.
certes (il) ne   jouit   (pas) de lui.

---

[1] Racine خطف.

[2] Mot à mot, passant, s'en allant.

[3] Racine غصب.

[4] Racine قام.

[5] Rac. هنأ.

١٨

صبّى ٥

صبّى ممّن رأى نفسه فى نهر ماء و لم يكن يعرف يسبح فأشرف على الغرق فاستعان
برجل عابر فى الطّريق فأقبل اليه و جعل يُلَوّمه على نزوله الى النهر فقال له الصبى
يا هذا خلّصنى أوّلاً من الموت وبعد ذلك لوّمنى ٥

هذا معناه ٥

ان اذا وقع صديقك فى شدّة نجّه و خلّصه و فيما بعد لوّمه ٥

X V I I I.

L'Enfant.

Un jour, un enfant se laissa tomber dans un fleuve, et, comme il ne savait pas nager,
il allait devenir la proie des eaux, lorsqu'il vit un homme qui passait sur la route; il
implora son secours, mais cet homme s'étant approché de lui, se mit à lui reprocher son
imprudence. « Ami, lui dit l'enfant, commence par me sauver la vie, ensuite tu me gronderas
» si tu le veux. »

Sens moral.

Lorsque ton ami tombe dans quelque disgrace, commence par le tirer d'embarras, puis
ensuite tu pourras lui reprocher son imprudence.

FABLE XVIII.

Sèbïy.
(L') Enfant.

Sèbïy marrah ramä nafs-ho[1] *fy nahr må wè lèm yèkoun yåréf*
Un enfant une fois se jetta dans un fleuve d'eau mais (comme il) ne savait (pas)

yèsbah fè åchraf ålä 'l-gharq, fè éståån[2] *bé rajeul ååbér fy*
nager ... il était sur le point d' être noyé, alors il demanda du secours à un homme qui passait sur

'ï-ïaryq; fè åqbål élay-h wè jaål yolawwém[3]*-ho ålä nozoùl*[4]*-ho*
la route; ... (cet homme) s'approcha de lui et commença à le réprimander sur (ce que) *il était tombé*

élä 'n-nahr; fè qål l'ho és-sèbïy : « Yå hadå, kallés-ny éwwélån mén él-maùt, wè båd
dans le fleuve; mais dit à lui l'enfant : « O *toi,* sauve moi d'abord de la mort, et ensuite

» lawwém-ny. »
» gronde moi. »

Hadå månå-ho :
Cela signifie :

Ann édå waqå sadyq-ak fy chéddah najj-ho wè kallas-ho, wè fy-må båd
Que quand est tombé ton ami dans un malheur délivre le et sauve le, et *puis* ensuite

lawwèm-ho[5].
réprimande le.

---

[1]) *Le verbe réfléchi s'exprime, en arabe, en ajoutant au verbe actif les mots* نفسي, نفسك *ou* نفسه : *exemple,* رى نفسه, jetter son âme, se jetter.

[2]) *Racine* عان.

[3]) *Rac.* لم.

[4]) *Mot à mot,* sur sa descente dans...

[5]) *Nous retranchons ici les mots :* فيكون أحسن الجميل *et alors le bienfait aura plus de mérite. Ils ne servent qu'à allonger la phrase, et nous ont paru inutiles.*

١٩

ذِئَاب ،

ذِئَاب اصابوا جلود بقر فى جورة مآء نسيل و ليس عندهم احد فاتّفقوا على اكلهم

جميع و تواّمَروا أَنّهم يشربو ن المآء كلّه حتى يصلوا للجلود و يأكلوهم فمن كنت ما شربوا

انقلقوا كلّهم و ماتوا و لم يصلوا الى الجلود ،

هذا معناه ،

مَن هو قليل الرّأى يعمل ما لا يجب عمله ،

X I X.

Les Loups.

Des loups ayant apperçu des peaux de bœuf qui surnageaient dans un bassin d'eau courante, eurent envie de les manger; c'est pourquoi ils résolurent de boire toute l'eau afin de les pouvoir atteindre quand elles seraient à sec, mais bientôt ils crevèrent sans avoir pu s'en approcher.

Sens moral.

Cette fable représente un sot qui entreprend une chose impossible.

FABLE XIX.

Dyâb.
(Les) Loups.

Dyâb   ăsăboŭ   joloùd   baqar   fy   jaùrah   mâ   tèçyl [¹ *wè lays ĕnd-hom   ăhèd*],
Des loups trouvèrent des peaux de bœuf dans un bassin d'eau coulante [et n'était auprès d'elles personne],

f' ĕttafaqòŭ   ălä   ăkl-hom   jèmyĕ.   Wè   tèwămaròŭ   ĕnn-hom   yèchrébòŭ   'l-mâ
(sur-le-champ) ils convinrent   de les manger entièrement. Alors ils décidèrent qu' ils   boiraient   l'eau

koll-ho   hattä   yèsélòŭ   l'êl-joloùd   wè   yăkolòŭ - hom ,   fè   mén   kétrah   mâ
tout entière   afin   de parvenir   aux peaux   et   de les manger ,   mais par   la quantité (d'eau) qu'ils

charabòŭ   ĕnqalaqòŭ   koll-hom ,   wè   lèm   yèsélòŭ   êlä   'l-joloùd.
burent   ils crevèrent   tous ,   et (ils) n' arrivèrent (pas) aux   peaux.

Hadâ   mănâ-ho :
Cela   représente :

Mèn   hoùè   qalyl   êr-rây   yămèl   mâ   lâ yèjèb   yămèl-ho.
Celui qui .est   peu   (doué) de jugement (et qui)   fait   ce que (il) ne   faut (pas qu') il fasse.

---

¹) *Ces mots se rapportent à* جلود.

بعض الاقسام

من ذكر ديار مصر

لابى الفداء

القاهرة

و الى جانب الفسطاط من شمالها مدينة القاهرة احدثُها الخلفاء الفاطميون الذين ظهروا بالغرب ثم ملكوا مصر وكان اول من ملك منهم بمصر المعز معدّ ابن المنصور اسمعيل ابن القاسم محمّد ابن المهدى عبيد الله، ملك ديار مصر و اختطّ القاهرة فى سنة ٣٥٩ تسع و خمسين و ثلاث ماية، وكانت القاهرة بستانًا لبنى طيلون على القرب من المدينة مُلكهم المعروفة بالقطايع و سميت القاهرة للتفاؤل اى يقهر من خالف امرها و القاهرة ليست على شط النيل بل فى شرقيه و الفسطاط على حافة النيل وهى محط و اقلاع للمراكب و بسبب ذلك صار الفسطاط اكثر رزقًا وارخص اسعارًا من القاهرة ،

Le Caire.

Le Caire est situé à côté de *Fosïàï*, sur la gauche. Il fut bâti par les *kalyfes Fàïémytes*, qui régnèrent en Afrique, et se rendirent, par la suite, maîtres de l'Egipte. Le premier de cette dynastie qui régna en Egipte, fut *Moăz Maădd*, fils de *Mansoùr Ísmăël*, fils de *Qăçèm Mohammèd*, fils de *Mèhdy Ŏbèyd Állah*. Il conquit les diverses provinces de l'Egipte et jeta les fondemens du Caire l'an 359 de l'héjyre (976 de J.-C.). Le terrain sur lequel se trouve le Caire, était un jardin appartenant aux fils de *Tayloùn*, et voisin de la ville de *Qéïăyă*, où se tenait le siége de leur Empire. On lui donna le nom de *Qâhérah*, c'est-à-dire VICTORIEUSE, comme pour présager qu'elle devait triompher de tout ce qui lui résisterait. Le Caire n'est pas sur le bord du Nïl, mais à l'orient, près de *Fosïăï*, qui, à cause de son voisinage du Nïl, est le rendez-vous des voyageurs, et plus propre à garantir les vaisseaux; c'est aussi ce qui fait qu'il est plus commerçant que le Caire, et que les denrées y sont à meilleur marché.

BĂD̄ ÉL-ÂQSÂM
QUELQUES FRAGMENS

MÉN   DÉKR   DYAR   MASR,
DE LA DESCRIPTION DES PROVINCES D'EGIPTE,

L' ÂBY 'L-FÈDÂ.
PAR ÀBOÙ 'L-FÈDÂ.

~~~~~~~~~

Él-Qâhérah.
Le Caire.

Wè élä jân'b él-Fosïâï[1], mén chèmâl-hâ,   mèdynat él-Qâhérah; âlïdèi-hâ 'l-kolafâ[2]
Et à côté de Fostât,   à   sa gauche, (est) la ville   du Caire;   la bâtirent les kalyfes

'l-Fâïémyoùn[3] éllèdyn zaharoù b'él-gharb,   tomm   malakòû   masr.   Wè
Fâtèmytes   qui   régnèrent en Occident, (et qui) ensuite se rendirent maîtres de l'Egipte. ....

kân âwwal man malak mén-hom bé-Masr Âl[4]-Moäz Maădd, êbn él-Mansoùr Ésmâyl,
fut le premier qui   régna   d'entr'eux en Egipte Âl-Moäz   Maädd,   fils de Mansoùr   Îsmaël,

êbn él-Qâçém Mohammèd, êbn él-Mèhdy Öbayd Âllah;   malak   dyâr
fils de Qâçém Mohammèd, fils de Mèhdy   Öbèyd   Âllah ; il se rendit maître des provinces

Masr, wè   âktaï   él-Qâhérah fy sènèh (٣٥٩) téçă wè kamsyn wè ièlâï-mïäh. Wè
d'Egipte, et traça les limites   du Caire   en l'an (359) neuf et cinquante et trois cents.   Et

kânét él-Qâhérah bostânăʼ   lé b'ny Ťayloùn[5], ălä 'l-qarb mén él-mèdynah
était   le Caire   un jardin (appartenant) aux fils de Ťayloùn, dans le voisinage de   la ville

molk-hom él-măroùfah b'él-Qèïâyă. Wè somyt êl-Qâhérah lé't-tefâoùél,
(capitale) de leur Empire   connue   sous (le nom de) Qétâya. Elle fut nommée LA VICTORIEUSE comme par présage,

ây   yèqhar   mèn   kâléf   âmr-ho[6]. Wè 'l-Qâhérah laysèt ălä chaïï
c'est-à-dire (qu') elle triompherait de   ce qui s'opposerait   à elle.   Le Caire   n'est pas sur la rive

ên-Nyl bèl fy charqy-h, w' êl-Fosïâï   ălä ĥâfat ên-Nyl, wè hyè   maĥaïï[7]
du Nïl mais à   son orient, et   Fostât   (est) sur le bord du Nïl, et   est   le rendez-vous des voyageurs,

wè   âqlăă   l'él-mèrâkèb. Wè bé sèbèb ďalék   sâr él-Fosïâï âkiar   razqâʼ
et plus propre à ancrer les vaisseaux. C'est à cause de cela (que) est devenu Fostât   plus riche en provisions

wè ârkaṡ   âçăărăʼ   mén êl-Qâhérah.
et moins chère pour les denrées que   le Caire.

---

¹) Tandis qu'*Ămroù, ben él-Äàs* العاص بن وعمر, faisait la guerre en Egipte, il fit dresser sa tente dans le lieu où est maintenant *Fosïâï.* Une colombe y étant venue faire son nid, *Ămroù,* lorsqu'il partit, ne voulut
~~~~~~~~~

الهرَمان ،

وسن الاثارة الغريبة العجيبة الهرَمان ثنيّة الهرَم ...... وهما بنان عظيمان لا يبلغ
راسى احدهما التِّشاب اذ ارى به عن قوس قوى وهما مقابر الاوايل وقد نقل فيها
اخبار كثيرة نتحقق و هما فى الغربى الفسطاط على نصف مرحلة ويقرب منها هرامات
كثيرة لا يبلغ قدر هذين الهرمين ،

Les Pyramides.

Parmi les ruines remarquables que l'on trouve en Egipte, on distingue les pyramides :
[*haramân*, ce mot est le duel de *haram*].... Ce sont deux monumens énormes, et dont
la hauteur est telle qu'une flèche décochée d'un arc excellent n'en peut atteindre le sommet.
On dit que ce sont d'anciens tombeaux, et l'on a débité à leur sujet beaucoup de fables.
[Puisse Dieu faire connaître la vérité !] Elles sont situées à une journée de chemin de
Fosïât, sur la rive occidentale, et sont environnées de plusieurs autres, mais qui n'approchent
pas de la grandeur des deux pyramides.

---

point qu'on la dérangeât, et laissa sa tente en cet endroit. Quelque temps après, lorsqu'il repassa par ce
lieu, il voulut qu'on gardât le souvenir de son action, et fit bâtir à la même place une ville qu'il nomma
Fosïât, c'est-à-dire *tente*. On donne maintenant à cette ville le nom de Vieux-Caire مصر العتيق.

²) *Pluriel de* kalyf خليفة. (Voyez *la Bibliothèque orientale* de d'Herbelot, page 985.)

³) Les princes de cette dynastie prétendaient descendre en ligne directe d'*Ăly* على et de *Fătmah* فاطمة
son épouse, fille du prophète. Cette dynastie commença en Afrique, l'an 296 de l'héjyre (908 de J. - C.).
(Voyez *la Bibliothèque orientale*, page 342.)

⁴) On demandait un jour à ce prince de quelle branche des *Ălydes* il était ; *Moăz*, tirant son épée de son
fourreau, répondit : « هذا نسبى *voici ma généalogie.* » Puis jetant à pleines mains l'or à ses soldats, il ajouta :
« هذا جنسى *voici ma race.* » (Voyez *la Bibliothèque orientale*, page 595.)

⁵) *Ăhmèd èbn Toùloùn* احمد ابن طولون est le fondateur de la dynastie des *Toùlònydes* بنى طيلون
en Egipte. Cette dynastie finit l'an 292 de l'héjyre. (Voyez *la Bibliothèque orientale*, page 1030.)

⁶) *Mot à mot*, ce qui (serait) s'opposant à sa chose.

⁷) *Je traduis par le rendez-vous des voyageurs, le mot* كط. Voici la signification que lui donne Castel dans
son *Lexicon heptagloton*, *Locus in quem descenditur.*

Êl-haramân.
Les deux Pyramides (*).

Wè mén êl-didrat êl-gharybat   êl-djybah ,   êl-haramân [tètnyat êl-haram]..
Parmi   les   ruines   extraordinaires (et) merveilleuses , (on compte) les deux pyramides [duel de pyramide]...

Wè homá   b'nân   dzymán, lá yèblâgh   rás   âhèd-homá   ên-néchâb
Ce   sont   deux monumens énormes ,   n'   atteint (pas) le sommet de l'une d'elles-deux la pointe d'une flèche

êd   ârmä b-ho   ăn qaùs qaoùy. Wè homá   méqâbér   êl-âwâyl. Wè qad naqal
lorsqu' elle est décochée   d'un   arc très-fort.   Ce sont   des tombeaux des anciens. On   a   débité

fy-hâ   âkbâr   kètyrah   [tèthaqqaq!].   Wè homá fy 'l-gharby 'l-Fosïâï,
à leur égard des fables en grand nombre. [Puissent-elles êtres vérifiées!] Elles sont   à   l'occident de Fostât,

dlä noŝf¹ mèrhalah.   Wè yoqréb mén-ha   âhrâmât   kètyrah
à une demi journée   (de chemin). Sont   auprès   d'elles des pyramides en grand nombre, (mais elles)

lá tèblagh   qadèr   hadayn² êl-haramayn.
n' approchent (pas) de la grandeur de ces deux   pyramides.

(*) Comme les pyramides présentent au lecteur un sujet intéressant, et qu'*Aboù 'l-Fèdâ* en parle fort succinctement, on ne nous saura peut-être pas mauvais gré de joindre à sa description un article assez long, tiré de la géographie de *Bâqoùy* باقوى , (manuscrit arabe de la *Bibliothèque nationale* , nº 587 , in-4º. On peut aussi voir la *Bibliothèque orientale* , page 311. — Voyez la *Notice*, page 198 de cette Grammaire.

¹) *Mot à mot*, une moitié de journée. *Une journée est maintenant d'environ douze lieues.*

²) Duel de هنة.

منارة اسكندرية،

و من الاثار الغريبة بديار مصر منارة اسكندرية و طولها ماية و ثمانون ذراعًا بنيت لتهتدى بها المراكب اذ بتر الاسكندرية مخفظ لا علم فيه و لا جبال و كان بالمنارة مراءة من الحديد الصينى يرا منها مراكب الروم فاحتال عليها النصارى حتى اعدموها فى صدرالاسلام فى مدّة خلافة الوليد ابن عبد الملك،

Le Phare d'Alexandrie.

Parmi les restes curieux que l'on admire en Egipte, on place le phare d'Alexandrie; sa hauteur est de cent quatre-vingts coudées. Il fut bâti pour servir de point de reconnaissance aux vaisseaux, parce qu'Alexandrie est sur un sol uni et sans montagne. On plaça dessus un miroir d'acier poli de la Chine, afin d'y apercevoir de loin les vaisseaux des Grecs. Les chrétiens firent tant qu'ils parvinrent à le faire détruire, dans les premiers temps du musulmanisme, sous le kalyfat de *Walyd*, fils *d'Àbd-èl-mèlék*.

Méndrah Éskandèryah.
Le Phare d'Alexandrie.

Wè mén êl-âtâr êl-gharybah   *bé   dyâr   Masr*   *méndrah Éskandèryah,*
Parmi les restes merveilleux (que l'on voit) dans les provinces d'Egipte (on remarque) le phare   d'Alexandrie ,

wè ioùl-ha   *mïàh wè ièmânoùn d'rââân. Bonyat   lé   tèhtady   béhâ 'l-mèrâkéb*
sa   hauteur (est de) cent .... quatre-vingts coudées.   Il fut bâti pour que se dirigeassent vers lui les vaisseaux

êd   barr   âl - Éskandèryah   monhafèz   lâ   âlèm   fy-h   wè lâ
parce que le sol   d'Alexandrie   (est)   plat   (et qu'il) n' (y a) pas d'indice dans lui   ni

jèbâl.   Wè kân   b'êl-méndrah mèrâh mén êl-hadyd ês-Syny,   yèrâ mén-hâ.
de montagne. Il y avait (autrefois) sur le phare   un miroir d'   acier   de la Chine, pour voir *dans* lui

mèrâkéb ér-Roùm¹; fè   âhtâl âlay-hâ ên-nosârä² haïtä   âddèmoù-ho   fy   sader
les navires des Grecs ; mais cabalèrent contre lui les chrétiens jusqu'à ce qu'ils l'anéantirent dans le commencement

êl-êslâm³,   fy moddah kélâfah êl⁴-Walyd, êbn Äbd êl-Mèlèk.
de l'islâmisme , dans le temps du kalyfat de Walyd,   fils d'Äbd êl-Mèlék.

---

¹) Le mot *Roùm* désigne principalement les Grecs. *Ebn êl-Wardy* ابن الوردى dit, dans son livre intitulé :
Kérydat êl-ajâyb خريدة العجايب : « Le pays de *Roùm* commence à l'océan Atlantique, et comprend la
» Galicie جلالكة , l'Espagne أندلس , la France أفرنجة , l'Italie رومية , l'Allemagne نمسية , la Pologne
» له , la Bohême جه , l'Angleterre أنكتار , la Hongrie بجار , jusqu'à Constantinople قسطنطينية , et au
» Pont-Euxin كربنطش , par où il joint le pays des Esclavons صقالبة , qui confinent avec les Russes ou
» Moscovites روس ; et enfin le pays dit encore plus proprement Roùm روم ou روم ايلى , qui est la Thrace
» et Grèce d'aujourd'hui. » (Voyez la *Bibliothèque orientale*, page 721.)

²) *Pluriel de* نصرانى. (Voyez la *Bibliothèque orientale*, page 662.)

³) Voyez la *Bibliothèque orientale*, page 325.

⁴) Voyez la *Bibliothèque orientale*, page 907.

هذا من كتاب تقويم البلدان،

العريش،

كانت العريش مدينة من اجل مداين مصر و كانت طيبة الهواء و ماوها عذب
وقيل ان اخوة يوسف عليهم السلام لما قحطت بلادهم دخلوا الى مصر في طلب مشترى
الغلال فلما وصلوا الى موضعة العريش نزلوا به و كان ليوسف حراس على اطراف
البلاد فلما نزلت اخوة يوسف بهذا المكان مسكوهم هناك وكتب صاحب الحرس الى يوسف عليه
السلام بان جماعة من اولاد يعقوب الكنعانى قد وردوا علينا يريدون مشترى قمح
بسبب القحط الذى وقع ببلادهم فلما عوقوم هناك عملوا لهم عريشًا من اصول الشجر
يستظلمون به من حر الشمس الى ان يرد عليهم يوسف الجواب وباذن لهم بالدخول
الى مصر فمن يومئذ سمى هذا المكان العريش وهذا المكان كثير الفواكه و التمر ويجلب
منه الرمان العريشى الى مصر لحسنه،

Le Berceau.

Él-Àrych fut jadis une des plus belles villes d'Egipte; l'air qu'on y respirait était pur
et tempéré, et l'on y trouvait de l'eau douce. On rapporte que la famine ayant ravagé
leur pays, les frères de Joseph vinrent en Egipte pour acheter des denrées; mais à peine
furent-ils arrivés à la station d'*Él-Àrych*, qu'ils furent arrêtés par les gardes que Joseph
entretenait sur les frontières, et leur capitaine écrivit à Joseph un billet conçu en ces termes :
« Une députation des fils de Jacob de Canaan vient d'arriver près de nous; la famine
« ayant ravagé leurs contrées, ils desirent acheter du froment. » Pendant qu'ils demeurèrent
en cet endroit, ils se firent une espèce de *berceau* (*àrych*) de branches d'arbres, afin de s'y mettre
à l'ombre du soleil, en attendant que Joseph leur permît d'entrer en Egipte. Depuis ce
jour on appela ce lieu *Él-Àrych*, c'est-à-dire LE BERCEAU. On y trouve des fruits et des
dattes, et on en tire les grenades nommées grenades d'*Él-Àrych*, qui sont renommées pour
leur bonté, et qu'on transporte dans les divers endroits de l'Egipte.

HADÂ   MÉN KÉTÂB   TAQOÙYM ÊL-BOLDÂN.
' CELA (est tiré) DU   LIVRE (intitulé) *TAQOÙYM ÊL-BOLDÂN.*

Êl-Ărych.
Le Berceau.

Kânèt Êl-Ărych mèdynah   mén   ájall   mèdâyn Masr, wè kânèt   saḧyḧat
Etait   Êl-Ărych une ville d'entre les plus belles   villes d'Egipte,   elle était douée d'un pur
êl-hawâ wè mâw'-hâ   ădab. Wè qyl ánn êkoùat Yoùçouf², [ălay-hom   ês-sèlâm!]
air   et   son eau (était) douce. On   dit que les frères de Joseph,   [sur eux   (soit) la paix!]
lammâ   qaḧtèt   bèlâd-hom, dakalòù élä Masr fy   ïèlb mochtèrä 'l-gholâl,
quand fut désolé par la famine   leur pays,   entrèrent en Egipte dans le dessein d'acheter   des vivres,
fè-lammâ wasalòù élä maùădăt Êl-Ărych,   nazalòù   b'ho; wè kân lé Yoùçouf ḧerâs
et lorsqu' ils arrivèrent à   la station d'Êl-Ărych, ils campèrent en *ce lieu;* or était à   Joseph   des gardes
ălä ăïrâf êl-bèlâd,   fè   lammâ nazalèt êkoùat Yoùçouf là hadâ 'l-mèkân
sur les frontières   du pays,   de sorte que lorsque campèrent les frères de Joseph en   ce   lieu
mèçèk-hom hènâk, wè kètèb ṡăkéb êl-hars êlä Yoùçouf [ălay-h   ês-sèlâm!]   b'ênn:
ils les arrêtèrent   là,   et écrivit le chef des gardes à   Joseph   [sur lui (soit) la paix!] en ces termes :
« *Jèmăăh mén ăwlâd Yăqoùb³ êl-Kanăăniy qad waradòù élay-nâ; yèrydòù   mochtèrä*
« Plusieurs des   fils de Jacob   de Canaan   sont   arrivés   vers nous; ils desirent   acheter
» *qomaḧ bè sèbèb êl-qaḧï èllèdy   waqă   bé bèlâd-hom. » Fè lammâ   ăwèqòù*
» du froment à cause de la famine   qui   est tombée dans leur pays. »   Pendant   qu'ils furent retenus
hènâk ămèlòù l'hom Ărychăn mèn ôsoùl êch-chèjar   yèstaẕlèmòù⁴   b'-ho mén
en ce lieu ils se   firent UN BERCEAU de   branches   d'arbres   pour se mettre à l'ombre par lui contre
harr êch-chams,   êlä ân   yèrèdd ălay-hom Yoùçouf êl-jèwâb, wè   yăădén l'hom
la chaleur   du soleil,   jusqu'à ce que rendît   à eux   Joseph la réponse , et (qu'il) permît à eux
bé dokoùl êlä Masr.   Fè   mén yaùmyd sèmmä hadâ 'l-mèkân Êl-Ărych;
d'   entrer   en Egipte. C'est pourquoi depuis ce jour   on appela   ce   lieu   Êl-Ărych (le berceau);
wè hadâ 'l-mèkân   kèïyr êl-foùdkah wè 't-tamr, wè   yèjlèb mén-ho ér-român⁵
cet   endroit (possède) beaucoup   de fruits   et de dattes, et on transporte de là les grenades
êl-Ărychïy êlä Masr, lé   ḧosn-ho.
(nommées) d'Êl-Ărych   en   Egipte, à cause de leurs bonnes qualités.

---

¹) *Voyez* page 16, ligne 17.   ⁴) *Racine* [طلب].

²) Voyez la *Bibliothèque orientale*, page 406.   ⁵) *Mot à mot*, la grenade.

³) Voyez la *Bibliothèque orientale*, page 467.

NOTICE SUR LES PYRAMIDES,

Tirée du livre de Bâqoùy, pages 157, 158, 159.

Les deux pyramides situées en face de *Fosïaṭ* sont construites avec de grandes pierres carrées. Chacun de ces édifices a quatre faces, qui sont autant de triangles équilatéraux, dont tous les côtés ont quatre cent soixante coudées (ذراع). Leur hauteur perpendiculaire est de trois cent dix-sept coudées.

Les pyramides sont des bâtimens énormes, et bâtis en même temps avec solidité et symétrie : elles ne furent ébranlées ni par la violence des vents, ni par les ravages des tempêtes, ni par les secousses des tremblemens de terre. On dit qu'on y trouva ces mots écrits en caractères *mousnèdây* (خط المسندای) :

« *Nous avons été assez puissans pour élever ces monumens : que celui qui voudra montrer* » *sa force entreprenne de les démolir ; cependant il est plus facile de détruire que d'élever :* » *nous les avons recouvertes d'une riche étoffe de soie* (ديباج), *que celui qui le pourra* » *les fasse seulement revêtir d'une simple couverture de nattes* (حصا). »

On prétend que l'on trouva dans un des anciens tombeaux un feuillet (1) qui fut déchiffré par un *chayk* du monastère de *Qalmoùn* (دير قلمون) : il y lut ce qui suit : « Nous avons examiné le mouvement des astres, et nous avons vu qu'un fléau tombant du ciel et sortant de la terre, devait détruire les végétaux ainsi que tous les animaux. Lorsque nos observations furent terminées, nous allâmes trouver notre roi *Soùryd*, fils de *Saloùq* (سوريد بن سلوق), et nous lui dîmes : — Elève pour toi et pour ceux de ta maison des tombeaux que le temps ne puisse détruire. En effet, il bâtit pour lui la pyramide orientale (الهرم الشرقی) ; celle située à l'Occident (الهرم أغربی) pour son frère ; et la plus petite, nommée *Mouzèr*, (الهرم الموزر) pour son neveu..... Lorsque *Soùryd* mourut il fut enterré dans la pyramide orientale, son frère le fut dans l'occidentale, et l'on déposa les restes de son neveu *Kèroùrès* (كرورس) dans celle que l'on nomme *Moùzèr*, qui se trouve située au-dessous des autres. On descendait dans chacun de ces édifices par un canal souterrain, long de cent cinquante coudées. La porte de la pyramide orientale est tournée vers l'Orient, celle occidentale vers l'Occident, et celle de *Moùzèr* vers le Septentrion. Il y a dans les pyramides des richesses innombrables. »

La narration porte que ces paroles furent traduites du copte en arabe.

---

(1) *Baqoùy* prétend que ce feuillet fut écrit 395 ans avant le déluge (طوفان).

PROVERBES ARABES.

قول موجز مشهور الاستعمل معناه خالى لفظه،

Dictum breve, celebre usu, quo significatur aliud
quàm effertur. *Yâqoùb ben Éshaq êl-Âdyb.*

راس الحكمة مخافة الله،

Le principe de la sagesse est la crainte de Dieu.

العالم بارض ميلاده كالذهب فى معدنه،

Le sage, dans son pays natal, est comme l'or dans sa mine.

قطن بقطن تصير غديرًا،

◂ L'étang se forme goutte à goutte.

من احبّ ان يقوى على الحكمة فلا تملك نفسه النساء،

Celui qui desire exceller dans la sagesse ne doit pas se laisser gouverner par les femmes.

صغار الامور تهيّج الكبار،

Les grandes choses dérivent souvent des petites.

نقل الشّرّ عن شروره ايسر من نقل المحزون عن حزنه،

Il est plus facile de détourner le méchant de son amour pour le mal, que de distraire de son chagrin l'homme triste.

صاحب الصنعة

صاحب القلعة ٦

Le possesseur de l'art est maître de la citadelle : *c'est-à-dire*, rien ne peut résister à l'homme industrieux.

فكن ممن لا تعرفه على حذر ٦

Méfie-toi de celui que tu ne connais point.

كلّ سبع فى غابه زها

كلّ كلب فى بابه نبّاح ٦

Tout chien aboie sur sa porte, tout lion s'enorgueillit dans sa forêt : *c'est-à-dire*, on est fort quand on est chez soi.

من كان الطّمع له مركبًا

كان الفقر له صاحبًا ٦

Celui qui monte le char de l'espérance y a pour compagnon la pauvreté.

الغريق يتعلّق بجبال العرمط ٦

Le noyé s'accroche aux brins de mousse.

من كتم سنّ بلغ مراده ٦

Celui qui cache son secret atteint son desir.

الرّاى يُخطئ مرّة ويُصيب أُخرى ٦

L'esprit se trompe une fois et réussit une autre fois.

فى رأس اليتيم يتعلّم الحجّام ٦ (١)

Le chirurgien s'instruit aux dépens de l'orphelin.

الدّهر ميسور ومعسور ٦

La fortune est aisée et difficile : *c'est-à-dire*, la fortune est inconstante.

---

(1) Ce proverbe répond au proverbe espagnol : *A barua de necio aprenden todos a rapar.*

كلّما تغرس فى الفدّان (١) ينفعك
تغرس ابن آدم يقلعك ٠

Ce que tu plantes dans un jardin te rapporte de l'utilité ; mais si tu places un homme , il te déplacera.

يوم نُعم يوم بؤس ٠

Jour de bonheur, jour de malheur.

حِفظك لسرّك أوجب به من حفظ غيرك له ٠

Il vaut mieux garder toi-même ton secret que de le confier à un autre.

إستبضع تمرًا الى هجر ٠

Il est allé vendre des dattes à Hajar (2).

من اوجهك فقد شتمك ٠

Celui qui te loue médit de toi.

لا يألف الخير و الشّر ٠

Le bien et le mal ne peuvent s'associer.

من نقل إليك فقد نقل عنك ٠

Celui qui te dit du mal des autres médit de toi.

عشب ولا بعير ٠

Des herbes et point de chameaux.

العالم عرف الجاهل لأنّه كان جاهلاً
و الجاهل لا يعرف العالم لأنّه لا كان عالمًا ٠

Le savant connaît l'ignorant, parce qu'il l'a été ; mais l'ignorant ne connaît point le savant, parce qu'il n'a pas été savant.

---

(1) Peut-être faudrait-il فى الجنان au lieu de فى الفدّان.

(2) *Hajar*, pays d'Arabie où il y a une immense quantité de dattes : proverbe pour dire *faire une chose inutile*.

نتقلد طوق لحمامة ٥

– Mettre un collier à la colombe. *C'est-à-dire*, faire une chose inutile.

الجاهل عدوٌّ لنفسه فكيف يكون صديقًا لغيره ٥

L'ignorant est son propre ennemi, comment pourrait-il être l'ami d'un autre ?

لاكلّ من عليه جلد النّمر شجيع ٥

Tous ceux qui sont revêtus d'une peau de tigre ne sont point courageux.

لاتخرج النّفس من الأمل

حتّى تدخل فى الأجل ٥

Le cœur ne cesse d'espérer, même à l'instant de la mort (1).

عاد السّهم الى النّزعة ٥

Il a rendu la flèche aux archers. *C'est-à-dire*, rendre à quelqu'un ce qui lui appartient.

من مارس الأمور ركب الجور ٥

Celui qui se mêle des affaires s'embarque sur les mers.

فى بلاد الجريد تنمّر الحمير ٥

Dans le pays des palmiers (Le BILÈDULGÉRÏD.) on nourrit de dattes les ânes.

طول التجارب زيادة فى العقل ٥

Longue expérience, accroissement d'intelligence.

لكل ناجم قول ٥

L'astrologue trouve toujours des présages. *C'est-à-dire*, il tire parti de tout.

لو كان النّاس كلّهم عقال خربت الدّنيا ٥

Si tous les hommes s'adonnaient à la méditation, le monde deviendrait désert.

كان كراعًا فصار ذرعًا ٥

Il était tybia, il est devenu bras. *C'est-à-dire*, de pauvre il est devenu riche.

---

(1) Les Italiens ont un proverbe semblable : *La morte sola può occider la speranza.*

الفساد يُزيل كثيرًا من المال ،

La mauvaise foi offre de grandes richesses.

يضى لغين وهو يحترق ،

Il éclaire les autres et se brûle.

اطلب الجار   قبل الدّار
والرّفيق   قبل الطّريق ،

Informe-toi du voisin avant de prendre le logis (1), et du compagnon avant de te mettre en route.

من بَصَر يومًا بُصَر فيه ،

Celui qui voit pendant le jour y est vu aussi.

احسن إِن اردت أَن يُحسَن إِليك ،

Fais le bien si tu veux qu'on le fasse à ton égard.

اليد العُليا خير من السُّفلا ،

La main de dessus est préférable à celle de dessous. *C'est-à-dire*, celui qui donne est plus heureux que celui qui reçoit.

إِستقبِح لنفسك كما تستقبِح لغيرك ،

Condamne tes défauts de même que tu condamnes ceux des autres.

---

(1) Saädy, dans son *Partère de roses* كلستان, s'exprime ainsi :

حكايت ، درعقد بيع سراى متردّد بودم جهودى كُفت من ، از كدخدايان قديم
اين كلّتم وصف اين خانه چنان كه هست از من بپرس بجزكه هيچ عيب ندارد
كُفتم بجز ان كه تو همسايهٔ اوى ،

Conte. Je voulus autrefois acheter un hôtel, et tandis que j'en cherchais un, un Juif me dit : « Achetez
» telle maison ; comme depuis long-temps je demeure dans ce quartier, je puis vous assurer que vous n'y trouverez
» aucun désagrément ». — « Pourquoi comptes-tu, lui répondis-je, celui d'être ton voisin ? »

فى القمر ضياء والشمس أضواء منه ٦

Quoique la lune soit brillante, le soleil l'est encore plus.

اوّل الغضب جُنون وآخر ندم ٦

Le commencement de la colère est la folie, le repentir en est la fin.

كلب حى خير من اسد ميّت ٦

Un chien vivant est préférable à un lion-mort.

عدوّ عاقل أخير من صديق جاهل ٦

Un ennemi sage est préférable à un ami ignorant.

ارتّ عقدنك ٦

Resserre ton nœud.

الكقّ عن الشهوات غنى ٦

Maîtriser ses passions c'est être riche.

كّل غد صاير امسّا ٦

Tout matin devient soir.

ظلال صيف ما لها قطار ٦

Nuages d'été ne donnent point d'eau. *C'est-à-dire*, belles promesses qui ne s'effectuent pas.

الروض قد يزبّل ثمّ يورق ٦

Ce n'est qu'après avoir été fumé que le jardin se couvre de verdure.

من نام لم يشعر بمن سهر ٦

Celui qui dort ne connaît pas celui qui veille.

الاسد ينب على الارنب كما على الثور ٦

Le lion se jette sur le lièvre comme sur le taureau.

الثور يكمى انفه بروقه ٦

Le taureau protège son nez avec sa corne.

ابطأ من غراب نوح ٦

Plus constant que le corbeau de Noé.

لو انصف الناس استراح القاضى ٦

Si les hommes agissaient avec justice, le *Qâḍy* (1) resterait dans l'inaction.

ليس لعين ما رأت ولا لكف ما اخذت ٦

Tout ce qui voit n'a pas d'yeux, tout ce qui prend n'a pas de main. *C'est-à-dire*, celui qui se pavane n'est pas toujours le plus noble.

المصطلى بالنّار اعلم بكنّ ٦

Celui qui se chauffe au feu en connaît l'ardeur.

مثل النّعامة لا طير ولا جمل ٦

Semblable à l'autruche, qui n'est ni oiseau ni chameau.

ربّما صحّت الاجسام بالعلل ٦

Quelquefois les corps deviennent sains à force de maladie. *C'est-à-dire*, l'adversité est quelquefois utile.

لا ترم سهامًا يُججزك ردّه ٦

Ne lance jamais une flèche que tu ne puisses la retrouver.

ما ينفعك الّا ما معك ٦

Il n'y a que ce qui est près de toi qui peut te profiter.

الاسد لايأكل الّا من فريسته ٦

Le lion ne se nourrit que de sa chasse.

الحيّوت من الحيّة ٦

Le serpent mâle est engendré par le serpent femelle. *C'est-à-dire*, la noblesse ne consiste point dans la naissance.

---

(1) Les *Qâḍys* chez les Orientaux sont les juges des causes civiles et criminelles ; quelquefois ils se mêlent aussi des affaires qui concernent la religion.

ليس القدّام كالخوّام ،

Celui qui précède n'est pas comme celui qui suit.

قاعد على حرف عوّام ،

Celui qui habite un promontoire est nageur.

من لسعته الحيّة من الحبل يخاف ،

Celui qui a été mordu par le serpent se défie des cordes. *C'est-à-dire*, de tout ce qui a quelque ressemblance avec le serpent.

من يغسل حمارًا يفسد الماء والصّابون ،

Celui qui s'amuse à laver un âne perd de l'eau et du savon.

الخيل اعرف بفُرسانها ،

Les bons chevaux savent à quels cavaliers ils ont affaire.

كلب جوّال خير من أسد رابض ،

Un chien qui court vaut mieux qu'un lion couché.

انف فى السّماء واست فى الماء ،

Le nez dans les nues et les fesses dans l'eau.

الماشى خير من لاش ،

Il vaut mieux avoir des meubles communs que de n'en point avoir. *Mot à mot*, des meubles communs sont préférables au *vide* de la maison.

يكسو النّاس واسته عريان ،

Il habille les autres et va le cul nu.

بول الكلب لا يكدّر البحر ،

L'urine d'un chien ne souille pas la mer.

ردّ الحجر من حيث جاءك ،

Renvoie la pierre à celui qui te l'a jetée. *Mot à mot*, renvoie la pierre d'où elle te vient.

لم يناطح الّا ذو القرون ،

Il n'y a que celui qui a des cornes qui peut béliner.

اذا كنت مناطحاً فناطح بذوى القرون ٦

Lorsque tu veux béliner, adresse-toi à celui qui a des cornes.

عيادة الاعدآء اشر من المدض ٦

La visite de ses ennemis, lorsque l'on est malade, est plus cruelle à supporter que la maladie.

حُسن فى كلّ عين مَن يَوَدّ ٦

Rien ne semble beau comme ce qu'on aime.

البنيان يشدّ بعضه بعضًا ٦

Les maisons se soutiennent réciproquement.

ساقى القوم آخرهم شربًا ٦

Celui qui verse à boire aux autres boit le dernier.

قليل من مرارة يفسد كثيرًا من حلاوة ٦

Un peu d'amertume corrompt beaucoup de douceur.

لا تدور الرحا بماء قد مضا ٦

Ce n'est point l'eau qui a déja coulé qui fera tourner la meule.

مَن غُلِب سلب ٦

Aussitôt vaincu, aussitôt dépouillé.

كلّ طير يستلذّ صوته ٦

Tout oiseau prend plaisir à admirer sa voix.

ربّا الكلمة تقول لصاحبها دعى ٦

Souvent la parole dit à son maître : *guide-moi* ; car

ربّ رأس حصيد اللسان ٦

Quelquefois la tête devient la moisson de la langue.

انّ الغراب لا ينقر عين غراب ٦

Le corbeau ne crève pas les yeux de ses frères.

موت الحمار عرس الكلاب ،

La mort de l'âne est la noce des chiens.

لو للدجاجه درهم فلا تُذبح ،

Si la poule avait de l'argent on ne lui couperait pas le cou.

اخوفوا الهوام قبل أن تُخيفكم ،

Effrayez les bêtes avant qu'elles vous effraient.

ما فى الرّماد بَصوة ،

On ne trouve point d'étincelle dans la cendre.

قد تبيّن الصّباح لذى عينين ،

Celui qui a deux yeux aperçoit le jour dès qu'il paraît.

لا تطلُب الدُّرّاج فى خيس الاسد ،

Ne va pas chercher le francolin dans la grotte du lion.

كنت فى حُبّ وأنت تدلّنى الى بحر ،

Je suis tombé dans un puits, et tu veux me mener à la mer.

نوروزه كلّ يوم ،

C'est tous les jours fête pour lui. *Mot à mot,* tous les jours sont pour lui *le jour de l'an* (1).

ما اشبه الليل با لبارحة ،

La nuit d'aujourd'hui ne ressemble pas à la nuit d'hier.

استعدّ للنوايب قبل حُلولها ،

Prépare-toi aux malheurs avant qu'ils t'arrivent.

لايجتمع سيفان فى غمد ،

On ne met pas deux épées dans le même fourreau.

---

(1) *Nèw-roùz* نوروز, c'est-à-dire, en persan, *nouveau jour*. C'est ainsi que les anciens Persans apelaient le *premier jour de l'an*. Lorsque ce jour arrive, les Persans (comme cela se pratique parmi nous) se font mutuellement de petits cadeaux, et se livrent aux divertissemens et à la joie. Ces cadeaux se nomment *Nèw-roùzyah* نوروزيه, c'est-à-dire étrennes. *La mancia delle buone feste,* comme disent les Italiens.

لا يُقطع حديد الّا حديد

Le fer ne se coupe qu'avec du fer.

لاتسمن الشاة عند رؤية الذيب

La brebis ne s'engraisse pas à la vue du loup.

اتبع الفرس لجامه
اتبع الناقة زمامه
اتبع الدلو رشاءه

La jument suit son frein, la chamelle suit sa courroie (1), et le seau suit sa corde.

نبيّن من بكا ممن تباكى

On distingue celui qui pleure de celui qui fait semblant de pleurer.

على المريب شواهد لا تُدفع

A quoi servent les témoignages à celui qui ne croit pas.

شرّ البلاد مكان لا صديق به

Le plus mauvais de tous les pays est celui où il n'y a pas d'ami.

رتّ عبد من الشريف ارفع

Souvent un esclave a plus de grandeur d'âme qu'un noble.

واسنك الودّ ما تحذره

L'amour fait disparaître les périls.

اذ ذلّ مولى المرء هو ذليل

Un riche qui méprise un autre homme devient lui-même méprisable.

____

(1) Les chameaux qui vont en Perse par les provinces septentrionales de la Turkie, ne marchent qu'à la file et de sept en sept. Ils sont attachés l'un à l'autre par une *corde* de la grosseur du petit doigt et d'une brasse de long, qui tient au derrière du bât du chameau qui va devant, et qu'on noue à l'autre bout avec un petit cordon d'une espèce de laine, qui passe dans une boucle qui pend aux narines du chameau qui suit, etc. Tavernier, *Voyages en Perse*, tom. I, p. 109.

خير جليس فى الزمان كتاب ٥

Le meilleur compagnon pour passer le temps est un livre.

حلاوة الدنيا لجاهلها

ومرارة الدنيا لمن عقل ٥

Les douceurs de ce monde sont pour celui qui ne le connaît pas, et son amertume est pour le sage.

احسن كما احسن الله اليك ٥

Fais pour les autres ce que Dieu a fait à ton égard. *Mot à mot,* fais du bien aux autres de même que Dieu t'en a fait.

الناس على دين ملوكهم ٥

Les hommes suivent la religion de leurs rois.

لاتحزن فالذى قضى الله يكون ٥

Ne te désole pas, car tu ne peux éviter ce que Dieu a ordonné.

المال مايل و الذهب ذاهب ٥

Les richesses sont passagères et l'or est un bien inconstant.

اسعد الملوك من بقى بالعدل ذكره ٥

Le plus heureux des rois est celui dont le souvenir de l'équité demeure aux siècles futurs.

الضّحك بلا سبب من قلّة الادب ٥

Un rire sans raison dénote une mauvaise éducation.

ما كان ذلك العيش الّا سكرة

لذا انهارحلت و خلّ خمارها ٥

Cette vie n'est autre chose qu'une ivresse; sa douceur passe, et il n'en reste que la lie.

و فى الجهل قبل الموت موت لاهله

و اجسادهم دون القبور قبور

وان المرء لم يحى بالعلم قلبــه

فليس له حتى النّشور نشور (١) ٦

Mot à mot, dans l'ignorance on trouve la mort avant de mourir, et les corps des ignorans, sans être dans le tombeau, sont des tombeaux;

Car si la science ne vivifie pas le cœur de l'homme, il ne sera point de résurrection pour lui avant le jour de la *résurrection*.

سافر تجد عوضًا عمّن تفارقه

وانصب فان لذيذ العيش فى النصب

ما فى المقام لذى عقل اعزّا ولا ادبًا

من غربة فدع للاوطان واغتراب

انّى رايت وقوف الماء يفسد

ان ساح طاب وان لم يجر لم يطب

والشّمس لو وقفت فى الفلك دايما

لملّها الناس من عجم ومن عرب

والاسد لو لافراق الغاب ما افترست

والسهم لو لا فراق القوس لم نصب

والتبر كالتّرب ملقا فى معادنه

والعود فى ارضه نوع من الحطب

Voyageur, tu trouveras sans peine un ami à la place de celui dont tu t'éloignes. — Change souvent de demeure, car la douceur de la vie consiste dans la variété. — Je ne connais rien sur la terre qui soit plus charmant — que les voyages : abandonne donc ta patrie et mets-toi en route. — L'eau qui reste dans un étang se corrompt bientôt. — Coule-t-elle sur un lit de sable, elle devient limpide et douce; mais à peine elle s'arrête, qu'elle

(1) Rien n'est plus difficile à rendre en français que cette sentence, elle n'a de grace que dans l'arabe. Elle roule entièrement sur des jeux de mots, ce que les arabes nomment تَجْنِيس, c'est-à-dire *calembourg*.

devient amère. — Si le soleil demeurait continuellement au milieu des astres, — les peuples de la Perse et ceux de l'Arabie se fatigueraient de sa clarté bienfaisante. — Si le lion ne sortait pas de sa forêt, comment prendrait-il de la proie? — Et si la flèche ne s'éloignait pas de l'arc, comment atteindrait-elle le but? — La poudre d'or est abandonnée dans sa mine comme de la paille. — Et l'aloës, dans son sol natal, est regardé comme le bois le plus commun.

يا طالب العلم فاجتهد بالليل و النهار

لان العلم يصل بالجهد ولتكرار ۶

O toi qui desires acquérir la science, sois diligent et la nuit et le jour; — car la science ne s'acquiert que par la constance et par un travail opiniâtre.

ظن الرجل على قدر عقله ۶

L'homme se fie sur son génie.

اذا ابتديت فاصبر ۶

Lorsque tu as entrepris quelque chose, prends patience.

بالشكر بدوم النّعمة ۶

La reconnaissance fait durer le bienfait.

بشرة في وجهه وحزنة في قلبه ۶

La joie est sur son visage et la douleur est dans son âme.

جود الفقير افضل الجود ۶

La libéralité du pauvre est la meilleure libéralité.

قربة باللّباس (۱) ۶

Votre habit règle la manière dont on doit vous recevoir.

خير العلم ما نفع ۶

La meilleure science est celle qui peut être utile.

راس الايمان الصّدق ۶

Le principe de la foi est la sincérité.

____

(1) Ce proverbe est fort usité parmi les Orienteaux, et principalement parmi les Turks et les Persans. Il peut servir de leçon aux voyageurs qui parcourent ces contrées.

كلّ قانع غنى 6 (1)

Tout homme content de son état est riche.

كلّ متكبّر حقير 6

Tout homme qui veut paraître grand est petit.

لكلّ همّ فرج 6

Toute peine a son adoucissement.

لكلّ ضيق خرج 6

Tout lieu étroit a une sortie.

لكلّ شئ سبب 6

Toute chose a une cause.

لا اخوة للملوك 6

Les rois ne connaissent point de frères.

لامروة للخيل 6

L'avare ne connaît point l'humilité.

التاجر يجن فى كيسه و العالم يجن فى كراريسه 6

Le négociant place sa gloire dans sa bourse, le savant met la sienne dans ses papiers.

ظلّ عمر الظالم قصير و ظلّ عمر الكريم فسيح 6

Rien n'est plus court que la vie de l'oppresseur, rien n'est plus long que celle de l'homme juste.

النّاس من جهة التّمثال اكفآء 6

Tous les hommes sont égaux entre eux.

لا فضل الّا لاهل العلم 6

La gloire n'appartient qu'aux savans.

---

(1) Ce proverbe est une espèce de calembourg; il est sur-tout sensible lorsqu'on le prononce à la manière égyptienne, *koll gâny ghany.*

اشر الناس عالم لا ينفع بعلمه ٥

Le plus mauvais des hommes est celui qui n'emploie pas ses talens pour le bien des autres (1).

اهل العِلم مصابيح الدُّجى ٥

Les savans sont des flambeaux qui doivent dissiper les ténèbres.

ـ فالنّاس موتى و اهل العِلم احياء ٥

Les hommes sont sujets à la mort, mais les savans sont immortels.

ان كان علم الطّبّ ينجى من الادى
و يشفى فيما بال الطبيب بموت ٥

Si la science de la médecine délivrait des maux, — et donnait la santé, le médecin n'aurait pas besoin de se soumettre à la mort.

سيضحك يومًا و يبكى سنة ٥

Il rira pendant un jour et pleurera pendant un an.

وكالنار الحيوة فمن رماد اواخرها واوّلها دخان ٥

La vie est semblable au feu, elle commence par de la fumée et finit par la cendre.

فالعيش نوم والمنيّة يقظه ٥

La vie est un sommeil, la mort en est le réveil.

مَن خاف نجا ٥

Celui qui appréhende, trouve son salut.

لا رأى للكذوب ٥

Point de considération pour les menteurs.

مَحَبّة يوم نسيان قريب ٥

Amitié d'un jour, oubli prochain.

---

(1) Ce proverbe semble calqué sur celui des Chinois, qui dit : « *Hio ûl po hing vû goêi kuéi hio*. On ne doit » pas estimer celui qui est savant, et qui ne fait pas part aux autres de ses connaissances. »

فانّ اللّبيب يغفر الكريم ٦

L'homme juste pardonne facilement une faute.

اصبر على كيد الحسود فانّ صبرك قاتله

فالنّار تكل بعضها اذ لم تجد ما تأكله ٦

Fais semblant de ne pas t'apercevoir des embûches que te tend l'envie, ta patience la tuera; — car, lorsque le feu ne trouve plus rien à dévorer, il finit par se dévorer lui-même.

لا مال للبخيل و انّما هو لماله ٦

L'or n'appartient pas à l'avare, mais l'avare appartient à l'or.

مغلوب هو و قد كان غالبًا ٦

Il est vaincu, mais il a été vainqueur.

لا تخل من عدوّك عاقل و جاهل

فا حذر حيلة العاقل و جهل الجاهل ٦

Tu dois autant redouter d'avoir un ennemi sage, que d'en avoir un ignorant; — car on doit craindre la ruse du sage autant que l'ignorance du sot.

العلم خير من المال العلم يحرسك و انت تحرس المال والعلم حاكم والمال محكوم عليه و

المال يُنْقَص بالنّفقة والعلم يزكو بالانفاق ٦

La science est préférable à la richesse; elle te garde, au lieu que tu gardes la richesse (1)... La richesse diminue à mesure que l'on s'en sert, tandis qu'au contraire, plus on fait usage de sa science, plus elle augmente.

و قس بما رأيته ما لم تره ٦

Juge par ce que tu as vu de ce que tu ne vois point.

---

(1) Nous ne traduisons point ici les mots والعلم حاكم والمال محكوم عليه و, qui ne sont qu'une répétition de la phrase précédente.

ما الحبّ الّا للحبيب الاوّل،

On aime toujours celui qu'on a aimé le premier.

انّ سلاح العالم علمه و لسانه

كما انّ سلاح الملك سيفه و سنانه،

Les armes du sage sont sa science et sa langue, comme les armes du roi sont l'épée et la lance.

انّ السلاح جميع النّاس يحمله

و ليس كل ذوات المخالب السبعُ،

Tout le monde porte des armes, mais tous ceux qui sont doués de griffes ne sont pas des lions.

مثل سرّ الياقوت ان مسّه النار

جلّاه البلاء فآزداد زيّنًا،

De même que l'hyacinthe, qui, dès qu'on la place auprès du feu, paraît briller d'un nouvel éclat à cause du dépit qu'elle éprouve.

ولود الوعد عاقر الايجاد،

Fécond en promesses et stérile en faits.

شتّان ما بين السّهل و الحزن،

Il y a une grande différence entre un chemin plat et un chemin raboteux.

لا يُنبّت البقلة الّا المحقلة،

ou

البقلة من المحقلة،

Le légume ne vient que dans la terre cultivée.

لا يُشترى العبد الّا و العصى معه،

Il faut acheter un fouet en même temps qu'un esclave.

كسراج دهنه قوت له

فاذا غرّقته فيه طفى ٥

Comme une lampe dont l'huile est l'aliment, mais qui s'éteint dès que la quantité en est trop grande.

يموت راعى الضان فى جهله

مونة جالنوس فى طبّه ٥

Le berger meurt dans son ignorance de la même manière que Galien (1) dans sa science.

السلطان ظلّ الله ياوى اليه كلّ مظلوم ٥

Le sultân est l'ombre (l'image) de Dieu, tout opprimé doit implorer son appui.

قال النبىّ اذا شاب ابن آدم يشبّ فيه خصلتان الحرص و طول الامل ٥

Le Prophète a dit : « Lorsque le fils d'Adam (l'homme) commence à vieillir, deux
» passions violentes s'allument dans son cœur, l'avarice et la longueur de l'espérance (l'amour
» de la vie). »

حبّ المال يزداد فى الشيوخ ٥

L'amour de l'or s'accroît dans la vieillesse.

ان الولد الذى لا يعظم ابويه فى صغره

لا يصير مقبول الانام فى كبره ٥

L'enfant qui n'honore pas ses parens, dans sa jeunesse, ne sera pas estimé des gens de bien, lorsqu'il sera grand.

---

(1) *Jâlénoùs.* — *Mohammèd, ben Qâçém* كمّد بن قاسم dit qu'il était Rhodien d'origine, qu'il naquit 60 ans après la mort de J.-C., 665 après celle de Socrate, et qu'il mourut à l'âge de 87 ans. Il était fils d'un grand géomètre, et a été le dernier des médecins du premier rang. Son père lui avait laissé de très-grands biens; de sorte qu'il exerçait gratuitement la médecine, et ne prenait aucune rétribution des écoliers qu'il instruisait..... Quant à sa personne, il mangeait peu, jeûnait souvent, et aimait fort la propreté. Il a composé près de quatre cents traités sur la médecine, lesquels ont été presque tous traduits en syriaque, en hébreu et en arabe, et commentés par divers interprètes. Ses principaux ouvrages sont الفصول ou *Aphorismes,* منافع الاعضا *De l'usage des parties du corps,* فى المزاج *Du tempérament,* تدبير الصحة *Des moyens de conserver la santé. Bibliothèque orientale,* page 392.

الموت اربعــة

موت الامراء

و موت الا غنياء

و موت العلماء

و موت الفقراء

الاوّل فتنه

و الثانى غبطة

و الثالث حسرة

و الرابع راحة ۶

Il y a quatre espèces de mort; la mort des princes, la mort des riches, celle des savans, et celle des pauvres. La première est un crime, la seconde est l'objet des desirs, la troisième est l'objet des regrets, et la quatrième est un repos.

قد شرب من تراب ميت ۶

Il a bu de la terre des morts (1).

كانّ على راسه الطير (2) ۶

Comme s'il avait un corbeau perché sur sa tête (en parlant d'un homme qui ne bouge pas).

قد ينبح لكلب القمر ۶

Lorsque le chien léchera la lune.

---

(1) C'est-à-dire, l'eau dont on a fait des libations sur la tombe d'un mort. L'opinion des anciens Arabes était que ce breuvage éloignait l'amour, comme nous l'apprend le dictionnaire intitulé قاموس, c'est-à-dire *océan*. Ce proverbe s'emploie en parlant d'un homme qui se montre cruel envers ses amis.

(2) طير en Arabe, désigne en général un oiseau; mais lorsqu'il est précédé de l'article ال, il signifie spécialement *un corbeau*.

اصطياد العنقاء،

Aller à la chasse au Griffon (1). (Faire une chose inutile.)

ابعد من العنقا،

Plus éloigné que le Griffon.

قليل المال تصلحه فيبقى

ولا يبقى الكثير مع الفساد،

Peu de richesses bien gouvernées durent long-temps, tandis qu'une grande quantité de biens disparaît bientôt entre les mains de celui qui n'a pas de conduite.

سلطان بلا عدل كنهر بلا ماء،

Un roi sans justice est un fleuve sans eau.

عالم بلا عمل كسحاب بلا مطر،

Un savant qui n'a pas fait d'ouvrages est un nuage sans pluie.

غنى بلا سخاوة كشجر بلا ثمر،

Un riche sans libéralité est un arbre sans fruit.

فقير بلا صبر كقنديل بلا زيت،

Un pauvre sans patience est une lampe sans huile.

شباب بلا توبة كبيت بلا سقف،

Un jeune homme sans pénitence est une maison sans toit.

امراة بلا حياء كطعام بلا ملح،

Une femme sans pudeur est un ragoût sans sel.

حسن الموافقة تدوم الصحبة،

La bonne intelligence fait durer l'amitié.

---

(1) Le Griffon est un animal fabuleux, comme le dit *Dèmyry* دميرى dans son ouvrage : « من الالفاظ الدالة على غير معنى, c'est-à-dire, ce nom se donne à des choses dont on connaît le nom sans en savoir » la signification. » — *Nowaïry* نويرى dit à peu près la même chose : « معروف الاسم مجهول الجسم, » c'est une chose dont on connaît seulement le nom sans en connaître le corps (la forme). » (Voyez aussi à ce sujet la *Bibliothèque orientale*, page 810.)

حسن الصورة اول السعادة ٦

La beauté du visage est le présage du bonheur.

شخص بلا ادب جسد بلا روح ٦

Un homme sans éducation est un corps sans âme.

الناس اثنتان بالغ لا يكتفى و طالب لا يجد ٦

Il y a deux espèces d'hommes; celui qui a trouvé et n'est pas satisfait, et celui qui cherche et ne trouve point.

لا يُعرف الاخ الاعند الحاجه اليه ٦

On ne connaît l'ami que lorsqu'on a recours à lui.

الملك لله ٦

La royauté (éternelle) appartient à Dieu seul (1).

———————————————————

(1) Ce proverbe rappelle un trait de la vie de *Kosroù Pèrwyz* خسرو پرويز : Ce prince, réfléchissant sur la fragilité de la vie, qui bientôt le priverait de l'empire, disait à *Chyryn* شيرين, sa maîtresse, « *Mâ ảhsan* » *hadả 'l-molk laù dảm,* ٦ ما احسن هذا الملك لو دام ; Qu'y aurait-il de plus beau que la royauté si » elle était éternelle? » — *Chyryn* lui répondit : « *Laù dảm mả ảntèqal èlaynả,* ٦ لو دام ما انتقل الينا » si elle durait toujours, elle ne serait point parvenue jusqu'à nous. »

FIN DES PROVERBES ARABES.

ESSAI

DE CALLIGRAPHIE

ORIENTALE.

AVERTISSEMENT.

Ce que j'offre ici au public n'est que l'essai d'un ouvrage beaucoup plus considérable, puisqu'il contiendra environ deux cents planches, dans lesquelles seront développés fort au long les principes de toutes les espèces d'écritures des Orientaux. Ce grand recueil est presqu'entièrement terminé, et j'espère bientôt en faire commencer l'impression. J'ai seulement voulu, dans cet essai, donner les notions principales, et j'ai tâché d'y réunir des modèles de tous les caractères orientaux. C'est après avoir reçu, pendant trois ans, des leçons fréquentes d'un maître turk (1), que j'ai entrepris ce travail, qui présentait de grandes difficultés; mais à force d'assiduité, et secondé par un habile graveur, j'espère l'avoir porté à un degré de perfection que n'a pas encore eu un ouvrage de ce genre. Au reste, c'est au public qu'il appartient de juger si j'ai réussi dans mon entreprise, et je serai amplement récompensé de mes peines, si cet essai peut servir à améliorer la main de ceux qui s'adonnent à l'étude des langues orientales.

---

(1) Ce turk était l'*ímăm* أمام (aumônier) de l'ambassadeur turk; il se nommait *Áhmèd Háféz Éffèndy* احمد.حافظ أفندی; il avait long-temps professé l'art de l'écriture dans les écoles de Constantinople, et peignait sur-tout parfaitement le caractère *dywăny* ديواني; aussi ai-je de ce caractère les plus beaux modèles qu'il sòit possible de voir. Dans la dernière lettre que je lui ai écrite, je lui ai demandé plusieurs cahiers d'exemples d'écritures, et je compte les publier dans mon *Traité de calligraphie.*

ESSAI

DE CALLIGRAPHIE ORIENTALE.

Une belle main ouvre la porte de tous les trésors.
Inchâ marghoùb.

DISCOURS PRÉLIMINAIRE.

L'ORIGINE des caractères arabes remonte, selon les auteurs orientaux, à quelque temps avant Mahomet : les premiers que l'on employa furent ceux qui, par la suite, furent nommés Cufiques (1) (*Kioùfy* كوفى). *Marâr êbn Marah* مرار ابن مراه passe pour en être l'inventeur. Ces caractères ne sont plus maintenant en usage, si ce n'est en Barbarie, encore leur forme a-t-elle changé.

Le premier qui les retoucha fut *Âbd êl-Hamyd Yahyä* عبد الحميد يحيى , écrivain célèbre,

---

(1) Ces caractères furent appelés *Kioùfy* كوفى , parce qu'ils furent employés par les savans *Kioùfah* كوفه , ville de l'*Ëráq babylonienne* عراق بابلى , bâtie long-temps après *Marâr.*

qui vivait sous les *Ќalyfs Ŏmmyades*, et passait pour l'écrivain le plus élégant de son temps ; aussi a-t-on dit à son sujet :

بد ت الكتبة بعبد الحميد

وختمت لابن العميد،

« L'écriture arabe a pris naissance sous *Ăbd êl-Hamyd*,
» Et a été portée à son dernier degré de perfection par *Ébn êl-Ămyd.* »

D'après ces vers, on serait fondé à croire que ce fut *Ébn êl-Ămyd* qui introduisit en Orient les caractères arabes dont on se sert maintenant ; mais, depuis, plusieurs écrivains les ont perfectionnés.

Après *Ébn êl-Ămyd*, *Aboù ăly Moḣammèd bèn ăly bèn Haçan êbn Moclah*, que l'on surnomme *Wâdĕ Ќaïï* خطّ واضع, c'est-à-dire, inventeur de l'écriture, donna aux caractères arabes une forme plus élégante et plus arrondie, et assez semblable à celle qu'ils ont maintenant (1). Cet écrivain célèbre fut Wizïr du *kalif Moqtadèr* مقتدر, prince de la race des *Ăbbâçydes*, et de *Qâhér b'êllah* قاهربالله, son successeur. Quelques personnes prétendent que ce ne fut point lui, mais un de ses frères, qui inventa ce beau caractère (2).

'Aboù 'l-Haçan ăly ben hela, plus connu sous le nom d'*Ébn Bawwâb* ابن بوّاب, perfectionna l'alphabet arabe après *Ébn Moclah*, en distinguant mieux les lettres l'une de l'autre.

Après lui *Yâqoùt* ياقوت, surnommé *Mostăsèmy* مستعصمى, à cause qu'il servait *Mostăsèm* مستعصم, dernier *kalif* de la race des *Ăbbâçydes*, y fit quelques changemens, et lui donna la forme qu'il a maintenant ; c'est pour cette raison qu'on le surnomme *Ăl-Ќaïïaï* الخطّاط, c'est-à-dire, l'écrivain par excellence.

Ce caractère a ensuite servi de base à un autre plus fin, et qui lui ressemble beaucoup. C'est ce caractère que l'on nomme *Nèsky* نسكى, c'est-à-dire, caractère qui sert à copier ; parce qu'effectivement c'est celui que l'on emploie pour copier le *Qorân,* et les ouvrages précieux. Après cela on inventa divers autres caractères, qui sont à présent en usage chez les Arabes, les Turks et les Persans, et qui dérivent les uns des autres. Nous allons d'abord donner quelques notions sur les instrumens nécessaires pour écrire, et puis nous parlerons de

---

(1) Le caractère *Kioùfy* servait toujours pour les inscriptions et les monnaies, et ne cessa d'être en usage que vers le quatorzième siècle de l'Ère chrétienne.

(3) On rapporte qu'ayant été condamné à perdre la main, il se plaignit de ce qu'on le punissait comme un voleur, et de ce qu'on lui coupait une main qui avait trois fois copié le *Qorân* القران, et dont les exemplaires devaient être à la postérité le modèle de l'écriture la plus parfaite.... Après qu'on lui eut coupé la main, il se fit attacher au bras une plume artificielle, avec laquelle il ne laissait pas d'écrire. *Bibliothèque orientale.*

tous ces caractères, en commençant par le *Kioùfy* كوفي, qui en est la source, et nous joindrons à nos observations des *exemples* dont plusieurs sont gravées d'après les modèles des meilleurs maîtres (1).

~~~~~~

CHAPITRE PREMIER.

<div dir="rtl">باب فى كتبة الاعراب والاتراك والاعجم 6</div>

MANIÈRE D'ÉCRIRE DES ORIENTAUX.

Les Orientaux, comme nous l'avons remarqué dans la grammaire, écrivent de droite à gauche : ils ne connoissent point l'usage des tables, et c'est sur leur genou gauche ou sur leur main qu'ils écrivent. Cette manière leur semble plus commode, et elle l'est effectivement, sur-tout lorsque l'on veut écrire en gros caractère. Ce n'est pas, comme chez nous, la main qu'ils remuent en écrivant, c'est le papier qu'ils font glisser selon les contours qu'ils veulent tracer; quelquefois ils mettent sous leur papier un carton un peu plus grand que la main, ou quelque chose de semblable, afin de le soutenir. S'ils se servent d'une grande feuille, ils la roulent et l'ouvrent à mesure qu'ils remplissent le blanc.

Ils rayent ordinairement leur papier, à moins qu'ils n'écrivent en caractère *Jèry* جرى; car ce caractère exige que les lignes soient tracées en courbure, alors ils se contentent de tracer une ligne perpendiculaire pour indiquer la marge; et plus cette marge offre de blanc, plus on la trouve belle. La *planche* I offrira la position du papier et du corps pour écrire.

---

(1) La bibliothèque nationale possède, parmi ses manuscrits, deux volumes (numérotés 119 et 110 pers.) qui contiennent des modèles d'écriture. Voici la notice que l'on trouve à la tête du n°. 119.

« Livre in-folio de 36 feuillets ou cartons, qui contiennent un recueil de plusieurs dessins de figures humaines » et autres, et plusieurs pièces d'écritures des plus fameux écrivains de la Perse. (Plusieurs sont signés كتبة » العبد السلطان على المشهدى) Le tout découpé et collé sur des cartons reliés ensembles comme pièces » curieuses ; ces sortes de recueils s'appellent *Muvakka*, (lisez *Muqawwa*) مقوّة ; c'est-à-dire, chose » rapetassée.... etc. »

Le recueil n°. 110, outre les exemples de *Talyq* تعليق, en contient aussi de *Nèsky* نسكى. J'en ai tiré ce qu'il y a de plus beau pour servir à la confection du grand *Traité de calligraphie* dont j'ai parlé.
~~~~~~

CHAPITRE II.

كلّما يلزم للكاتب

DES INSTRUMENS NÉCESSAIRES POUR ÉCRIRE.

Les Orientaux se servent, pour écrire, de divers instrumens dont quelques-uns nous sont inconnus, et les autres ont quelque chose qui diffère des nôtres. Nous allons en parler selon leur emploi.

§. Ier.

حرف القلم

Du Qalam.

Les Orientaux ne connoissent point nos plumes, et emploient à leur place certaines petites cannes qu'ils nomment *Qalam* قلم (1). Ces cannes viennent de *Hèllah* حلّه (2), près de *Dourak* : on les sème dans des marais formés par le Tygre (نهر الدّجلة) et l'Euphrate (نهر الفرات). La moisson de ces cannes étant faite, on les met tremper par poignées dans le marais même, comme en France nous mettons tremper nos chanvres. Cela leur donne une couleur foncée de feuille-morte, et étant séchées et préparées, elles ont une certaine dureté qui les rend propres à écrire. Quoiqu'elles soient plus épaisses que nos plumes ordinaires, elles le sont cependant bien moins après qu'elles ont été taillées; car alors on a soin d'enlever toute la moëlle du dedans, et il ne reste plus qu'une espèce d'écorce fort mince, et qui a cependant assez de force. (3) Au reste, le papier étant lisse

---

(1) Ce mot a beaucoup d'analogie avec le latin *Calamus*. On remarquera, avec surprise, une grande quantité de mots orientaux qui se rapprochent ainsi de leurs synonymes européens.

(2) *Hèllah* حلّه , ville de l'Erâq-babylonienne عراق بابلى , qui est la Chaldée, située sur le Tygre, entre *Baghdâd* بغداد et *Koûfah* كوفه , dans le troisième climat. Elle fut embellie par *Sayf éd-Dèwlah* سيف الدّولة , qui y fit bâtir une très-belle mosquée et un hôpital. Ce *Sayf éd-Dèwlah* était fils de *Bahâ éd-Dèwlah Mansoûr* بهاء الدّولة منصور . Voyez *la Bibliothèque orientale de d'Herbelot.*

(3) *Tavernier.*

comme une glace, on n'est pas obligé d'appuyer, ce qui fait qu'on les casse rarement. Il y a de ces *Qalam* de toute grosseur, que l'on emploie selon l'épaisseur des lettres que l'on veut tracer. On en trouvera la forme *planche* II, *fig*. A, A.

§. I I.

حرف القلمتراش

Du Qalam-t'râch *ou* Canif.

Chez nous, plus un canif est étroit de la lame plus nous l'estimons ; les Orientaux pensent le contraire : leurs canifs, qu'ils nomment *Qalam-t'râch* قلمتراش, c'est-à-dire, *Coupe-qalam*, ressemblent à de petits couteaux ; le manche en est long et étroit, et leur longueur ordinaire, y compris la lame, est d'environ six à huit pouces. Voyez *planche* II, *fig*. B.

§. I I I.

حرف المقطع

Du Mèqtä.

Les Orientaux nomment *Mèqtä* مقطع, c'est-à-dire, *endroit où l'on coupe*, une petite plaque de bois, d'écaille, d'ivoire ou d'argent, sur laquelle on pose le *Qalam* pour en couper le bec (1). On peut en voir la figure *planche* II, *fig*. C. Cet instrument est absolument essentielle, parce que, les Orientaux posant leur *Qalam* sur le dos lorsqu'ils en coupent le bec, il n'est pas possible d'y introduire un autre *Qalam*, ni de le couper, comme nous faisons, sur l'ongle du pouce de la main gauche.

§. I V.

حرف فى برى القلم

Manière de tailler le Qalam.

On doit, pour tailler le *Qalam*, le coucher sur le gras du pouce gauche, en le tenant avec l'index. On commence par l'entailler aux deux tiers de sa grosseur, et l'on a soin

---

(1) *Sén él-qalam* سن القلم, c'est-à-dire, *la dent de la plume*, en arabe.

de retirer certains petits filaments qu'on trouve dans la moëlle du dedans. Les Orientaux ont une espèce de vénération pour ces filamens, ils prétendent qu'il faut les manger ou les jetter au feu. Je me rappelle que mon maître d'écriture et plusieurs autres Turks, ne me donnèrent de ses *Qalam* qu'après que je leur eu bien promis de me conformer à cet usage. L'on fend ensuite le *Qalam* par le milieu, puis on ôte toute la moëlle du dedans, et l'on ne conserve que l'écorce du dessus, qui est à peu près aussi forte que nos plumes nommées *bouts-d'aile*. Au lieu de faire deux encoches à la tête du *Qalam* on n'en fait qu'une seule, qui doit avoir environ huit lignes de longueur. Voyez *planche* II, *fig.* A. On pose ensuite le *Qalam* sur le *Mèqïă* مقطع, et on le coupe en biais de droite à gauche (au contraire de nos plumes). On a aussi soin (comme nous l'avons remarqué §. III) de le placer sur le *Mèqïă* de façon que le bec y pose dans toute sa longueur, ce qui fait qu'on le coupe différemment que nous (1). Voyez *planche* II, *fig.* D.

§. V.

حرف الحَبَرْه

De l'Encre.

Les Orientaux, pour bien écrire sur leur papier lissé, sont obligés de se servir d'une sorte d'encre grasse et épaisse; mais je ne sais pourquoi quelques personnes ont avancé qu'elle ressemblait à celle dont se servent nos imprimeurs; car il s'en faut de beaucoup qu'elle soit aussi épaisse. Elle est composée de noix de Galle et de charbon pillé, ou de noir de fumée. Elle n'est point désagréable au goût et ne jaunit presque jamais. Ils ont aussi des encres de couleur, bleues, rouges, vertes, etc, et une espèce d'encre d'or extrêmement belle, qu'ils nomment *Mă èd-dèheb* ماءالذّهب, c'est-à-dire, *eau-d'or*.

§. V I.

حرف الدَوَية و القنبورْه

Des Encriers.

Les Orientaux ont plusieurs espèces d'encriers; les plus communs sont en cuivre, leur forme est ronde. Voyez *planche* II, *fig.* E, E, E. On les surmonte d'un étui de carton peint et enjolivé, sur lequel on lit souvent des vers arabes, turks ou persans écrits sur des banderoles en spirale. Cet étui sert pour mettre les *Qalam*, le *Qalam-t'răch* et le *Mèqïă*; on le nomme *Qoboùr* قبور. Voyez *planche* II, *fig.* F.

---

(1) Il n'est pas inutile de remarquer ici que lorsque l'on écrit l'Arabe, le Turk ou le Persan, il faut tenir le *Qalam* sur le côté, de façon que la naissance de l'encoche du *Qalam* touche le bout du doigt du milieu.

Les autres sont en argent ou en or : c'est un long étui carré ou octogone, au bout du-
quel, sur l'une des faces, est une petite boîte ou cornet dans lequel on met l'encre;
on place cet étui horizontalement dans la ceinture comme un poignard, et l'on peut facilement
y puiser l'encre. Voyez *planche* II, *fig*. K. Cette sorte d'encrier est sur-tout commode lorsque
l'on veut écrire en voyage.

§. V I I.

حرف الكاغد و المهر 6

Des différentes espèces de papier, et de la manière de le lisser.

Les Orientaux se servent d'une espèce de papier épais, qu'ils font avec des drapeaux de
coton assez grossier, noirâtre et sans force; car il se coupe facilement quand il est ployé.
Les Turks se servent de papier fabriqué en Europe, aussi est-il beaucoup plus blanc et d'une
meilleur qualité. Ils le lissent de la manière suivante : ils ont une planche de bois de
châtaigner bien unie (Voyez *pl*. II, *fig*. G.) sur laquelle ils placent leur papier (*pl*. II, *fig*. H.),
et ils le frottent ensuite avec un œuf de cristal pesant une demi-livre; ils nomment cet
œuf *Muhr* مهر (*Planche* II, *fig*. I.). Lorsque le papier a été ainsi frotté et lissé, il devient
luisant et glissant comme une glace, et quelquefois on le frotte avec du savon afin de le
rendre plus coulant.

Il y a une espèce de papier dont la couleur tire sur le jaune, et sur lequel on écrit
ordinairement les choses de peu d'importance; en passant dessus une éponge légèrement
imbibée d'eau, l'encre s'en détache, il devient blanc comme auparavant, et peut servir
ainsi plusieurs fois. Les Persans ont sept ou huit sortes de papier; ils en ont du bleu,
du jaune, du vert, du rouge (1), du doré, et un qui est argenté du haut en bas de la
feuille. Le plus respectueux est le blanc, peint de fleurs d'or, qui sont légèrement marquées,
afin que l'encre y puisse couler et prendre comme s'il n'y avait rien (2). Ils parfument
généralement leur papier avec du musc ou de l'essence de rose.

§. V I I I.

حرف المسطرة 6

Du Mastrah *ou* Règle.

Les Orientaux ne se servent ni de crayons ni de règles pour rayer le papier. Ils coupent
un morceau de carton mince de la grandeur de la feuille sur laquelle ils veulent écrire, et

---

(1) Les manuscrits Persans, écrits avec quelque soin, sont ordinairement formés de plusieurs cahiers, dont
chacun est d'une couleur différente.

(2) *Chardin.*

ils y tracent les lignes qu'ils veulent y faire entrer; ils les couvrent ensuite d'un fil de soie (1) qu'ils attachent aux deux bouts de chaque ligne, et cela étant ainsi préparé, ils placent ce carton sous leur feuille de papier, et appuyent légèrement dessus avec le doigt ou simplement en y passant la manche de leur robe. Le fil de soie qui bombe sur le carton, s'imprime dans le papier, et d'un seul coup on raye deux pages, l'une en creux et l'autre en relief. Rien n'est plus commode que cette manière de rayer. Lorsque l'on a fini d'écrire, il suffit d'appuyer un peu sur le papier pour faire disparaître les raies (2). (*Planche* II, *fig.* J.)

§. I X.

حرف الكوركى 6

Du Keùrky.

Les Orientaux, lorsqu'ils écrivent en gros caractère, tiennent ordinairement sous leur main un morceau de peau à poils, qu'ils nomment *Keùrky* كوركى; cet instrument leur est utile en ce que leur main étant appuyée sur cette peau (dont les poils sont tournés du côté du papier) glisse avez beaucoup plus de légèreté, et se contourne mieux aux traits allongés de leurs lettres. J'ai souvent vû mon maître d'écriture se servir du bas de sa pelisse au lieu de *Keùrky*, et j'ai reconnu par moi-même combien cet instrument est important.

CHAPITRE III.

باب فى خطّ الاعراب والاتراك والاعجم 6

DES DIFFÉRENTES ESPÈCES D'ÉCRITURE DES ORIENTAUX.

Les Orientaux ont, comme nous, plusieurs sortes d'écritures, mais chez eux le nombre en est plus considérable; on en compte seize différentes, dont huit sont particulières aux Arabes, six aux Turks et deux aux Persans. Ces écritures se ressemblent entr'elles à peu près comme chez nous la *Coulée*, la *Ronde*, la *Bâtarde*, l'écriture *Anglaise*, la *Tremblée*, etc. Nous allons en parler selon leur ordre.

---

(1) Nous avons indiqué sur la gravure le fil de soie par un cordon haché.

(2) Ces règles pourraient être d'une grande utilité dans nos bureaux; plusieurs personnes, à qui j'en ai communiquées, ont remarqué, par expérience, qu'elles réunissaient divers avantages que n'ont point nos règles de bois.

ARTICLE PREMIER.

باب فى خطّ الاعراب ٬

Des différentes écritures des Arabes.

Les Arabes ont huit sortes d'écritures, dont sept sont encore en usage parmi eux : savoir,

1°. L'écriture *Kioùfy* ou *Cufique* خطّ كوفى ;

2°. Le *Sçulusç* ou *Toloi* ثلث ;

3°. Le *Sçulusç-jèry-çy* ثلث جريسى ;

4°. Le *Yâqoùty* ياقوتى ;

5°. Le *Réyhâny* ريكانى ;

6°. Le *Nèsky* نسخى ;

7°. Le *Nèsky-jèry-çy* نسخى جريسى ;

8°. L'écriture mauresque خط مغربى .

§. Ier.

حرف فى خط كوفى ٬

Du Kioùfy *ou caractère* Cufique.

L'écriture *Kioùfy* كوفى est celle qui a servi de base à toutes les autres espèces d'écriture maintenant en usage chez les Orientaux : c'est aussi la première dont ils se sont servi ; elle était très-grossière, et les lettres en étaient mal distinguées. *Marâr êbn Morah*, comme nous l'avons déja observé, passe pour en être l'inventeur, et ce fut *Ăbd êl-Hamyd yahyä* عبد الحميد يحيى qui commença à leur donner une forme plus élégante. Au reste, de nos jours, le *Kioùfy* n'est employé que pour quelques épitaphes (1). Les maures ont leur écriture qui conserve avec le *Kioùfy* une extrême ressemblance (Voyez à ce sujet *page* 236).

On trouvera un exemple de ce caractère *page* 199, à la tête des proverbes arabes qui suivent la grammaire ; en voici la transcription en caractère ordinaire : *ămiál êl-ărab* أمثال العرب , c'est-à-dire, *proverbes arabes*. On trouvera aussi *planche* III, *fig.* H, *lig.* 4, les chiffres *Kioufy* : on s'en sert pour mettre sur le cadran des montres.

---

(1) Toutes les anciennes monnoies sont gravées en *Cufique*, et contiennent presque toutes les mots suivans : بسم الله ضرب هذا الذهب فى سنة خمس و اربعين و ثلاثة ما ۃ ٬ c'est-à-dire, *au nom de Dieu, cette pièce d'or a été frappée l'an trois cent quarante-cinq* (de l'héjyre). La datte seulement n'est pas toujours la même.

§. I I.

حرف فى خطّ ثلث (1)

Du Sçulusç.

Le *Sçulusç* ثلث, c'est-à-dire *écriture triplée* ou *trois fois plus grosse*, est le caractère que l'on emploie pour écrire les titres des livres. Il sert de lettres majuscules, et ses traits, sans néanmoins manquer de grace et de légèreté, sont *gras* et *bien nourris*, et les *déliés* y sont fortement prononcés. La *planche* III en offrira trois modèles, A, B, C; la *fig.* A contient ces mots, ... مفاتيح الجنّة ; ..... ; la *fig.* B, يوكشف الغطاء ما ازددت بقينًا و قال شهادة ان لا اله الا الله, c'est-à-dire, *les clefs du paradis témoignent qu'il n'y a point d'autre dieu que* Dieu; la *fig.* C, ... انّى راينت طارًا و هومنتشرفى, c'est-à-dire, *car j'ai vu un ruisseau qui serpentait dans*.....

Lorsque, dans ce caractère, l'on veut tracer un *syn* س avec sa queue sans dents, il faut, 1°. que le long trait forme la moitié d'un arc. (Voyez *planche* IX, *fig.* F.) 2°. La naissance du ی qui le termine doit former la tête d'un *ǎyn* ع. (Voyez *planche* IX, *fig.* F.) 3°. La fin du même ی doit aussi former la tête d'un *ǎyn* ع. (Voyez *planche* IX, *fig.* E.)

Ce caractère est encore employé pour écrire les devises, les épitaphes, les légendes et les inscriptions sur le bois ou sur le marbre.

Il n'est pas inutile de remarquer que dans cette écriture, lorsque l'on écrit les lettres ح, ع, م, ه (2), س, etc., on les souscrit par ornement de ces mêmes lettres, écrites en petit, comme on le remarque dans la *planche* III, *fig.* A, B. On place aussi assez souvent un *mym* م surmonté d'une espèce de ٢, afin de remplir le blanc qui se trouve entre les lettres : exemples, م̂, et م̈.

Les *points-voyelles*, quoique longs à proportion de la grandeur du caractère, doivent être extrêmement minces.

§. I I I.

حرف فى خطّ ثلث جريسى

Du Sçulusç-jèry-çy.

Le *Sçulusç-jèry-çy* ثلث جريسى, est un caractère qui tient le milieu entre le *Sçulusç* ثلث et le *Jèry* جرى, dont nous parlerons bientôt. Il ne diffère du *Sçulusç* qu'en ce que les

---

(1) Erpenius, dans sa grammaire, écrit *sjulsi* شلسى, mais je suis fort porté à croire que c'est une erreur.

(2) On suscrit un petit *hé* ه au lieu de le souscrire.

lettres finales, comme dans le *Jèry* جری, se placent au-dessus des mots, ce qui forme des enlacemens qui ne manquent pas de grâce; quelquefois même, au lieu d'une seule lettre, on en suscrit plusieurs.

§. IV.

حرف فی خطّ یاقوتی ،

Du Yâqoùty.

Le *Yâqoùty* یاقوتی (1) diffère peu du *Sçulusç* ثلث; il est généralement plus maigre et plus allongé; on l'employe au même usage, et on les confond souvent l'un avec l'autre. La *planche* III en offre un modèle, *fig.* D. یا مفتح الابواب ، افتح لنا خیر الباب c'est-à-dire : *O la clef des portes! ouvre-nous la porte de l'abondance.*

On en trouve un autre modèle *planche* VI *fig.* D et C, فال مقبول ، c'est-à-dire : *horoscope du bonheur;* et جدول تعبیر نامه , c'est-à-dire : *table de l'interprétation des songes.*

§. V.

حرف فی خطّ ریکانی ،

Du Réyhâny.

Le *Réyhâny* ریکانی (2) ne diffère du *Yâqoùty* qu'en ce qu'il est plus petit; il ressemble aussi au *Nèsky*, et les Arabes d'Egypte en ont fait le plus grand usage dans leurs livres. La *planche* IV en offre un modèle *fig.* D; elle contient une requête aux *chayk̇* شیخ (3).

ما قولکم دام فضلکم فی زید کان راکبًا فی سفینة عمرو فتوافق معه و هما علی ظهر البحر فی

السفر باجرن معلومة و کتب بذلک وثیقة علی ان عمرو یتوجه بالسفینة الی بلد

تسمی میسًا یشحنها زید بنوع الخطیب بسرعة فان لم یجد فیها حطب یسافر الی بلد

---

(1) Le nom de cette écriture lui a été donné parce que c'est *Yâqoùt* یاقوت qui en est l'inventeur.

(2) Le *Réyhâny* ریکانی est ainsi nommé parce que c'est *Réyhân* ریکان qui s'en est servi le premier.

(3) Comme ce morceau est très-aisé à entendre, et en même temps assez curieux, j'engage le lecteur à s'amuser à le traduire. Les noms de *Zayd* زید et d'*Ămroù* عمرو sont ceux sous lesquels on a déguisé les noms des deux requérans. Les mots *Mays* میس et *Makry* مکری sont deux noms propres. (Voy. *la Grammaire*, p. 79 , *note* 1).

اخر يسمى مكرى فلما وصل الى ميس فلم يجد زيد فيها حطب ليشحنها و مكث فيها

مدة طويلة بعذر شدة الشتا فشحنها عمرو لنفسه بنوع اخر و باعه و قبض ثمنه فطالبه

زيد بذلك مدعيا ان هذا التوافق و كتابة الوثيقة من قبيل الاجارة الصحيحة مع عدم

ذكر احد تواجرها فهل يسوغ لزيد الطلب على عمرو بما ركبه فى الشى الذى شحنه لنفسه

او لا ويكون هذا التوافق و كتابة الوثيقة من قبيل الاجارة الفاسدة خصوصًا

لتقدر بطلوب زيد ويحكم فى ذلك بفساد الاجارة ام كيف الحال افيدوا الجواب

§. VI.

حرف فى خط نسخى،

Du Nèsky.

Le *Nèsky* نسخى, c'est-à-dire, caractère *qui sert à copier*, dérive visiblement du *Sçulusç* ثلث; les lettres, pour la plupart, ont la même forme, et la plus grande différence que l'on remarque dans ces deux sortes d'écriture consiste dans leur grosseur; car le *Nèsky* نسخى doit être trois fois plus petit que le *Sçulusç* ثلث. Les orientaux, qui ne connaissent point l'art de l'imprimerie, employent le *Nèsky* pour remplacer le caractère imprimé (1). La plus grande partie de leurs livres est écrite avec ce caractère. La *planche* IV, *fig.* A, offre l'alphabet *Nèsky* avec ses proportions mesurées par *Noqïah* نقطة, c'est-à-dire par *points*, au lieu de becs-de-plume; Nous pouvons répondre de leur exactitude (2). Les *demi-noqïah* نصف نقطة sont marqués par des demi-cercles, et pour que le lecteur les puisse discerner sur la gravure, nous allons indiquer les lettres où ils sont employés : 1°. au dedans des deux lignes tracées dans la queue de la troisième lettre ح; 2°. au dedans de la ligne tracée dans le *Rè* ر un *Noqïah*

---

(1) Tous les caractères que l'on a gravés pour imprimer l'arabe sont en *Nèsky*, mais on y remarque un grand nombre de fautes, telles que l'*Alif* ا figuré comme dans le *Sçulusç*, le *Syn* س sans dents, que l'on n'employe jamais en *Nèsky*, le *Ayn* ع à jour, etc. Je fais graver un caractère *Nèsky* la moitié plus petit que celui qui est employé dans cet ouvrage, et j'ai sur-tout tâché d'imiter les manuscrits.

(2) Cette manière de mesurer les lettres par *Noqïah* est celle dont on se sert dans les écoles orientales; comme cet *Essai de Calligraphie* n'est qu'une espèce de prospectus, je me suis contenté de faire graver l'alphabet *Nèsky* avec ses proportions; mais je donnerai dans mon *Traité de Calligraphie* les dimensions de tous les caractères orientaux d'après la même méthode.

et-demi ; 3°. la queue du *Syn* س quatre *Noqïah* de largeur, et un *Noqtah* et-demi de longueur ; 4°. le *Sâd* ص, même proportion pour sa queue ص que pour celle du *Syn* س.

Lorsque l'on veut allonger la queue du *Syn* س, celle du *Sâd* ص, celle du *Fé* ف, celle du *Noûn* ن ou celle du *Yâ* ى, il faut qu'en tirant une ligne recourbée en sens contraire la lettre prenne la forme d'un poisson allongé (1), comme on le voit *planche* IV, *fig.* A.

On trouve dans quelques manuscrits, 1°. l'article *Al* ال figuré ainsi ال : exemples, الحجر au lieu de الحجر, الملك au lieu de الملك ; 2°. le *Hé* final ه de cette manière ﴿, exemple :

السَفَرَةُ الثَّالِثَةُ

3°. Le *Noûn* final ن, après une des lettres qui ne se lient point à gauche, ainsi ن exemple : سلطان pour سلطان ; 4°. souvent aussi lorsque l'article *Al* ال précède un mot commençant par un *Kéf* ك ou par un *Hé* ه, on l'écrit ainsi : الكتاب et الهرب ; 5°. lorsque l'on écrit de suite plusieurs lettres *à dents* telles que ب, ت, ث, ن, ي, س etc., on en rehausse quelques-unes afin d'éviter l'uniformité, exemples : يثبت pour يثبت, الكبش pour الكبش ; 6°. le *Kéf* ك se figure aussi quelquefois de cette manière ك.

La *planche* IX offre, *fig.* C, un modèle de *Nèsky* ; il est tiré d'un manuscrit de la bibliothèque nationale, écrit avec la plus grande élégance, et contient ce qui suit en langue turke.

بو شكل اون درديجى اوك صاحبى در سؤال اولنان نسنه نك نفسنك اويدر سعيددر هوايه
بنسويدر يلنزى مشتريدر برهجى قوس در كوى خميس در سائلك قلبى مسرور و خاطرى
خوش و طالعى قوى و سؤال اندوكى........

La *planche* IV présente, *fig.* E, F, deux genres de *Nèsky*. La *fig.* E, est le commencement de la réponse (2) d'un des *chayk* à qui l'on présente des requêtes (3). Le caractère en est d'un genre mâle, et tracé par une main habile :

شرط صحة الاجارة بيان قدر المتة ابتدا و انتها وحيث لم يحصل بين رب السفينة و بين...

La *fig.* F est aussi le commencement de la décision d'un autre *chayk*. On concevra facilement la difficulté que l'on a à lire les papiers de Droit, lorsqu'on saura que, pour la plupart, ils sont écrit avec ce caractère :

بجردالوثيقـة المكتتبة بين زيد وعمرو وعلى ان زيدًا يشكن سفينة الى محل كتابهلان صيفة

شرعبة مشتملة على اكتاب......

Les Persans, lorsqu'ils écrivent le *Nèsky*, lui donnent une forme un peu maigre et penchée, et les Turks, au contraire, l'écrivent d'une manière épaisse et lourde.

On peut comparer cette écriture à notre *Bâtarde*.

Je compte faire imprimer un grand tableau en *Nèsky* qui applanira toutes les difficultés qui résultent de ligatures. Avec le secours de ce tableau, fait en forme de vocabulaire, on pourra écrire avec élégance, et selon la méthode des meilleurs maîtres, tous les grouppes possibles. On trouvera les chiffres de ce caractère *planche* III, *fig.* II, *lig.* 2 et 3.

§. VII

حرف فى خط نسكى جريسى ٦

Du Nèsky-Jèry-çy.

Le *Nèsky-jèry-çy* نسكى جريسى est composé du *Nèsky* نسكى et du *Jèry* جرى ; il en est de ce caractère comme du *Sçulusç-jèry-çy* ثلث جريسى, Le faux titre de cette

Grammaire en offre un exemple soigné : الجلد الاول من ترجمان اللّغة العربّية ; c'est-à-dire, *Cours d'arabe moderne, tome premier.*

La *planche* VII *figure* C en offre un autre exemple : فرمان جلال الدين محمّد بادشاه

......عالى اكبر ; C'est-à-dire, *commandement de Jélâl-êd-dyn Mohammèd, roi très-grand et très-puissant.*

§. VIII.

حرف فى خط مغربى ٦

Du Caractère Mauresque.

Ce caractère est particulièrement employé en Barbarie, à Maroc, à Fâs (Fèz) à Tûnïs, etc. on s'apperçoit facilement à la première vue qu'il conserve une extrème ressemblance avec le *Kioûfy* كوفى.

Dans cette écriture on n'employe que très-peu de ligatures, et l'on y remarque certaines choses tout-à-fait différentes du *Nèsky* نسكى, 1° Le *Qâf* ف aulieu d'avoir deux points n'en a qu'un ف; 2°. Le *Fé* ف, au lieu d'avoir son point au-dessus, l'a au-dessous ڢ; 3° Les points diacritiques au lieu d'être carrés ˙ ˮ ˄ sont allongés et maigres ´; 4° Le *Yá* ي,

au lieu d'avoir ses deux points au-dessous, les a au-dedans, exemple : ى; 5° Le *Hamzah*, au lieu de se placer au-dessus ou au-dessous de l'*Álif*, se place à l'une des extrémités, et a la

forme d'un gros point ● (1), exemple : أ إ أ, aulieu de أ, إ, أ; 6° Le *Jèzm* ° aulieu de former le demi-cercle, en forme un entier ○; 7° Le *Tèchdyd* ˷ *fatliah* se figure ainsi ≖; le *Tèchdyd-Dammah* ˷ ainsi ς, et le *Tèchdyd-kèsrah* ˷ de cette manière ≖; 8° La nunnation on ς s'écrit ainsi ˷; 9° L'*Álif* médial ou final doit avoir une petite pointe par le bas, ex. : كانت, pour كانت; 10° Cette écriture a une pente de droite à gauche, tandis que le *Nèsky* est penché de gauche à droite.

Voici l'alphabet mauresque rangé selon l'ordre barbaresque.

ا ب ت ث ج ح خ ذ ر ز ط ظ ك د ل م ن س ض ع
غ ف ق ن س ش ه و لا ى ،

ا ب ت ث ج ح خ د ذ ر ز ط ظ ك ل م ن ص ض ع
غ ف ق س ش ه و لا ى ،

Nota. On forme aussi le *Dál* د de cette manière ; le *Sád* ص ainsi ; le *Ayn* ع médial ; le *Hé* ه final ; le *Dál* د final ; enfin le *Lám-Álif* لا, .

La *planche* III *fig.* G, offre un modèle de caractère mauresque; les points-voyelles doivent être écrits en rouge.

........كالشّقآءیق ذكورهم و اناثهم فان كانت اخت شقيقة واخت واخوات للاب فالتصف للشّقيقة ولمن بقى من الاخوات للاب السدس وان كانتا شقيقتين لم يكن للاخوات للاب بشى إلّا ان يكون معهن ذكر فياخذون ما بقى للذكر........

ARTICLE II.

باب فى خطّ الاتراك ٠

Des différentes écritures des Turks.

Les Turks, outre les caractères arabes dont ils usent souvent, ont encore six espèces d'écritures qui leur sont particulières, savoir :

1º Le *Dywâny*   خطّ ديوانى

2º Le *Dywâny-Nèsky- çy*   خطّ ديوانى نسكيسى

3º Le *Jèry*   خطّ جرى

4º Le *Qèrmah*   خطّ قرمة

5º Le *Roqâäy* ou *Riqaäh* ou خطّ رقاعى رقعة

6º Le *Siâqat*   خطّ سياقة

§. Ier.

حرف ى خطّ ديوانى ٠

Du Dywâny.

L'écriture dont se servent habituellement les Turks pour les affaires et le barreau est l'écriture *Dywâny* ديوانى, ou *écriture folle*. Ce qu'il y a de plus remarquable dans cette écriture, c'est que toutes les lettres se lient entre elles sans aucune exception, et plus elle paraît embrouillée plus elle est élégante. La grace de cette écriture consiste aussi en ce qu'on l'écrive en montant, sur-tout vers la fin des lignes, ce qui leur donne une courbure elliptique. On ne doit pas non plus y distinguer les points diacritiques, ce qui fait qu'il est fort difficile de la déchiffrer quand on n'en a pas l'habitude. Le *Dâl* د doit avoir une boucle par en haut و, ce qui lui donne quelque ressemblance avec le *Wâoù* و.

La *planche* IV présente, *fig.* C, l'alphabet de ce caractère ; la *planche* V contient un fragment de lettre écrite en *Dywâny* ; le caractère en est extrêmement beau, et peut servir de modèle. Voici ce que contient cette lettre.

بنم عزّتلورفعتنلو مؤدّتننم احمد اغا حضرتلرى همواره قرين عزّورفعت ودهين فوز و

صحت اولمز دعواىيله نموده محبانه اولارکه بوندن اقدم استانه علیّهدن اوجانبه عزیتمکزده علوفه کسز سنداتی اوطه آرته‌داشکزده اولمغله سندات مذکوره یی مرقومدن اخذ بله طرفمزده حفظ و علوفه‌کزدن ترقی چمرلمسنی اولوب طرفمن افاده ایلدیکلرزدن بشقه اوجانبدن بو طرفه کلان قیویولداشکم عثمان اغایه دجی سیادس اولنمش اولدیغندن اولدخی خصوص کلوب سیادشکزی افاده ایلدیکه بناء اورطه کز اوطه باشیسنی خانه من جلب و کیفینی سؤال ایلدیکمن قالج اقچه ترقی چمردوکنی افاده ایلدیکندن غیری علوفه کاغدلری احمد اغانك اوطه ارقداشنك در سزلر کتوردوب عندکزده حفظ ایلدیکزمی اتك الآن اوطه ارقدا شنك ایسه کتوردوب حفظ یلمکم مناسبدر بن دخی چمردیکم ترقی کاغدلرینی کتوررسن ویردم زیرا احمد اغا محل بعیدده اولمق حسبیله سندآت مرقومه اولدچه بلکه اسانی یی بر قضا یه اوغرادر دیو افاده ایلدیکندن بز لر دخی اوطه‌کز ارقداشندن اسامی کاغدلرینی طلب ایلد یکمزده کاغدلری احمداغا بشکا بورآقمهدی بن دکلدر دیوانکاراینکتبه فی الحقیقه کاغدلر مرقومه ایسه طرفمزده حفظ اولنمق مطلوبکز اولدیغی صورتنه ......

On trouvera, *planche* VII, *fig.* F, une exemple d'une autre espèce de *Dywâny*.

غرّتلو سعدتلو مزید محبتلو اوغلم حافظ احمد افندی حضرتلرینك حضو رعزتوفورلرینه مزید اعزازونکرم بر له‌درر دعوات صافیات و غرد تسلیمات واهدا قلندیغی سیاقتدن صلکن بنم اوغلم اکر طرف احوالمزدن سؤال اولنورایسه الحمد الله تعالی وجود لریز صحت وافیت ....

On voit aussi dans la même planche, *fig.* F, un autre modèle de *Dywâny*

سعادتلو برادرجان برابرکز دخی خصوصًا ومحبّنا سلام دعالرایدوب خطرکزی سؤال و مراعات ویدکزی بوس ایدر،

La *planche* III, *fig.* H, présente (*ligne première*) les chiffres du caractère *Dywâny*.

§. I I.

حرف فى خط ديوانى ناكيسى 6

Du Dywâny-nèsky-çy.

Le *Dywâny-Nèsky-çy* ديوانى ناكيسى dérive du *Dywâny* et du *Nèsky;* il tient à la fois de ces deux caractères; il est moins gras et moins embrouillé que le *Dywâny*, et plus gras et moins simple que le *Nèsky*. Cette écriture (1) est spécialement consacrée aux poèmes, aux chronogrames, aux pièces fugitives, etc.

§. I I I.

حرف فى خط جرى 6

Du Jèry.

Le *Jèry* جرى est dérivé du *Nèsky*, du *Dywâny* et du *Tǎlïq*. La beauté de cette écriture consiste en ce qu'on l'écrive obliquement du haut en bas, et les mots les uns sur les autres; on doit aussi l'écrire en montant elliptiquement vers le bout des lignes. Elle sert pour les brevets, les diplomes, les inscriptions des mosquées, des mausolées, ou autres édifices publics.

La *planche* VI, *fig.* A, présente un modèle de ce caractère; c'est le commencement d'un *Firmân* فرمان ou ordonnance. Les mots gravés en *traits* doivent être écrits en rouge; et les cinq cercles *pointés* que l'on distingue au-dessus de la ligne sont en or dans l'original; la ligne dans toute sa longueur, et à deux pouces de largeur, est parsemée d'or (2); c'est ce qui fait qu'on nomme ces sortes de papiers *Kiâghid-zèr* كاغذزر, c'est-à-dire *papier doré*, ou *d'or* (3) Ce sont de grands rouleaux de quatre, cinq, six et sept aulnes de longueur. Les

---

(1) *Tableau de l'empire Ottoman*

(2) Pour parsemer ainsi l'or, on coupe à jour dans une grande feuille de papier la largeur et la longeur de la ligne que l'on veut dorer, et l'on place cette feuille sur le *firmân* de manière à ce que l'écriture paraisse encadrée dans la coupure du papier que l'on a appliqué dessus; puis, avec un goupillon trempé dans l'encre d'or, on la jette avec légèreté; de cette manière l'or ne tombe que sur la ligne écrite, et ne tache pas le blanc qui se trouve au-dessous.

(3) C'est le nom d'une patente que donne le roi de Perse à ceux qu'il veut favoriser. Le porteur de cette patente, en quelque lieu des états de ce prince qu'il voyage, est défrayé de toutes choses, car tous les gouverneurs

lignes sont distantes les unes des autres d'environ un demi-pied, et la marge est large de neuf pouces.

نشان شريف عاليشان سامى مكان سلطانى و طغراى غراى جهان ارای ستان خاقانى

نفد بالعون الربانى والمى الميانى حكمى اولدركله ٬

Pour la grace de cette écriture, il faut tâcher de finir la ligne par un *Noùn* بن, ou par quelque lettre dont on puisse allonger la queue, comme on le voit dans la gravure.

---

des places par où il passe sont obligés de lui fournir des vivres et des voitures aussi-tôt qu'il la leur présente. *Bibliothèque orientale.*

Le poète *Saady* dans son *Partère de roses* كلستان, fait allusion à cette patente, et dit :

جميل سعدى كه در افواه عوام افتاده است وصيت سخنش كه در بسيط زمين رفته

و قصب الحبيب حديثش كه همچو شكر ميخورند ورقعة منشا تش كه چون كاغذ زر ميبرند

بر كمال فضل و بلاغت او حمد نتوان كرد بل كه حدا وند جهان و قطب دايرة زمان

قايم مقام سليمان ناصر اهل ايمان شاهانشاه معظم اتابك اعظم منظفر الدولة والدين ابو بكر

بن سعد بن زنكى ظل الله فى ارضه ٬

« Si toutes les nations s'accordent à louer la mémoire de l'agréable *Saady* et la délicatesse de ses aimables
» soillies, qui ont pénétré jusques aux extrémités de l'univers, si son *Qalam*, semblable à la canne à sucre,
» fait le délice des peuples, et si chaque feuillet de son ouvrage est partout accueilli, semblable au *Kiâghid-zèr,*
» ce n'est ni à sa science ni à son éloquence que l'on doit rendre hommage, mais au roi du monde, à celui qui
» est comme l'axe sur lequel se meut la sphère du temps, le lieutenant de Salomon, le refuge des fidèles, le
» prince des princes les plus illustres, le plus grand des empéreurs, *Mozaffèr éd-dewlah wè 'd-dyn âboù békr*
» fils de *Saad* fils de *Zènguy*, qui est l'ombre de Dieu sur la terre. »

On voit que le poète compare la canne avec laquelle il écrivait à la *canne* qui produit le sucre, et chaque page de son livre à un *Kiâghid-zèr*. Un traducteur du *Gouléstôn*, faute d'avoir eu connoissance des *Kiâghid-zèr* et des *cannes* dont on se sert pour écrire, rend ainsi ce passage :

« Si les écrits de Sady ont trouvé grâce aux yeux des Nations, si sa plume, plus douce que le sucre et le
» miel, sait répandre un charme inconnu sur tous les sujets ; si ses livres, écrits en caractères d'or, sont répandus
» dans tout l'univers, ce n'est point à lui qu'en appartient la gloire. Elle est due toute entière au Monarque
» du monde, etc. »

§. I V.

حرف فى خطّ قرمه،

Du Qèrmah.

Le *Qèrmah* قرمه tient à la fois du *Dywâny* et du *Tălyq*. On l'emploie pour écrire les registres et quelques lettres d'affaires. J'ai rassemblé *planche* III, *fig.* E les plus grandes difficultés de cette écriture ; je les ai extraites d'une lettre parfaitement écrite ; mais comme je n'ai pris que les groupes les plus beaux (que j'ai alignés comme s'ils se suivaient), on ne sera pas étonné de ne leur trouver aucun sens. En voici la transcription :

جزأيرك ايكيوزالتى يدى علدد بُوطرفه كنتورجك اولدقدن صكّره بنه سكزيبك ريال

فراكه پادشاه واقع اولدوغى اسيرلربنك بوطرفدن اطلاق خلاص النمالرى دار سلطانه

تسليم اولطرفه ارسال يوقدن دكى تحريرًا الك غايةً من شهور جماذى الاخر سنه ١١٠٤،

§. V.

حرف فى خطّ رقاعى او رقعة،

Du Roqâay *ou* Riqăh.

Le *Riqăh* رقعة ressemble beaucoup au *Qèrmah* قرمه, mais encore plus au *Chékastah*, شكسته, dont nous parlerons bientôt. On s'en sert pour les placets, requêtes, etc.

§. V I.

حرف فى خطّ سياقة ،

Du Sïâqat (1).

Le *Sïâqat* سياقة est employé spécialement pour les finances ; il est aussi usité pour écrire les registres des Janissaires (بكجيرى). Cette écriture n'a pas de points diacritiques ; et à

____

(1) « Les Janissaires se servent dans leurs livres de comptes d'une écriture toute particulière qu'ils appellent *Sïă-cat*, dont les lettres diffèrent en partie, et les chiffres entièrement de ceux qui sont en usage chez les autres Mahométans. » *Niebuhr.*

peine la peut-on déchiffrer. Sa beauté est que l'on ajoute à la fin de chaque lettre finale une espèce de ligne horizontale. La *planche* III, *fig.* I, présente un modèle de cette écriture :

محمد احمد مصطفى خليل على ولى كاظم سليمان درويش قاسم عثمان عمر بكر محمود

داود عبد الله عبد الكريم عمرو،

Les chiffres en sont entièrement différents de ceux des autres écritures. Voyez *planche* III, *troisième ligne de la fig.* I. ١ ٢ ٣ ٤ ٥ ٦ ٧ ٨ ٩ ١٠ ١١ ١٢.

ARTICLE III.

باب فى خطّ العجم،

Des différentes écritures des Persans.

Les Persans employent souvent les diverses écritures dont nous avons parlé dans les articles précédens, mais ils ont outre cela deux sortes d'écritures qui leur sont propres, savoir :

1° Le *Tălyq* ou *Nèstălyq* خطّ تعليق او نستعليق

2° Le *Chikèstèh* ou *chèkastah* خطّ شكسته

§. Ier.

حرف فى خطّ تعليق او نستعليق،

Du Tălyq *ou* Nèstălyq.

Le caractère *Tălyq* تعليق, c'est-à-dire *écriture suspendue*, est le caractère le plus usuel des Persans : il est en quelque sorte pour eux ce qu'est pour les Arabes le *Nèsky*. Les juges l'employent souvent, mais il est spécialement consacré à la poésie. C'est sans contredit la plus belle écriture qui existe ; aucun de nos caractères européens n'approche de sa beauté ; tout y est tracé avec grace et légèreté ; l'on y fait sur-tout sentir les contrastes du *plein* après le *délié*. Ce caractère s'écrit d'une manière penchée de droite à gauche ; c'est ce qui lui a fait donner le nom de *Tălyq* تعليق ou *Nèstălyq* نستعليق, parce qu'effectivement chaque mot paraît *suspendu*. Les points diacritiques doivent être fortement *prononcés* et carrés, ce qui ne laisse pas de produire un effet agréable, et qui contraste avec la légèreté du caractère. Les Persans disent que : « Pour bien écrire le *Tălyq* il faut si peu peser sur le » *Qalam* قلم, que si une mouche se posait sur l'autre bout, il tombât de la main. » Il est difficile de concevoir comment l'on peut avec un *roseau* former avec tant de perfection ce caractère aussi fin qu'on le voit dans certains manuscrits, car les lettres y sont si petites qu'à peine on les peut distinguer sans loupe. On trouve souvent dans une seule page d'un demi-pied de hauteur, sur trois pouces et demi de largeur, et divisé en quatre colonnes, jusqu'à cent vers persans de cette longueur ای باد سبیم یار داری.

La *planche* VI offre, *fig.* B, un alphabet *Tălyq*; on y remarque que toujours le *plein* est suivi du *délié*. Comme dans cet alphabet il y a quelques groupes, nous allons le transcrire (1).

ا ب ج د ذ ز د ر س ش ص ض ط ع ف ق ك كه كه ك ل م ن و ه ههههه لا ی ے

La *planche* IV *fig.* B, présente un alphabet *Tălyq* en petit caractère. On trouvera *planche* VII *fig.* A, une exemple de *Tălyq* en gros caractère ; cette exemple contient un adage fort usité parmi les Persans کار قلم از هه مشكلتر است, C'est-à-dire, *rien n'est plus beau que l'art de bien écrire*. On voit *planche* III *fig.* F une exemple de gros *Tălyq* :

زار من چو روز بیدا شد ه

ناچو خورشید بردهدرشك

.La *planche* VII offre, *fig.* B, une exemple de *Tălyq*, en caractère de moyenne grosseur :

درون فرماندكان شادكن ه

Enfin la *planche* IX contient *fig.* D, un modèle de petit caractère *Tălyq* :

شیم از بین حالت بر كردآن جوان میكردبن و اشعار

میخواند و مصنمون

آن حالرا باز میراند ناگاه آن جوان از خواب مستی

درآمد چون نظرش ه

Le *Tălyq* peut être comparé à notre *coulée*, mais encore mieux à l'*écriture anglaise*.

---

(1) Il n'est pas inutile de remarquer que les lettres qui ne diffèrent que par l'arrangement des *points diacritiques* n'y sont point répétées, parce que leur forme est toujours la même.

§. II.

باب فى خطّ شكسته ,

Du Chikèstèh *ou* Chékastah.

Le *Chékastah* شكسته c'est-à-dire *écriture brisée*, est chez les Persans ce qu'est le *Dywány* chez les Turks. Cette écriture ressemble beaucoup au *Qèrmah* قرمه. On ne se donne pas la peine de l'écrire lisiblement, mais néanmoins on y reconnaît toujours cette grâce et cette légèreté qui caractérise non-seulement l'écriture, mais même toutes les actions des Persans. La *pl.* VIII présente un modèle de ce caractère, c'est une lettre écrite à un *Nabáb* نواب.

دست ــــــــــــــ

خط كه مستر متوزيصاحب بنواب مبارز الملك معين الدوله خانخانان سيد محمّد رضا

خان بهادر مظفر جنك صاحب نوشته بود نوابصاحب مشتى مهربان توجه

فرباى خلصان سلامت بعد شرح اشتياق دريافت كرامهواصيت وافر المياجن كه فوق

العبارت است....... توجه اقتضاى ميدارد سله قطعه شفقت نامه كرامى مشعر بر ايصال

زرجاكير خانصاحب مشتى مهربان سيد محمّد حسين خانصاحب ازجمله جاكير بركنه

بكرمپور و جوار دراحيان بهجب اقتران واوان فرحت نشان على النواز معرفت محبت

دستكاه برج سندر...... اراى وصول ساحت شمول كرديد شادمان و كامران ساخت

و..... در نيماله به برج سندرمرمبور مرقوم فرموده بودند از اظهار ناسبرده يكبيك معلوم

محمود خلص بررسوخ خلوصيت جانبين كارخانصاحب معز الله شد ازخود ميداندخاطر

شربى مطمئين باشد ان شاء الله تعالى بعنوابنكه زرجاكير مذكورمع بقايا و حال بمرض ايصال

درابد بجوز قصور نخواهد بشدجنانكه بالفعل برجمله جاكير داران بياله حصل دله

شه تتقبح اين معامله رو يكراست مفصل اين مراتب ازنوشته برج سندر براى قهرضاى

پيرديه ايضاح خواهد يافت رجاكه خلص شد بظاهروباطن يكرنك و يكسان دانسته

جمينائين از ترقيم مهربانىباجهات متضمن....... صحتت حادت خربت و ارلدت قرين مرت

وابتهاج ميساحته باشند زياده ,

62

CHAPITRE IV.

باب في الزّتانيس واختلاط الحروف،

DES VIGNETTES, DES ENLACEMENS ET DES TRAITS-DE-PLUME.

LES Orientaux, et principalement les Persans, excellent sur-tout dans le dessein des vignettes. Les couleurs y sont d'une grande fraîcheur, et les fleurs y sont enlacées avec beaucoup de grace. Ceux qui désireront voir ce qu'il y a de plus beau en ce genre, pourront recourir à un manuscrit persan de la bibliothèque nationale, N°. 110, in-folio. La *planche* X offre une vignette, elle est d'une grande simplicité, car il est impossible d'en graver une qui approche de la beauté de l'original.

Les Orientaux excellent encore dans les enlacemens ou *traits-de-plume* ; ils tracent des oiseaux, des hommes, des quadrupèdes, etc. formés avec des lettres, ou même des mots entiers. Nous donnons, *pl.* IX, *fig.* A, un aigle, et *fig.* B, un lion, dessinés de cette manière.

L'aigle est formé des mots بسم الله الرحمن الرحيم, c'est-à-dire, *au nom de Dieu le clément et le miséricordieux* (1). Le lion contient plusieurs mots dont je n'ai pu deviner le sens. Je n'ai pu les déchiffrer parce qu'ils sont dénués de *points-diacritiques* ; cependant j'ai lu les mots suivans : ......علي ......حسين ......عمرو ......في ......كاتب ......أبوعلى ......الجحايب ......مظهر... etc. On verra, dans mon grand *Traité de Calligraphie*, un Tatâr que j'ai formé avec le premier chapitre du *Qorân*.

Les Persans prennent aussi plaisir à former la queue d'une lettre avec celle de la lettre suivante, ou avec la dernière du mot suivant, comme on le voit *planche* VII, *fig.* D : پش شمع كل رخ من جمع خوبان هيج ني ٤. Les Arabes forment de même le nom de leur Prophète avec le mot محمّد, en mettant la première partie de ce mot sur la seconde. *Voyez planche* IX, *fig.* G.

---

(1) Cette phrase est celle qui commence tous les chapitres du *Qorân*. Il n'est peut-être pas inutile de remarquer ici que lorsque les Orientaux, et principalement les Arabes, écrivent cette formule, ils ont coutume de placer un long *tiret* entre le *Syn* et le *Mym* du premier mot, de cette sorte :

CHAPITRE V.

REMARQUES SUR QUELQUES COUTUMES DES ORIENTAUX A L'ÉGARD DE LEURS LETTRES.

C'est une politesse incomparable que celle des lettres missives des Orientaux ; et comme ils nous passent en complimens de paroles, ils le font de même en complimens de manières.

La première civilité qu'ils observent dans les lettres est à l'égard du papier ; le plus respectueux est le blanc peint de fleurs d'or ; la seconde civilité à laquelle ils prennent garde est d'écrire le nom de la personne, ou ses titres, en lettres de couleur ou en lettres d'or ; la troisième est de faire une marge de demi-feuille ; la quatrième est à l'apposition du sceau, qui tient lieu de signature : le profond respect requiert qu'on appose son sceau au dos de la lettre, en bas à un coin, et de l'imprimer si près du bout, que tout le sceau ne soit pas marqué, mais qu'il en manque une partie ; c'est pour dire : *Je ne suis pas digne de paraître devant vous ; je n'ose, par respect, me montrer en votre présence.* Il y a trois endroits où l'on a coutume de mettre le sceau ; car d'égal à égal on le place en bas au coin du côté droit à notre manière, qui est la gauche à la manière orientale ; mais si c'est de supérieur à inférieur, comme du seigneur au sujet, ou du maître au serviteur, on met son sceau en haut ; et si c'est d'inférieur à supérieur, on le met derrière, comme je l'ai déja dit. La dernière civilité consiste dans l'enveloppe, dont la manière la plus respectueuse est de mettre sa lettre dans un sac de broderie, lié par un fil d'or et de soie, avec de petites houppes de même, et d'y apposer le sceau sur de la cire d'Espagne (1).

Ils ont aussi coutume de placer au haut de leurs lettres un *Hé* ه (2), comme pour essayer leur plume. Voyez *pl.* V, *fig. a.* Les Persans, au lieu de ce *Hé*, écrivent un *Alif* ا, par abréviation de الله ; Voyez *planche* VIII, *fig. a.*

Dans leurs signatures, les Orientaux ne mettent jamais les *points-diacritiques*, parce que cela serait malhonnête pour celui à qui ils écrivent. Ordinairement ils font précéder leur

---

(1) *Chardin.*

(2) Ce mot *Hù*, que l'on prononce aussi *Hoù*, est quelquefois le pronom de la troisième personne, et quelquefois le verbe substantif pour exprimer ce sens : *Il est ;* de sorte que ce même mot devient aussi un des noms de Dieu, parce qu'il marque son essence simple et absolue, et répond à cette épithète que Dieu se donne à lui-même : *Je suis celui qui est.* Les Musulmans, pour remarquer ceci en passant, mettent ordinairement ce mot au commencement de tous leurs ouvrages, et il se trouve en tête de tous les rescrits, passe-ports et lettres-patentes des princes et des gouverneurs mahométans. *Bibliothèque orientale.* Voyez aussi la Grammaire, pages 45 et 46.

nom de l'un de ces mots : *Bèndèhi* بنده (en persan), votre serviteur ; *Dòstiniz* دوستكز (en turk), votre ami ; *K̇ālès êl-foùdd* خالص الفواد (en arabe), celui dont le cœur est dégagé de chagrins, etc. et ils tâchent de figurer une espèce de cul de lampe, comme on le remarque dans cette exemple : بنده خالص الفواد هربين.

L'usage presque universel des Turks est de laisser en blanc le nom et le titre de la personne à laquelle ils écrivent, et de le placer trois ou quatre lignes au-dessus, de cette manière :

حافظ احمد افندى

عزتلو سعادتلو مزيد محبتلونورى عينم اوغلوم   حضرتلرينك

عزتوفورلرينه مزيد تعظيم برله السلام اهّا كبانه ذكره اليوم ادمكز

Les Orientaux écrivent la date de leurs lettres au bas de la dernière ligne de cette manière :

و .... نياز اولنور

باقى الداعى

Le trait qui est au-dessous de ١٢١٢ signifie *Senèh* سنه, c'est-à-dire *an*, et le *Chyn* ش qui se trouve au-dessous est une abréviation de *Chăbăn* شعبان, qui est le huitième mois lunaire de l'année arabe. Les chiffres ١٧ qui sont sous le *Chyn* ش sont le quantième du mois ; ce groupe signifie donc par abréviation [سنه ١٢١٢ شعبان ١٧ فى] *Fy 17 Chăbăn sènèh* 1212, c'est-à-dire, ce 17e jour du mois de *Chăbăn*, de l'année 1212 (de l'héjyre). Voyez aussi *planche* III, *fig.* E.

Les *Post-scriptum* se placent ordinairement sur la marge du haut ou sur celle du côté,
ou enfin sur celle du bas de la lettre, et s'écrivent obliquement de cette manière :

دوثى أفندى

حضرتلربنك   دولتلو سرحمتلو ولى النعم كثير آللطف واكرام دوستم

حضور عزتموفورلرينه مزيد تعظيم وتكريم ابله سلام دعالر اولنوب مبارك طبع شر يفكز

سؤال اولنوب و خير دعاكزرجا ونياز اولنوب

دوستنكز
اسماعيل
أفندى

Il est bon d'observer que les Orientaux ne remplissent jamais plus d'une page lorsqu'ils
écrivent, car ce serait une grande impolitesse.

Les Persans ont trois pratiques superstitieuses, au sujet de leurs lettres missives, dont ils
ne sauraient donner de raison, ou n'en sauraient donner de bonnes. La première est qu'ils
coupent toujours le coin droit de leur feuille avec des ciseaux, de manière que ce n'est plus

un papier carré, et à quatre coins, mais à cinq ; ils disent que c'est pour marquer que tous nos ouvrages sont, ainsi que nos actions, pleins d'imperfections et de défauts La seconde est que, sur les lettres qu'ils mettent dans une enveloppe de papier, ils écrivent près du cachet trois fois le mot *Kâtim* خاتم, qui est un mot sans signification ; ils disent que c'est le nom du chien des *Sept dormans* اصحاب كهف (1), et que ce chien préside aux lettres missives ; ils ajoutent que quand Dieu les enleva en paradis, ce chien s'attacha à la robe d'un des *Sept dormans*, et fut ainsi enlevé au Ciel ; Dieu le voyant là lui dit : « *Kâtim*, par quel moyen » te trouves-tu ici ? je ne t'y ai pas amené, aussi ne veux-je pas t'en chasser ; mais afin que » tu ne sois pas ici sans patronage, non plus que tes maîtres, tu présideras aux lettres » missives, et tu auras soin qu'on ne vole pas la valise des messagers pendant qu'ils » dorment. »

La troisième est qu'ils ne donnent jamais les lettres à la main en les présentant aux gens qui sont au-dessus d'eux, ou à leurs égaux, mais ils les mettent devant eux à leurs genoux ; et lorsqu'ils les donnent aux porteurs, aux courriers, ou à d'autres gens au-dessous d'eux, ils les jettent de loin. C'est-là leur pratique constante et sans exception ; et les plus crédules et les plus simples n'en sauroient donner aucune raison. Ils disent là dessus, comme sur bien d'autres choses (2) : *Qaïlä âst* قصى اسنت, *c'est la coutume.*

---

(1) *Âshâb k'haf* اصحان كهف, c'est à dire *les compagnons de la caverne* ; c'est ainsi que les Arabes appellent les *Sept dormans*, qui entrèrent dans une caverne sous l'empire de Décius, et y dormirent jusqu'à l'empire de Théodose le jeune, pendant l'espace de cent quarante ans. Cette histoire, que plusieurs croyent être apocryphe, a été empruntée des Chrétiens par les Musulmans, qui aiment fort ces sortes de narrations ; ils savent même les embellir : car ils disent, pour exprimer la force de l'éducation et de la fréquentation des honnêtes gens, que le chien qu'ils avaient avec eux dans leur grotte, par le long sejour qu'il fit avec les hommes devint raisonnable. Ils lui donnent même une place dans le ciel avec l'âne de Balaam et celui du Messie ; mais c'est apparemment dans le ciel des astronomes, où nous en voyons deux de leur façon. Le poète *Saady*, dans son *Goulèston*, parle de ce chien, et dit, en racontant l'histoire d'un avare : « *il était si vilain que* وسك اصحاب كهفرا استخوانى *il n'eût pas même jetté un os au chien des Sept dormans.* نيندداختى Voyez la *Bibliothèque orientale*, p. 139.

(2) Voyez *Chardin.*

FIN   DE   L'ESSAI   DE   CALLIGRAPHIE   ORIENTALE.

وهو يشتمل أيضًا أولًا أمثال لقمان الحكيم وبعض الأقسام من ذكر ديار مصر لأبي الفدا ثانيًا أمثال العرب ثالثًا حكايات من غرايب حكايات ألف ليلة وليلة وغيرهم رابعًا مجمع الكلمات العربيا خامسًا عشرين مخاطبات باللسان العربي والفرانساوي سادسًا كتاب الخط وأدبه :. ووصف ظروفه ٥

مطبوع في باريس
بدار الطباعة بدويل مطبع الكتب للانسطيطوت بفاقده غربيل نومرو ١١٢٨ سنة عن تاريخ للشيخة الفرانساوية ولكنة عن تاريخ الهجرة ٥٠

Gravé par E. Collin.

Gravé par E. Collin.

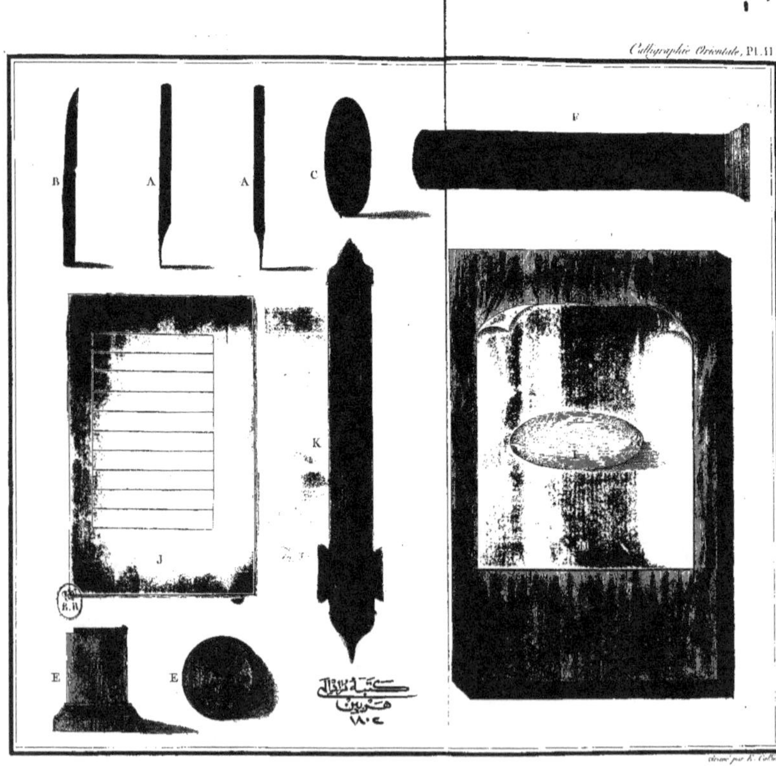

B
A
A
C
F
K
J
E
E

A.

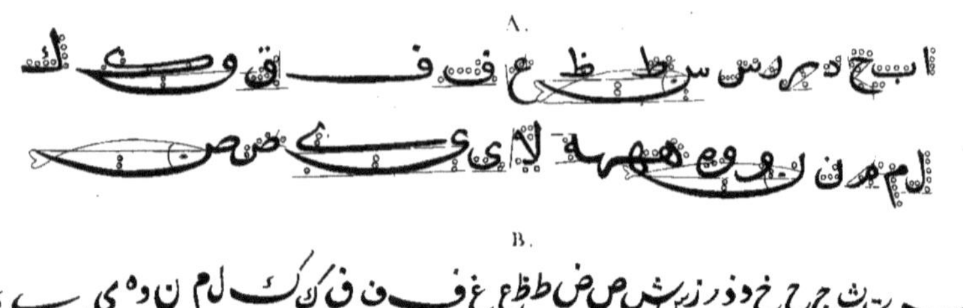

B.

ا ب ت ث ج ح خ د ذ ر ز س ش ص ض ط ظ ع غ ف ق ف ن ك ك لم ن هـ ى يـ ى

C.

ل ب س ح ح ح ج ج ج و و م ن س س س ش ص ص ص ط ظ ع غ غ ف ق ق ك ك ك ق ق ف ك ل ك و هـ ى

D

ما قولكم دام فضلكم في زيد كان راكبا في سفينة عمرو فتوافق معه و هما على ظهر البحر بأجرة الغرباجة معلومة
وكتب بذلك وثيقة وتقرر على ان عمرو يتوجه بالسفينة الى بلد يسمى ميكا بثمنها اذ بينوع الحطب برغة فان لم يجد فيها
حطب يسا فوالى بلد اخر يسمى مكري فلما وصل الى يسن قام جيد زيد فيها بحطب ليشحنها او مكث فيها مدة طويلة
بعذر ذلك اثنا فتحنها عمرو ولنفسه بنوع اخر ولعه وقبض ممتد فط البرز بينك بلع بان هذ الواقعة
وكتابة الوثيقة من قبل الاجادة الصحيح مع عدم ذكر احد تواجرها اهلا يسوغ لذ بدل الطلب على عمرو
عباد ح في الشيء الذي شحنه لنفسه اولا ويكون هذ النوافق وكتابة الوثيقة من قبل الاجادة الفا
حصوصا التعذر يط لوي زيد ويكم بذلك بقاء الاجارة ام كيف الحال افيدوا الجواب

E.

شرط صحة الاجارة بيان قدر المدة ابتدا وانتها
وحيث لم يحصل بين رب السفينة وبين

F.

بهر الوثيقة المكتتبة بها زيد وعمرو على ان بد بينهمن
سفينتا كطل كنا دون صيغة شرعية مشتمله بلا ايجاب

[illegible]

٥a

بسم عونك وقفنا موفقنا لما تحبه حضرتحق

همواره قرين عرف رفعت ودهين فوز وصحت اولمكز بحولك تعالى نمودنه
بوندن اقدم استان علیّمدن اولجانبه عرض تكرده علوفه كز سندلق
آرقم دفتكرده اولمقله سنداق مذكوره في مرقومدن اخذ برله طرفمزه
حفظ وعلوفه كردن ترقی تحر لسنی اولوقت طرفمزه افاده ایلدیككز دوشقه
اولماسندن بوطرفه كله قبو یولداشكز عثمان لعایم دخی سیادتك یمنی
اولدیغندن اولدخی مخصوص كلوب سیادتك یه افاده ایلدیكيه بناء
اولوطكز اوطه باجیسی خان منه جلب وكیفیتی سؤال ایلدیكده قواع لحقه
ترقی تحم دوكی افاده ایلدیكندن غیری علوفه كاعدلری لعلاغانلك اوطه
اوقداشنده دد سزلر كتود دوب عندكزده حفظ ایلدیكمی اكرآف
اوطه اوقداشنده ایسه كتود دوب حفظ ایلكز متكلیدد بنجق جوردكم
ترقی كاغدلری كتود درسه وبردم ویرا لعلداقا محل بعیده اوغو ستبله
سندان مرقومه اولدیغم لكه اسامی بر قضایه اوغزادد دیوافاده
ایلدیكدن یزلر دخی اوطكز اوقداشندن اسامی كاعدلر یجاطیب ایلكز
كاغدلری لعلداقا بكا بو دآحدی بن دكدد دیوانكار اتمكله وحقیقه
كاغدلر مرقومه ايسم طرفمزده حفظ اولنمه وطلوبكز اولدیغی صورتته

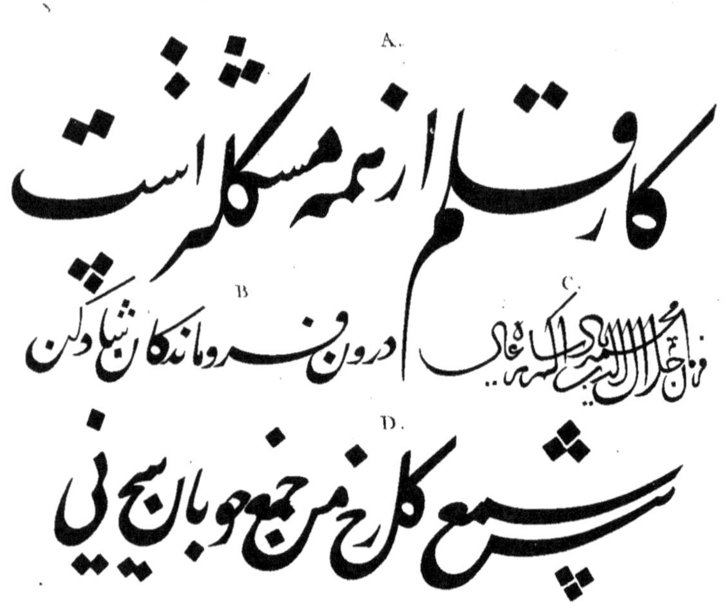

Gravé par E. Collin.

خط حرمستر بنود بصاحب نوایب رزنامک معین للدوله جانخانی سید محمد رحمان لا

...

A.

B.

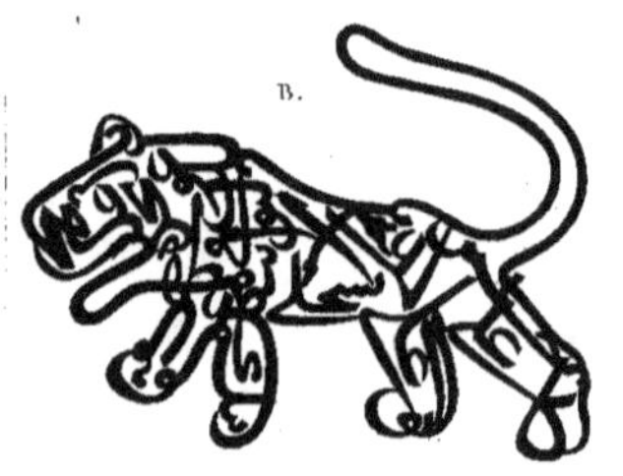

D.

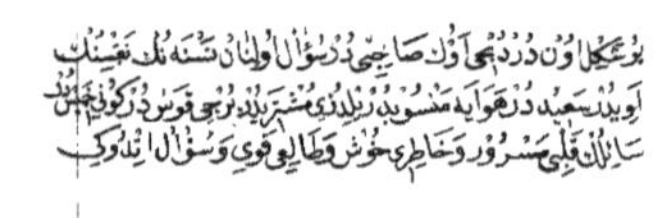

C.

شيخ ازين حالت برکردان آن جوان مسكيد وديده واشعار بخواند منقول

آن حالرا باز ميراندند نگاه آن جوان ازخوابستی درآمد جون نظرش

يوکجلا اون درد جه اوک صاحبی درنول اولان نسنه نك تعيينك

اويدي سعيد درهوايه مشفوبيد ربلديكي بشتر بلدك نوجى قوى زكونى جسين

ساتلن علی بسرور وخاطری خوش وطايعی قوى وسنل اندوك

E.

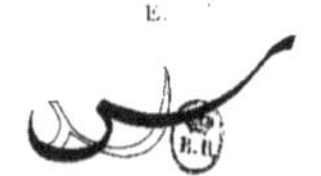

F.

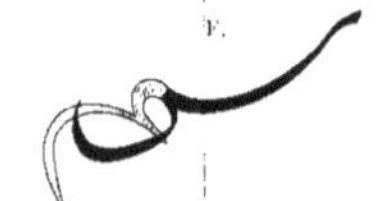

G.

Calligraphie Orientale, Pl. X.

TABLE

DES MATIÈRES

DE LA PREMIÈRE LIVRAISON.

ERRATA.

PAGE 3 lig. 18. *Après* LE VERBE, *lisez* en général.

—— 4 — 13. Pour désigner une action faite immédiatement avant qu'on en commence une autre, *lisez* : pour désigner une action terminée avant qu'on en ait, etc.

—— 9 l. avant dern. Destitué, *lisez* : privé.

—— 12 §. IV. Wèslah وَصْلَة , *lisez* : Wèsl وَصْل.

—— 13 l. 12. *Yo-qâ-té-lòû*, lisez : *yoqa-té-loùn*.

—— *ib.* — 8. نَقُولُوا , *lisez* : نَقُولُونْ.

—— 15. Note, l. 6. Éclairera, *lisez* : éclair-cira.

—— 17. 6ᵉ *Règle.* Aidant, *lisez* : aidantes.

—— 23 l. 21. ظُلَّة , lisez : ظُلَّة.

—— 27 l. 9. 1ʳᵉ colon. سَعْب , *lisez* : صَعْب.

—— 33 Note. *Weslah*, lisez : *Wèsl.*

—— 39 l. 16. Marquer, *lisez* : diminuer.

—— 62 Note. Note 3, *lisez* : note 2.

—— 68 l. 28. *Après* قَاتِلَة , *lisez* : desi-rante.

—— *ib.* l. dern. Desirant, *lisez* : desirantes.

—— 69 — 19. نَصَرَةٌ , *lisez* : نَصَارَةٌ.

—— 80 — 2. *Effacez une fois* nous.

—— 85 — 10. مُلَدَّمْ , *lisez* : مُلَدَّمْ.

—— 86 — 17. يَنْمَلْ , *lisez* : يَنْمَلْ.

—— 92 Note. *Yâal*, lisez : *ydjal.*

—— 101 lig. 7 et 8. نُسَرِى , نُسَرْ , *lisez* : نُسَارِي , نُسَارْ.

page 107 lig. 20. Il a marché de nuit, *lisez* : Il marche de nuit.

—— 132 — 20. *Je t'ai frappé*, lisez : *je l'ai frappé.*

—— 136 — 4. السُّلْطَلَان , *lisez* : السُّلْطَان.

—— 146 — 1. أودعناك , *lisez* : أودعنك.

—— 155 Note 6. زنَرِين , *lisez* : أزْنَرِين.

—— 161 Note. 7 l. 3. nemini, *lisez* : memini.

—— 171 Note 5. *Rac.*, lisez : *pour.*

—— 176 l. 3. بوضة , *lisez* : بعوضة.

—— 197 Note 4. Ajoutez : *Peut-être fau-drait-il lire* يستظلّون *de la racine* ظلّ

—— 198 l. 22. الحرم اغربى , *lisez* : الحرم الغربى

—— 200 — 14. العرمط , *lisez* : المعرمط.

—— 202 — 8. الاجَل , *lisez* : الاجَل.

—— 207 — 3. المدض , *lisez* : المرض.

—— 211 — 12. اغتراب , *lisez* : أغترأب.

—— 214 — 11. يلكبى , *lisez* : يبكى.

—— 218 avant-dernière lig. لكلب , *lisez* : الكلب.

—— 223 Note. Par les savans *Kioùfah*, lisez : par les savans de *Kioùfah.*

Nota. Quelques-unes des fautes de l'*in-4º* ont été corrigées dans l'*in-folio.*